融合视域下的教育与发展心理学

刘钰 著

北京

冶金工业出版社

2022

内 容 提 要

　　本书介绍了教育以及教育与发展的含义、功能、目标和研究方法，论述了发展心理学的研究对象、演变过程和生物基础，论述了动作与早期感知、认知、智力、自我、人格的发展，总结了影响性别发展与性别差异的因素，以及道德的发展和环境与心理发展。

　　本书可供教育工作者以及从事教育心理学的研究人员阅读参考。

图书在版编目（CIP）数据

　　融合视域下的教育与发展心理学/刘钰著．—北京：冶金工业出版社，2021.12（2022.11 重印）

　　ISBN 978-7-5024-8947-2

　　Ⅰ．①融…　Ⅱ．①刘…　Ⅲ．①教育—关系—发展心理学—研究—中国　Ⅳ．①G52　②B844

　　中国版本图书馆 CIP 数据核字（2021）第 209287 号

融合视域下的教育与发展心理学

出版发行	冶金工业出版社	电　话	（010）64027926
地　　址	北京市东城区嵩祝院北巷 39 号	邮　编	100009
网　　址	www.mip1953.com	电子信箱	service@ mip1953.com

责任编辑　曾　媛　美术编辑　彭子赫　版式设计　郑小利
责任校对　王永欣　责任印制　窦　唯
北京虎彩文化传播有限公司印刷
2021 年 12 月第 1 版，2022 年 11 月第 2 次印刷
710mm×1000mm　1/16；17 印张；329 千字；257 页
定价 **89.00** 元

投稿电话　（010）64027932　投稿信箱　tougao@cnmip.com.cn
营销中心电话　（010）64044283
冶金工业出版社天猫旗舰店　yjgycbs.tmall.com
（本书如有印装质量问题，本社营销中心负责退换）

前　言

<<<<<<<<<<<<<<<<<<<<<<<<<<<<<<<<<<<<<<<<<<<<<<<<<<<<<<<<<<<<<<<

　　发展心理学是心理学的一门重要的分支学科，从 1882 年德国生理学家、实验心理学家普莱尔出版的第一部研究儿童心理发展的著作《儿童心理》至今，它已走过了一个多世纪的风雨之路。回首百年，发展心理学承载了来自东西方文化的儿童观，以科学心理学为基点，始终执着地探索着先天和后天、普遍性和多样性、量变和质变这三大主题，大量适用于发展性研究的经典研究范式和实验方法也随之涌现。驻足当代，展望未来，发展心理学的研究手段正趋于生态化，研究对象延伸至个体的生命全程，关注核心领域的认知发展研究，并更加注重研究的应用性。面对学科的蓬勃发展，有选择地吸收最新、最具影响力的成果充实到相关教科书中，成为发展心理学工作者亟待完成的任务之一。

　　本书共分 15 章，第一章以永恒的教育为主题，论述了教育的含义和功能，明确了教育的目标；第二章从多方位总结了众多有关教育与发展的思想与理论；第三章从教育实验、教育行动和教育实践的角度论述了教育与发展的研究方法；第四章以发展心理学为主论述了发展心理学的研究对象和演变过程，明确了发展心理学的基本主题，同时总结了新进展；第五章介绍了成熟势力说、精神分析观、行为主义观、认知发展观和背景观五种发展心理学的理论；第六章剖析了发展心理学的研究方法，论述了研究的设计、手段和技术；第七章讨论了发展心理学的生物基础，剖析了物质基础和脑基础以及遗传在发展心理学中所起的作用；第八章介绍了动作、早期感觉、早期知觉的发展；第九章介绍了个体认知发展的一般趋势，以及信息加工理论和心理理论；第十章论述了智力的发展，同时引入了有关创造力发展的讨论；第十一章介绍了自我的发展，进一步分析了影响自我发展的众多因素；第十二章论述了人格的发展，明确了人格发展的实质，讨论了气质发展与人格发展的结构；第十三章讨论了性别发展与性别差异及其影响因素；第十四章论述了道德的发展，主要阐述了儿童道德品质、亲社会行为和攻击社会行为的发展；第十五章从环境入手，分别讨论了家庭、学校和社会环境与发展的关系。

本书有以下三个突出的特点：

第一，经典性与时代性并重。注重运用经典、权威的理论，并选取与近代学科发展息息相关的研究成果建构全书的主体框架。

第二，在主题中展现发展。打破许多介绍发展心理学必然以年龄为主线的逻辑定势，选择个体发展过程中具有典型性且包含丰富研究成果的主题。

第三，兼顾科学性与应用性。重视科学研究事实的阐述论述作用，注重以学科的基本结构搭建本书框架。

本书通过理论与案例分析，多角度解读发展心理学问题，力图使读者能够更为深刻地理解发展心理学理论及创新观点。希望本书能吸引更多专家学者进一步投入相关研究，作者将颇感欣慰。

由于作者自身水平有限，不妥之处在所难免，欢迎指正。

著　者

2020 年 10 月

目　　录

第一章　永恒的教育

在人类滚滚不息的历史长河中，教育是一首永远写不完的诗篇。只要有人类，就会有教育。人类办教育，为的是促进自身更好的发展；教育赋予人类以智慧与美德，教育赋予社会进步的力量；教育是人类永恒的乐章。

第一节　教育的含义

一、教育是一个系统的概念

（一）从教育要素分析

从教育的要素来看，"教育"包含教育者、受教育者和教育媒体三个概念。

教育者，或称教师，即"上所施者"，以其自身的活动来引起、促进受教育者的身心发展，使其出现合乎教育目的的发展和变化。

受教育者，或称学生，即"下所效者"，以其接受教育影响后，发生合乎目的的发展和变化，来体现教育过程的完成。

教育媒体，这里主要指为实现教育目的的教育内容、教育方法、教育技术、教育手段和教育组织形式等，它是置于教育者和受教育者双边活动之间，使之交互作用的中介物。

在教改实验中，我们既要重视教师的教，又要重视学生的学。教育和教学是师生通过教育媒体交互作用的活动。

（二）从教育内容分析

从教育的内容来看，"教育"因社会条件和依据理论的差异而有各种不同的概念。

从现代社会要求来看，我国的德育、智育、体育、美育、劳动教育和原在20世纪30年代由上海中学沈亦珍校长倡导的、后在我国台湾地区提倡的德育、智育、群育、体育、美育等教育内容都是不可缺少的，因此，"教育"应该包含多少种的"育"？可以有一个自由度，然而，其核心成分是德育、智育和体育，首要的是德育，至于具体提多少种教育内容，这不是教育的实质，关键的问题是要倡导学生全面发展，学有特色。

（三）从教育活动分析

从教育活动的范围来看，"教育"有着极其广泛的概念。

教育活动分狭义的教育和广义的教育。前者主要是指学校教育或类似学校的办学机构的教育，又称正规教育；后者既指正规教育，又指非正规的教育，即广泛地接受的教育，包括学校教育、家庭教育和社会教育等。

教育有不同的途径。以智育为例，包含教学、学习、训练、辅导、参观、作业、考试、课程、教材和课外活动等。这些途径所反映的一系列概念，都或多或少地与"教育"活动有关，也是教育概念的重要组成部分。

（四）从教育过程分析

从教育的过程来看，"教育"包含着诸多"发展"的概念。

教育过程是教育者有目的、有计划地运用教育影响，促使受教育者身心向既定教育目标发展的过程。

教育过程是教育要素，即教育主体、客体、媒体三者转化的过程。在教改实验中，不反对社会上提的"教师为主导、学生为主体"的理念，然而对教学过程应坚持"双主体"的表达（表 1-1）。

表 1-1　教学过程中的"双主体"

教育过程	主体	客体	媒体
教	教师	学生	知识（内容）
学	学生	知识（内容）	教师

教育过程是人社会化的过程，社会化是个体掌握和积极再现社会经验、社会联系和社会必需的品质、价值、信念以及社会所赞许的行为方式的过程，社会化过程的基础是接受教育。基础教育使个体完成儿童青少年期的社会化，而终身教育是使个体，特别是成年人的继续社会化和再社会化的过程。

教育过程这三种教育要素，是教育概念中不可分割的成分。

二、从不同角度来认识教育的本质

（一）按照定义方法来揭示教育的本质

古往今来，历史给我们留下了大量的教育定义，这是教育家们对教育本质的揭示。分析教育的定义，大致有着规范性、功能性、时代性和内涵性四种方式。

1. 规范性

规范性即教育一词含有浓厚的社会规范性，它追求正向价值的规范过程和效果。换句话说，教育活动是动态的、发展的，不好的要变好，好的要更好。教育的本质是为了获得良好的社会行为规范。例如"修道之谓教"（《中庸》）"以善先人者谓之教"（《荀子·修身篇》）"教也者，长善而救其失者也"（《礼记·学记篇》）。又如，《说文解字》对"教育"作了全面的解释，"教，上所施，下所效也"，"育，养子使作善也"，按后人注"育"字："育，不从子而从倒子者，正谓不善者可使作善也。"由此可见我国自古以来界定教育的含义，不仅含有浓厚的规范性意义，而且"教"与"育"比较起来，教是外显的行动，育是由外塑的措施到内动的接收，有着"内化"的成分，从这个意义上说，育比教更为重要。今天的教育往往重教不重育，如《学记》所感叹的，"今之教者，呻其占毕，多其讯，言及于数，进而不顾其安，使人不由其诚，教人不尽其才，其施之也悖，其求之也佛。夫然，故隐其学而疾其师，苦其难而不知其益也。虽终其业，其去之必速，教之不刑，其此之由乎!"可见，只重教而不重育，会影响规范性。至于西方由"educare"到"education"界定的教育也重在养育、激发、发展等过程和功效，只是以具体行动过程来定义较抽象本质的或规范的内涵。

2. 功能性

功能性即强调教育的功能。例如，"教育即生长""教育系体智德等正向经验的发展""教育是经验的联结或改造"（E. L. Thorndike，1903）"教育是文化发展和陶冶，或文化传递和创造""教育是社会适应（或社会化）"；"教育是知识技能的传授""教育是自我实现"（A. H. Maslow，1968）等。这些生长、发展、联结、改造、陶冶、传递、创造、适应、传授和实现等行为的过程或程序，都是一些教育功能的口号或隐喻，并以这些"外塑型""内化型"或"外塑与内化统一型"等教育功能的模式作为教育的本质。

3. 时代性

探究教育的定义，其因时代及社会的变迁而发生的变化，这不仅反映了教育的社会属性，而且也反映了不同时代人们对教育本质的认识。例如，在 20 世纪 50 年代，斯大林的《马克思主义与语言学问题》的发表，引起苏联教育界对教育本质属性的讨论；《苏维埃教育学》杂志编辑部在总结中提出"教育是社会的上层建筑"。"文化大革命"时期的我国，普遍地将教育定义为"阶级斗争的工具"，或者将教育定义为"为生产斗争、阶级斗争和科学实验三大实践活动服务的综合性的社会实践活动"。1978 年后，随着我国工作重心的转移，教育界又提出"教育是生产力，教育具有劳动力再生产的职能""教育具有上层建筑和经济基础双重属性"等定义。在西方，很长时期以来教育是指正规的或狭义的教育，即学校的教育，其实质可理解为"成熟一代引导不成熟一代（儿童）"。随着民主教育哲学的兴起，教育定义中的自由、民主和平等因素加重，个性（人格）及全民的终身教育（life-long-education for whole person and for all people）日益受到西方世界重视，教育也不限于学校教育，广义的教育渠道往往是多种多样的。20世纪50年代后，由于国力竞争的需要，西方国家重视对创造性的研究，80年代"创造性教育"和"创造性学习"概念被正式提出，这体现了教育与创新人才成长的关系。

4. 内涵性

教育定义是揭示教育实质，突出内涵。《中国大百科全书·教育》（1985）给教育下了如下定义："教育是培养人的一种社会现象，是传递生产经验和社会生活经验的必要手段。"❶教育的实质是培养人的社会活动，它随着人类社会的产生而产生，随着人类社会的发展而发展。教育同社会发展有着本质的联系，并受教育对象身心发展规律的制约。教育以越来越复杂的形式适应着社会发展的需要，为一定的社会政治和经济服务。现代生产和现代科学技术的发展，对教育提出了更高的要求，它的作用也日益受到世界各国的重视。教育是一种以促进人的发展为目的，以传递知识、经验和文化为手段培养人的社会活动。这样分析是从内涵上来揭示教育的3个含义：教育是一种培养人的社会活动；教育者传递给受教育者的是知识、经验和文化，使受教育者对此加以接受、继承和发扬；教育的目的是为了促进人的发展，以此推进社会的发展。

（二）按照教育的理论基础来揭示教育的本质

1. 从教育与经济、政治的关系来看

教育，必然反映一定的经济和政治的要求，并反过来为其服务。经济是政治的基础，政治是经济的集中表现。经济对教育提出的要求，一般是通过政治对教育的影响而集中地表现出来。从这个意义上来说，教育是一定的社会的意识形态，教育要为一定的政治服务。所以有人将教育归于上层建筑，这是有一定道理的。

2. 从教育与文化的关系来看

教育既是文化的主要成分，又是文化传承的手段，人类文化的继承和弘扬主要是依赖教育，教育的主要内容也是人类文化创造的成果。实际上，"文化"与"文明"，有时是两个概念，前者更强调民族性，后者则强调全人类性；有时又可以看作同义语，这两个词有时可以互用，不加以区别。教育活动正是要把人类所建树的一切文化成果都用来培养合格的人才，为人类文明服务。

3. 从教育与社会的关系来看

教育既受社会物质生产与精神生产的制约，又推动着社会物质生产与精神生产的发展和完善。教育起源于劳动，人作为劳动力是社会生产力中最活跃的因

---

❶ 中国大百科全书·教育 [M]. 北京：中国大百科全书出版社，1985.

素。教育随着生产的发展和社会的变革，也在变革、变化，在不同的社会历史阶段，由于生产力发展水平不同，生产关系和政治制度各异，教育也具有不同的性质和特点。教育对社会发展的作用，是通过培养人来实现的，特别是要通过学校教育，更好地把受教育者培养成为社会需要的人。从这个意义上分析，教育也是一种社会制度，学校是一种正式组织，班级是一种社会体系，教育的主要功能是社会化，教育是个体社会化的探究过程。

4. 从教育与伦理的关系来看

符合价值性是教育的首要标准，价值问题是善恶或好坏的问题。广义上说，一切真善美都是价值活动，教育正是价值传递与创造的活动。教育必须符合一切正向的价值活动。古今中外的教育家，历来都重视这种价值标准。杜威的教育哲学，首条就是"理想的人生和理想的社会"❶，意指德育、伦理是教育的价值标准。所以，坚持一切价值中的核心价值是道德价值；任何价值活动，或教育价值的传承与创造，应该符合道德要求。教会做人是教育的首要任务，所以德育在教育中的重要位置是无可争议的。

5. 从教育与心理的关系来看

人是教育的对象。从这一教育本质出发，教育是培养人的活动。教育必须以教育对象为前提，掌握人的身心发展规律，选择合理的教育内容、教育方法和教育技术手段。只有这样，教育才能促进人的发展，以实现教育的目的。二十多年的教育改革，是一场以自己的心理学理论为基础的中小学教育实验。把中小学生心理发展的基本规律看作是这个教育实验的出发点。在智育上，强调儿童青少年智能或认知发展规律，突出：（1）将学生思维品质的培养作为发展其智力与能力的突破口；（2）从非智力（即非认知）因素入手来发展其智力与能力；（3）把各学科的知识传授与学科能力结合起来，发展其智力与能力。在德育上强调学生品格发展规律，突出：（1）重视学生品德系统的深层结构，抓好信念与理想的教育；（2）重视"春风化雨"与"感情投资"的"教化"（《礼记·经解》），"润物细无声"、潜移默化地去做工作；（3）重视道德行为习惯的培养，将其视为学生品德质变和德育的目的。只有从学生身心发展规律出发，采用合理的教育影响，经过长期的培养，才能达到社会教育的目标。

（三）从教育的特性来揭示教育的本质

1. 教育的社会特性

教育是人类社会特有的现象，是培养人的社会活动，它的最显著特性是社会性。首先，不管是学校教育、家庭教育还是社会教育，都担负着运用语言和文字

---

❶ 杜祖贻，刘述先. 哲学、文化与教育［M］. 香港：香港中文大学出版社，1988.

传递人类社会经验、知识和文化的社会职能。其次，教育反映一定历史条件下的某种社会关系和生产关系，并受生产关系和生产力发展水平制约。再次，教育的观念、目的、内容、方法、制度的发展变化，主要取决于社会历史的发展变化。最后，教育的社会特性应该是历史性、阶级阶层性和全人类性的统一。所谓教育的历史性，是指教育体现出的历史的特点和时代的特点；教育的阶级阶层性，是指在阶级或在不同阶层的社会里，反映阶级阶层的要求并为之服务；同时教育包含着全人类共有的因素，在教育的发展中，存在着许多共同的不受经济、政治制约的，能够体现全人类教育的目标和要求、内容、方法和手段。这些共同特性一旦形成，往往成为若干时代、若干阶级阶层、若干民族的共同特点，并以不同制度和不同形式体现在国家和社会的教育上。

2. 教育的周期特性

教育的周期是较长的。这是因为：首先，教育是传递人类长期积累的、从事社会实践的历史经验的过程；其次，个体从儿童到成年，通过长期的教育和感化，才能成为对社会有用的人才；再次，当前的教育是为社会发展及需要所做的人才准备，教育超前规划、优先发展是人类自觉推动社会前进的一种标志，然而当前的教育投资不能立见成效，需要经过较长的人才培养周期才能收到经济效益和社会效益；最后，教育要为未来社会和经济的发展培养人，根据未来社会对人的要求而办好教育，教育还要为受教育者一生幸福和发展奠定良好的基础。所以，教育具有周期长的特性。

3. 教育的形式特性

教育总是按照上述的教育"三要素"通过一定形式进行的。第一种教育形式是学校教育，它是教育者在固定的场所有目的、有计划、有组织地对受教育者实施影响的过程。第二种是信息媒介（如图书、报刊、广播、电影、电视、函授教材等）对受教育者实施影响的过程。第三种是自然形态的教育，它是通过人与人之间的联系（如示范、模仿、交往、接触、传递信息和经验等）来实施影响的过程。家庭教育和社会（化教育机构）教育也往往采用这种自然形态的形式。第四种是自我教育，它是受教育者通过自觉的、有目的的自我学习以达到发展自身身心的过程。由于教育形式的多样性，也促使教育内容、方法和技术手段表现出多样性。

4. 教育的生产特性

教育对社会发展的作用是通过培养人来实现的。这表现在：教育是劳动力再生产的重要手段，劳动力的质量是提高劳动生产率的重要基础。通过教育，传播和继承科学技术，从而促进科学技术的发展，推动生产力的发展。因此，"教育是人类自身生产的再生产和重要组成部分。人类自身的生产是指个体人的形成，直至进入社会；人类自身的再生产是个体和人类社会的不断发展和完善"。因此，教育推动着人的自身和社会的不断发展和完善。

5. 教育发展的不平衡特性

教育是为了培养人，然而，教育又是人办的教育，教育发展的质量和特色也因人而异。换句话说，教育取决于不同经济、政治、民族、地区、时代的不同的人，取决于其办教育的目的、目标、条件和水平，所以存在着很大的不平衡性和差异。因此，教育的发展又具有民族性和地区性，具有不同的校风、学风、教风，具有不同的特色、风格、水平和质量。

第二节　教育的功能

一、教育的文化功能

教育与文化是密不可分的。文化是教育的基础，教育是文化的产物；文化由教育去传播，教育构成文化的动因。这种动因，也是教育功能的具体表现。

（一）教育可保证人类延续并促进人类的发展

教育文化是一种社会规范的体系，也是人类生活和生产经验累积的综合体。人类要延续发展，新生一代首先要学习前人经验，即学习生活知识、生存技能、生命意义，以适应现有的生活条件和生产关系。教育是适应人在生产劳动过程中传递生产经验和社会生活经验的实际需要而产生的，它是传递社会生活经验，实现老一代与新一代接续的专门工具。通过这种工具，不仅把老一代积累的生产经验传授给新生一代，而且把一定的社会生活方式、物质与精神成果传递给新生一代，使他们能更好地协调人与自然的关系，整合人与人的关系，以促进人类的发展。

（二）教育可传递、繁衍和创造文化遗产

教育固然要受文化发展的影响，来决定其自身的目的和内容。同时，教育对文化的传递、繁衍、选择、运用和创造也是深具影响的。由于教育的存在，使前人的物质文明和精神文明能够一代又一代地传递下去。由于教育的作用，使人们对已有的文化能去粗取精、去伪存真、去旧增新、发扬光大，为发展新的生产力服务。同时，由于教育的影响，使人们可以对前人累积的经验体系加工改良、推陈出新、超越现状，表现出创造性。

（三）教育可调节文化适应性的强弱

文化适应是文化变通的一种形式。在一定社会里，从外部引进不同的制度和文化，同这种异文化的接触是整体的，又是持续的和直接的，并给那个社会的文化形态带来某些变化，这就叫文化适应。在不同社会文化的传播中，不适应或抵制现象是正常的。对文化适应的程度，取决于一定的占统治地位的价值导向，而对这种导向是维护还是反对，这往往由教育决定。各社会和各民族各自有其独特的文化，不论精神的还是物质的，文化适应集中于人们日常最为关心的文化之中。教育的结果，既可能抵制外来的所谓"异文化"的影响，也可能使异文化代替本文化，还可以使两种文化融合，形成新的统一的文化。

二、教育的政治功能

教育政治功能集中表现在教育要为巩固一定社会的政治制度服务，这也是国家政治生活的一种手段。因此，一个国家提出教育为本国的一定政治服务的口号、方针或策略，是科学的、客观的。至于教育政治功能的具体表现，一般体现在下面五个方面。

（一）教育可传播政治意识形态

政治意识形态是一个国家按照一定的政治理论确定的意识形态。所谓"政治理论"，它是对社会政治现象的理论思考与预见，是系统的政治观点、思想和学说。政治理论是历史的，一定时代的政治理论总是这一时期政治现象的反映，随着人们的政治活动方式的改变，政治理论的内容和形式也要发生变化，任何一个国家的政治，都是社会权力的分配和运用。为了巩固国家政权，就要重视教育，向人民传播政治意识形态，以培养共同的信仰、政治观念或民族意识。历史上不少国家的建国和复国都是运用教育手段，以培养人民的信仰、民族意识和国魂为前提，进而达到建立政权和巩固政权的目的。通过教育，来实现我国人民的一种共同的理想和追求的目标。

（二）教育可培养各级各类政治领导人才

政治的核心问题是国家政权问题，即如何组织管理国家的问题。尽管在不同历史时期，不同统治者对政治含义的理解有所区别，对国家政权的组织方式和管理方式也采取不同的原则和措施。但是治理国家需要各级各类政治领导人才，这些人才虽然需要政治实践的锻炼，但是他们也离不开各级各类教育，特别是基础教育和专业训练。当然，对于领导人才的培养，各国有着不同的方式。在法国高等学校是专门培养政治领导人才的场所；而英国则以文法中学及私立中学作为基本教育实施的场所；在日本，东京帝国大学是培养领导人才的摇篮；美国则由普通学校来培养，名门出身领导的现象极少；我国的古代布衣卿相，科举取才是教育为政治服务的一种重要象征，1949年后，领导人才既在普通学校里选拔，又由特殊院校负责培养。

教育不仅为一个国家的各级各类领导机构培养人才，而且也培养人民参政议政的意识。为政在民，在民主政治的国家中，更需广大人民来参政议政，关心国家大事，以实现"国家兴亡，匹夫有责"的政治理想，各级各类的领导人才也往往产生和成长于这种参政议政的过程中。

（三）教育可振兴国家和民族

教育是国家的立国之本，国家的兴亡通常与教育发展有密切的关系，历史上有过"教育救国"的故事，例如1806年第一次普法战争，普鲁士在失败中抓教育，终于在1820年第二次普法战争中打败了法国，普鲁士统帅摩奇（Motke）将此功归于学校的教师，这就是教育史上的"教育救国论"的来历。日本在第二次世界大战后是战败国，但是今天仍是世界上较具经济实力的国家，这真正的原因在于经过高水平教育的国民的努力。1995年2月，日本关西大地震，伤亡空前，但社会秩序居然井然得使人难以置信，这也是受过高水平教育的国民的素质的体现。

我国于1994年9月6日颁发了《爱国主义教育实施纲要》。爱国主义是中华民族的光荣传统，是推动我国社会前进的巨大力量，是全国各族人民共同的精神支柱，同时也是我们培养有理想、有道德、有文化、有纪律一代新人的基本要求。爱国主义来自教育。学校是对青少年儿童进行爱国主义教育的重要场所。因此有关文件指出，要把爱国主义教育贯穿到幼儿园直至大学的教学、育人的全过程中去，特别要发挥好课堂教学主渠道的作用，由此可见，爱国主义靠教育，振兴中华靠教育。

（四）教育可增进国家的法制建设

文明的国家应该是法制的国家。所谓法制，一是泛指国家的法律和制度，二是特指依据民主原则建立法律和制度，并严格依照法律制度办事的一种方式。国家的法制建设要靠教育来实现。教育固然要培养法学的人才，但一个国家的法制建设更重要的是依靠法制教育，提高人民的法律意识。法制教育是传播法律的基本知识、培养法律意识和守法习惯的教育，它是政治教育的一个重要的组成部分。依靠教育，普及法律知识，这对于提高人民的法律意识、法律文化素质以及加强国家的法制建设，都有极大的作用。

（五）教育可增强国际友好关系

教育的政治功能，不仅在国内要为巩固一定社会政治经济制度服务，而且在国际上也要为增强国际关系，特别是为维护世界和平服务。所以我国的德育内容中就包含着国际主义的教育，培养受教育者具有国际主义思想、情感和行为。例如，培养他们尊重世界各国人民的主权，扩大和加强与各国人民之间的友好交往，及反对战争维护和平等。教育的功能在于培养人，美化人类的心灵，这里就包含着全人类之间的友好和平相处，达到道家提倡的"生而不有，为而不恃"的理想境地。第七届世界天才儿童（青少年）与天才教育大会（1987）特别强调指出，天才教育的一个重要目的，在于使天才儿童青少年在制止核武器、反对核战争中显示出才能来。可见教育的力量可教化人心，揭示战争的危害以及如何避免战争、维护和平。假如教育能提高受教育者的国际主义思想、情感和行为，那么也有助于建立国际友好关系。

三、教育的社会功能

教育的目的之一在于培养人为社会的发展服务。教育的发展与社会的变化是相辅相成的。一方面，教育的发展要适应社会变化的需要；另一方面教育发展本身也会引起社会变化，因为社会的发展，离不开物质文明与精神文明，而两个文明建设必须由教育来传播，这就构成了社会与教育之间的关系。因此，教育的社会功能也就在其中表现出来。

教育的社会功能，一般从以下三个方面表现出来。

（一）教育可以促进社会的发展

教育是根据社会发展的需要培养人，即向新的一代进行教育，传递人类长期积累的生活经验、生产经验和科学技术。新的一代正是在教育的影响下，获得知识、经验和文化，增长体力、智力、能力，提高思想道德水平，与社会发展的需要相适应，并成为社会建设和变革的积极因素。从根本上说，科技的发展、经济的振兴、社会物质文明与精神文明的建设，乃至整个社会的进步，都取决于劳动者素质的提高和大量合格人才的培养。因此，必须坚持把发展教育事业放在突出的战略位置，以此维护和推动社会的发展。

（二）教育可以帮助选择人才

社会进步的程度，与社会成员的受教育程度有直接关系。因为教育促进人系统地掌握科学技术知识和相应的经验，使科学技术和经验由潜在生产力变为提供给社会服务的现实生产力。当社会发展需要这些生产力的时候，就根据受教育的程度来选拔人才。因此，人们往往通过受教育实现社会地位的变迁，即社会流动。所谓社会流动，原是社会变迁的一部分，指在开放社会中，各阶层的社会成员之间产生的一种相互流动的现象。由较低社会阶层向上流动到较高社会阶层者，称为"向上社会流动"；由较高社会阶层流动到较低社会阶层者，称为"向下社会流动"。由于教育的选拔功能，社会根据教育的程度来选拔人才，因此教育成为决定社会阶层及导致社会流动的一个重要因素。

（三）教育可以帮助个体社会化

教育对象是个体。教育的过程，也是受教育者个体社会化的过程。社会化是个体掌握和积极再现社会经验、社会联系和社会必需的品质、价值、信念以及社会所赞许的行为方式的过程。社会化的过程，是在一定社会环境中，个体通过接受教育在生理和心理两方面的发展，形成适应社会的人格并掌握社会认可的行为方式的过程。社会化过程是人类个体通过学习、适应、交流，发展自己的社会属性、参与社会生活的过程。人类在社会化的过程中，学会基本技能，掌握社会规范，确立生活目标，形成社会职能，培养社会角色。教育帮助受教育者的个体社会化使有些社会化过程在青少年阶段，即在接受基础教育阶段就可完成，这称为青少年的社会化；有些社会化过程贯穿于个体的一生，这就是成年人的继续社会化和再社会化。虽然，个体社会化的过程会受到教育之外因素的影响，但教育是一种最好的个体社会化的工具，学校是一个最佳的社会化单位。

四、教育的个体发展功能

教育对象是每一个个体的学生，因此，其任务之一就是要坚持不懈地在全体学生的发展上下工夫。

（一）教育个体发展功能的表现

教育对受教育者主体来讲，具有发展个性（人格）的功能，使人的体力、智力与能力、性格都获得充分的发展。

1. 教育可增强人民的体质

体育是教育的重要组成部分。体育的意义在于促进学生身体的生长发育，增强学生的体质是学校体育的根本任务。同时，体育锻炼也是大脑皮质兴奋与抑制的活动过程，体育可以增强学生神经系统的发育，青少年儿童是生长发育的关键时期，体育使学生具有健壮的体魄、全面的体能、对自然环境的适应能力，以及掌握运动的基本知识技能，从而养成自觉锻炼身体的习惯。学生时期接受体育教育，将终身受益，因此，体育教育是增强人民体质的基础。

2. 教育可发展个体的智力与能力

智力与能力同属于个体的范畴，是成功地解决某种问题（或完成任务）所表现出良好适应性的个性心理特征。个体智力与能力的发展，固然有遗传的因素，但主要还是来自后天环境的影响，特别是教育的主导作用。遗传因素只是提供智力与能力发展的可能性，而环境和教育则把这种可能性变成智力与能力发展的现实性。环境和教育在智力与能力发生、发展上起决定作用。环境条件对人，尤其在学生的智力与能力发展中的决定作用常常是通过教育来实现的。

3. 教育可塑造人的性格

性格是一个人对待现实的稳定态度以及与之相适应的行为方式的独特结合。性格在人的个性中起核心作用。性格是人在生活实践中，在不同环境的相互作用中形成的。最初对性格形成起重要作用的是家庭，这种作用主要是通过一个儿童在家庭所处的地位和家庭成员首先是父母对其影响和教育实现的。接着是学校的作用，学校不仅对学生性格的形成和定形有着重大的影响，而且对改变他们已经形成但未定形的性格也起着至关重要的作用，个体性格一般在高中定形，这也体现学校教育的重要性。

4. 教育可培养人的良好品德

与人的智力和能力发展条件一样，教育对学生的良好品德的发展也起着主导作用。这种主导作用主要体现在两个方面：一是教师对学生品德施行有目的、有计划、有系统的影响，良师才能带出品德高尚的学生；二是学校集体是教育主导作用的组织形式，这个集体以"从众"和"社会助长"的作用方式，使个体在认识或行为上由于集体的、舆论的压力，往往不由自主地同大多数人一致，使个人在众人面前从事某种活动而提高效率。

（二）根据个体发展功能对实施素质教育的思考

针对教育的个体发展功能，我们认为实施素质教育的重点应抓好两个方面。一是全面落实国家的教育方针，使素质教育面向全体，提高全体学生的全面素质；二是推行以创新精神为核心的素质教育。

第一，坚持"全面发展、学有特色"的观点已成为共识。全面发展既指人的身心的充分发展，又指人在德、智、体、美、劳、群诸方面的发展。为了促使人的全面发展，就要在德、智、体、美、劳、群各方面实施教育，这种教育的内容是统一的，并且是和谐的，这种教育的对象——个体的发展是全面的，并且也是和谐的。

全面发展是教育的目标，今天也应该由片面追求升学率转向全面发展的教育，以提高中华民族的素质。这个转向，涉及学校教育、家庭教育和社会教育协调问题；涉及教育思想、教育内容和教育方法更新问题；涉及学制、课程和教学组织形式的改革问题等。总之，全面发展教育是一种教育观念更新的表现，它的结果在于造就全面发展的一代新人。然而，全面发展绝非把人培养成"多面手"，在人的思想品德发展中"人无完人"，在智力能力发展中也存在着明显的个体差异。因此，在学生发展中，既鼓励"冒尖"，又允许"落后"。当然，"落后"并不等于教师不管，恰恰相反，我们十分重视对暂处后进的学生进行有的放矢的引导和帮助。在教育实验中，我们提倡从实际出发，因材施教，既允许个别尖子跳级，又防止个别学生"滑坡"；既有针对性地从学生实际出发发挥个人的特长，又力争不让任何学生留级。这样来形成学生主动地、生动活泼发展的局面，使他们全面发展，学有特色、学有专长。

第二，培养和造就创造性人才。素质教育，是一种以创新精神为核心的教育。这是来自知识经济发展的需要，时代要求把创新精神或创造性的培养作为素质教育的一个核心问题。实施科教兴国的一项重大措施，就是江泽民同志在北京大学百年校庆庆典上讲话中提出的"应该培养和造就高素质的创造性人才"。培养和造就创造性人才，是国际学术界与教育界关注的问题，而培养和造就创造性人才的关键在于教育。人人都有创造性，所以在实施素质教育中，如果我们培养的小学生的创造性比别人多一点，到中学又多一点，进大学再多一点，说不定这多一点创造性的学生迈入青年期就是一些发明创造者。何况，在进入知识经济时代，即使不是发明创造家，在工作和劳动中，多一份创造性总比少一份创造性好。这是今天实施素质教育时一个重大的课题。创造性人才的培养和造就，要靠创造性教育，同时在实施素质教育过程中应该大力提倡创造性学习。早在1985年3月30日有人曾以《中国青年报》特约评论员的名义为大连铁道学院一名四年取得学士学位和硕士学位的学生写了一篇评论，其中有一段话："学习有两种，一种是重复性学习，另一种是创造性学习""创造性学习就是不拘泥、不守旧、打破框框、敢于创新……创造性应看作是学习中必不可少的一环。"发达国家的中小学提倡学生创造性学习，我们不必重复别的国家的具体做法，但应该把从小培养学生的创造性作为我们的教育国策确定下来。我们应少搞一点题海战术、死记硬背，多搞一点创造性教育，开展创造性教育活动，增强中小学生创新意识，提高其创新才干。应大力改革考试内容与方法，如高考，考什么题出什么题，都要以突出创造性为前提。

第三节　教育的目标

一、教育的目的是培养人

（一）教育目的的时代性

教育的目的具有时代性，不同时代有着不同的教育目的。在中国，奴隶制社会的夏商周代，教育目的是主张明人伦、严尊卑、定上下、服务于奴隶主的政治利益，使社会有"序"；封建社会初期的春秋战国时期，教育目的偏重于士族阶级人才的培养，促进个人向上层社会流动，教育成为推进封建社会发展的工具；在漫长的封建社会，教育的目的是通过科举取士的方式，培养忠顺君王的附庸；

鸦片战争以后清末教育的目的为"忠君、尊孔、尚公、尚武、尚实"，体现传统与现实革新的需要；孙中山领导的民主革命时期，公布教育宗旨为"注重道德教育，以实利教育、国民教育辅之，更以美感教育完成其道德"，此时教育的目的符合社会需求，旨在去除"自私、贫穷、衰弱"的社会弊病；中华人民共和国成立后，20世纪50年代的教育目的是培养有社会主义觉悟、有文化的劳动者，20世纪80年代规定，国家培养青年、少年、儿童在品德、智力、体质等方面全面发展。那么，进入21世纪了，教育目的又该如何提呢？这就是"T"形人才提出的缘起。

在西方，古希腊时代的教育目的偏重于自由人的培养，以促使国民获得德、智、体、美等方面的均衡发展；古罗马时代的教育目的，更着重于实用人才的培养，使一般国民都能言善辩，富有法律知识；中世纪欧洲的教育是为宗教服务的，其目的在于培养适应宗教统治需要的宗教人才；文艺复兴时代出现了许多不同的教育流派，这些流派的教育目的也各有差别。唯实主义者以追求实用知识满足生活需要为教育目的；自然主义者主张一切以自然为至善，重视儿童本位的教育目的；生活预备说的教育目的在于提供完美的生活预备；国家主义的教育目的是造就效忠国家的国民。当代的教育目的强调既培养高级管理人才和科学技术人才，又培养掌握劳动技能的生产工人。

（二）教育目的的环境性

教育的目的具有环境性或地区性，不同的国家、不同的民族具有不同的教育目的。一个国家的教育事业的目标，既要作为每个地区教育目标的指针，又要借鉴各地区教育目标；但每个地区，由于经济发展、风俗习惯、教育重点有其特殊性，在具体目标上，又允许其因地制宜。同样是西方的古希腊时代，雅典教育旨在培养自由人，即身心和谐发展的人，而斯巴达克的教育则是为了培养骁勇善战的人。二者都是同一时代，但由于环境的差异，教育目的就有所区别。在欧洲中世纪，教会需要培养主教和僧侣，而封建领主则需要培养维护封建统治的骑士。同样在今天，我们国家和其他国家的教育目的也是有本质不同的。尽管时代相同，但由于社会环境和社会制度的差异，教育的目的就自然而然地有着不尽相同的一面。

（三）教育目的的结构性

一个国家教育事业的目的体现着一定社会的要求，呈现为一种结构，并体现在教育事业发展的具体因素上，其核心成分为"数量、质量、结构和体制"：（1）在数量目标上，须考虑教育基本储量，如识字率、入学率、普及率、毕业率等，它反映了教育事业发展规模与经济增长的相关性；（2）在质量目标上，须注意国民素质的全面提高，它反映个体在结构目标上，须重视各级各类教育在层次、科类、形式、布局、投资、人才等方面的合理结构与组合，它反映社会经济结构变化的需求和教育自身发展的内部的协调性；（3）在体制目标上，须强调中央与地方、学校与管理部门之间在管理、人事、经费、招生、分配等方面的调控与多元化，它反映了教育与经济社会发展需求的关系。

综上所述，由于社会的时空和社会要求的不同，教育目的也表现出差异性，也就是说，教育目的的确立要体现教育的工具性，它常常反映社会发展、国家建设和民族风俗的需求，这就形成了其社会性、时代性和地区性，并表现出明显的结构性。然而，教育毕竟在于培养人，也体现了一定的共性，形成社会不同时空教育目的的共同结构，也就是体现了教育目的的全人类性，使不同时代、不同国家、不同地区和不同民族在教育目的上可互相借鉴、互相补充和充实。

二、培养"T"形人才，完善教育事业发展

（一）东西方教育模式及人才的特点

何谓"T"形人才？"横"代表西方的教育观念、教学方法、教学模式；"竖"代表东方的教育观念、教学方法、教学模式。

东西方教育模式及其所培养的人才各有什么特点呢？

1. 西方教育的模式

西方的教育，重视培养学生广阔的知识面、创造力、适应性、独立性和实践能力。这种教育模式突出表现在以培养学生适应性为基础，训练动手（实践）能力为手段，增长创造能力为根本，发展个性为目的。西方教育十分关注学生的适应性或社会适应能力。适应是来源于生物学的一个名词，用来表示能增加有机体生存机会的那些身体上和行为上的改变。心理学上则用来表示对环境变化做出的反应。皮亚杰（J. Piaget，1896~1980）认为，智力的本质是一种适应。自20世纪40年代至20世纪90年代以来，以西方国家为首的世界卫生组织多次论证了"健康"的概念，每次都提到社会适应性是健康的重要指标之一。由此可见，适应是身心发展的基础，培养适应性成为西方教育模式的重要内容。西方教育相当重视学生的实践活动，从中小学到研究生阶段都有动手的课程。与西方中小学生家长接触过的人都有一个感触，每次去他们家做客，家长总喜欢拿出孩子在学校里做的劳动作品，例如小柜子、板凳枕头、旅行袋等向客人展示。大学里的教授做学问的方式也很特别，他们除了自己的科研和教学工作以外，非常重视实践活动。在大学和科研部门的实验室里拥有相当数量的工程技术人员，因此，他们反对"纸上谈兵"，带动学生实践，引导他们解决实际问题。学生在动手或实践活动的过程中，不仅提高了实践能力，而且也增强了专业的兴趣。西方的教育还

贯穿着创造力的培养。创造性教育，是西方心理学界与教育界长期探索的问题。作为创造性教育的心理学基础的创造性研究，孕育于 19 世纪 60 年代初，起始于 20 世纪前 50 年，成熟于 50~70 年代之后，此间创造性的研究越来越受到西方各国心理学界与教育界的重视，研究方法也越来越多，创造性人才的培养也被提到发达国家的教育议程。创造性教育就是在创造力训练的基础上发展起来，各级各类学校的学生的创造力也从根本上获得了提高。西方教育的重要目标之一是发展人的个性。个性（personality），也可称人格，它指一个人的整个精神面貌。个性结构是多层次、多方面的，由复杂的心理特征的独特结构构成的整体。这些层次有完成某种活动时人的潜在可能性的特征，即能力（心理活动的定形特征）、气质（完成活动任务的态度和行为方面的特征）和性格（活动动力倾向方面的特征，如动机、兴趣、需要、理想、信念）等。这些特征不是孤立的，是错综复杂交互联系的，有机结合成一个整体，对人的行为进行调节和控制。教育的目的就是充分运用宏观的社会关系，在群体中通过交往形成微观的人际关系，促进受教育者的个性获得千姿百态的发展，成为一个个生动活泼的社会个体；调动个体积极性，即发挥每一个人的能动性为社会服务。

2. 东方教育的模式

东方的教育模式重视培养学生精深的知识、逻辑思维、理解能力的统一规范和集体主义精神。这种教育模式突出地表现在以理解知识（即知识的深度）为基础，崇尚读书（理论）为手段，发展逻辑思维为根本，追求统一规范为目的。东方教育十分关注学生的知识，而且强调知识的深度和理解水平，所谓"知其然，知其所以然"就是这种模式的倡导。在东方，不管哪个国家，各科考试主要是考知识，自古以来，基本如此。即使像中国选拔"仕"这样的科举考试，虽说考试的内容按考试科目的性质各有侧重，但主要不是考管理能力，而是考知识。例如，元代规定以"四书"出题，以朱熹的《四书章句集注》为标准；明、清两代文科科举仅进士一科，承元制并采用八股文体，并将这种程序和制度加以完备。直至今日的考试也表现出重知识轻能力的倾向。东方教育特别强调学生读书，因为"书中自有黄金屋，书中自有颜如玉"，所以"万般皆下品，唯有读书高"。在我国古代课程中有"六艺"，即礼、乐、射、御、书、数，当代教育以《实践论》为指南，提倡"理论联系实际"。在日本，大正时期八大教育主张之一是"动的教育论"，当代教育也倡导重视实践，但这不是主流，主流仍是以"书本为中心"。升学、招聘、提职考试的内容是书本知识。东方教育十分重视逻辑思维培养，因为人类的思维就是指逻辑思维，也叫理论思维逻辑，主要是指思维的规律，思维的逻辑性就是指思维过程中有一定形式、方式，是按一定规律进行的。逻辑思维的发展本身也有两个阶段：一个是初级阶段，可以称为普通逻辑思维阶段；另一个是高级阶段，即辩证逻辑思维阶段。平时我们所提逻辑思维，往往是指抽象逻辑思维，其实，逻辑思维应该有三类：动作逻辑思维（操作思维）、形象逻辑思维（形象思维）和抽象逻辑思维（抽象思维）。东方教育重视受教育者思维的深刻性，即强调理性认识，强调学生"通过现象看本质"。也就是说，学生在感性材料的基础上，经过思维过程，去粗取精、去伪存真、由此及彼、由表及里，于是在头脑里就形成一个认识过程的突变，产生了概括，由于概括，他们抓住了事物的本质、事物的全体、事物的内在联系，认识了事物的规律性。因此，培养学生的逻辑思维是东方教育的一个突出特点。东方教育还强调集体协作精神，讲究规范化，"没有规矩就难成方圆"，于是把追求统一规范作为教育的目标。由于追求统一规范，所以东方各国的教育都在提倡和强化某种"精神"，在教育内容上，往往强调某一种"准则"。例如，在中国人的德育准则上，从孔夫子到孙中山，一直推崇"忠""孝""仁""义"；1949 年，在《中国人民政治协商会议共同纲领》中，把我国国民公德概括为"五爱"，即爱祖国、爱人民、爱劳动、爱科学、爱社会主义，我国教育重视这"五爱"的公德标准；我国台湾地区创设了"五心"同心会，提倡把忠心呈给国家，把孝心献给父母，把信心留给自己，把热心传给社会，把爱心送给大家。总之，东方教育突出的是集体主义规范，强调的是教育对象有统一的要求、统一的目标、统一的格式。

3. 变差异性为相融性

东西方教育模式的特点，存在差异性，但东西方的教育模式还有其一致性，也就是说，东西方教育模式是相通相融的，两者的互补性远大于冲突性。所以，西方教育模式特点在东方教育中也部分存在；而东方教育模式的特点同样也能在西方教育中看到。总之，长期以来，东西方教育相互吸收，取长补短，共同发展，这一特点正是我们提出"融东西方教育模式，培养'T'形人才的基础"。

（二）培养"T"形人才的关键在于教育改革

怎样做好东西方教育模式的融合，来培养"T"形人才呢？关键在于教育改革，也就是说，以相通相融性为出发点，对教育思想、教育内容、教育方法实行改革。我们的教育理念及其在实验基地教改实验中的做法如下。

1. 树立正确的人才观念

要培养"T"形人才，关键在于改革旧有的教育思想。什么是人才？传统的教育观念往往把人才等同于天才和全才，我们国家一般把那些"德才兼备""又红又专"的人称为人才。而东西方教育模式的教育观念则强调人才的多样性、广泛性和层次性，认为凡是为社会做出贡献的人都应该算是人才，换句话说，除了那些"德才兼备"和"又红又专"的人是人才以外，那些在某一方面发挥了特长而与众不同的人也是人才。东西方教育模式的理念还对学校如何培养未来人才的素质提出了新的要求，即要重视培养学生的现代意识，如珍惜时间、讲求效益、遵守信誉、善于合作、勇于竞争等；要重视培养学生的创新精神和创造才能，以及独立获取知识并运用知识解决实际问题的能力；要尊重学生的人格，重视发展学生的个性特长。东西方教育模式的人才观与我们实施的素质教育具有一致性，它要求我们的学校教育必须从以下两方面入手。一方面，教育要面向全体学生，从而提高适应于社会主义建设的各级各类人才的素质；另一方面，教育要使每个学生都在德、智、体等方面得到全面发展。全面发展并不是平均发展，因此要发展个性，坚持因材施教。在人才发展中，既鼓励"冒尖"，又允许暂时"落后"。有的实验学校还提出在某一科学习出色的学生可以"免听、免修、免考"；对于学习暂时落后的学生，允许他们在不留级的情况下"降低起点"、跟班发展。我们的目的在于探索面向 21 世纪的现代教学模式，勇于改革、奋力开拓，坚持全面实施素质教育。

2. 改革教育内容

要培养"T"形人才，就得强调改革教育的内容，特别是课堂教学的内容，课堂教学是教学工作的主要形式。科学文化素质在学生的基本素质结构中居核心的地位，对他们的全面发展具有极其重要的作用，因此，改革教学内容，即狠抓教材建设、课程设置、评估体系和考试改革，以此来全面提高教育质量，全面提高学生素质，也以此来检验是否有利于"T"形人才的培养。有些实验点的重点学校经过多年的艰苦探索，已初步形成了以必修课为主，选修课和活动课为辅的三种课程体系及其操作方法。实验点教师在现有教材的基础上纷纷编写补充教材、选修教材、活动课指导读物；不少学校实施多媒体教学或把计算机辅助教学作为切入点。所有这一切，都是为了加强基础、提高质量、培养能力、全面提高学生素质。为了融合东西方教育模式培养"T"形人才，就要进行教学评估体系的改革，因为评估是指挥棒。评估中，要把科学文化知识作为重要的内容，但是要充分重视全面提高学生素质、发展学生个性特长，既有同知识与智育对应的德、体、美、劳、群的评估体系，又要发展每一个学生的个性，发掘各种各样的特长生。

3. 改革教育方法

要培养"T"形人才，必须强调改进教育方法。教育要面向未来，未来的社会需要大量具有高度文化知识和全面素质的人才，这就要求我们的学校教育，既要为学生今后的发展打下坚实的知识基础，又要从小注意发现和培养学生的特殊才能和全面素质。传统的教育方法往往利用大量知识和"标准化"的练习迫使学生死记硬背，没有时间消化，没有时间思考，完全忽视了对学生积极主动精神和创造精神的培养，忽视了对学生自学能力和特殊才能的培养。因此要改革教学方法。

东西方教育模式各有其特点，所以我国教育界在人才模式或人力资源开发中，十分注意相融性和互补性，吸收西方教育的长处，为培养"T"形人才作出探索和努力。百余年来，东方教育一直注意学习和吸收西方教育的长处，实行教育改革；那么西方教育要不要学习和吸收东方教育的长处，实行西方的教育改革呢？我们想应该是的。为了世界公民的素质，培养"T"形人才，东西方教育应该互相取长补短，实行各自的教育改革。

第二章　教育与发展理论

第一节　继承中国传统的教育与发展思想

一、古老的教育与发展的前提

（一）孔子最早提出后天决定心理发展的思想

在我国，最早提出先天与后天关系问题的是孔子。孔子强调后天对心理发展的作用，他说："性相近也，习相远也"。就是说，人的先天禀赋是差不多的，人的成就和习性不同是后天学习的结果。他对自己的学问也作了一个客观的分析，认为"我非生而知之者，好古敏以求之者也"。这里，孔子重视的是后天教育和学习对心理发展的作用，体现出他的朴素唯物论的发展观，是十分可贵的。

（二）墨子关于环境和教育在心理发展上起决定作用的思想

稍晚于孔子的古代唯物主义思想家墨子（约公元前468~前376）在先天与后天的关系问题上，是一个彻底的唯物主义者。他极为强调环境和教育在心理发展上的决定作用。他以染丝为例，来说明人的心理发展是在环境和教育的习染中形成的。当他看见染丝的时候，长叹一声说："染于苍则苍，染于黄则黄，所入者变，其色亦变。……故染不可不慎也。非独染丝然也，国亦有染。……非独国有染也，士亦有染。"他认为，人的本性像没有颜色的丝一样，放在青色的染缸里，就变成青色；放在黄色的染缸里，就变成黄色。人的各种心理活动，不论是知识的获得还是道德的培养，都是环境和教育影响的结果，所以"染不可不慎"，即应当选择良好的环境和正确的教育。这一思想比西方学者洛克的"白板说"或"白纸说"要早1000多年。

（三）性善论和性恶论的争论及荀子的"性伪合"观

孟子，邹国（今山东邹城）人。他认为人生有"不学而能"的"良能"和"不虑而知"的"良知"。他说："人之所不学而能者其良能也；所不虑而知者，其良知也。"按照他的思想，人生来就具有"恻隐之心""羞恶之心""辞让之心"和"是非之心"，这些他称为"四端"，即四种萌芽，发展起来就成为仁、义、礼、智四种道德。可见，孟子的"性善论"，强调的是先天对心理发展的影响作用，于是构成了先验论的发展观。

与其相反的是荀子（约公元前 313~前 238）的"性恶论"。荀子名况，字卿，战国后期赵国人。他认为人性生来是恶的，人之所以能为善全靠后天的努力人为。他说："人之性恶，其善者伪也。"荀子从孟子的性善论走到相反的极端，提出人性生而就有"好利""嫉恶""好声色"，这是没有道理的，然而，他并不强调这种"性恶"的先天赋，而是提倡性与伪结合的思想，即承认在"性恶"存在的前提下，靠"伪"，也就是取决于人出生后所遇到的各种因素和努力的作用，强调教育的意义。儿童在教育中和学习中，化性起伪，长大成才。这种"性伪合"的观点是一种正确的观点，是最早提出的心理发展中先天与后天统一的思想。

（四）韩愈的性与情的"三品"说

唐代中期的韩愈（768~824），字退之，河南河阳（今河南孟县）人。他批评了人性善和人性恶的观点，说其"举其中而遗其上下者也，得其一而其二者也"。他提倡的是性与情的"三品"说。他说："性也者，与生俱生也。"就是说人性是天生的。但性分为"上、中、下"三品。上品者，"善焉而已矣"；中品者，"可导而上下也"；下品者，"恶焉而已矣"。仁、义、礼、智、信五常是本性所固有的，这都是天命所定的。韩愈认为在性之外还有情，情是"接物而生"的，它也分上、中、下三品，区别为喜、怒、哀、惧、爱、恶、欲七种。上品者，"动而处其中"；中品者，"有所甚有所亡然而求合其中者也"；下品者，"亡与甚直情而行者也。"

韩愈的性三品和情三品是一一对应的。那么教育还起作用吗？他认为性是可移的。对上品者说，"就学而愈明"；中品的人，"可导而上下"。教育对上、中两等人是可以发生作用的，但是下品者是天生"畏威而寡罪"的，只能用刑法制服，使其有所畏惧而少犯罪。

韩愈的性与情的三品说，更多强调的是先天因素，其本质上是属于唯心主义的。

（五）王廷相的先天与后天统一观

在中国古代的心理学思想中，比较明确而全面论述先天与后天关系的，是明代唯物主义哲学家王廷相（1474~1544）。

王廷相，字子衡，河南仪封人。他说："吾从仲尼焉，性相近也，习相远也。"他主张"凡人之性成于习"。更重要的是，他具体地论述了儿童心理发展中先天与后天的关系。他说："人之性也，性禀不齐。""婴儿在胞中自能饮食，出发胞时便能视听，此天性之知，神化之不容已者。自余因习而知，因过而知，因疑而知，皆人道之知也。父母兄弟之亲，亦积习捻熟然耳。……人也，非订人天也。"由此可见，王廷相并未否定人的遗传禀赋的差异，即"天性之知"的作用。但是他更重视在遗传素质基础上发展起来的，通过后天的"习""悟""过""疑"而决定的后知。这里，他不仅强调了环境的作用，人与人之间交往的作用，而且也强调了主体学习、活动的作用。尽管限于当时的科学水平王廷相的思想仅仅属于思辨性质的，但是，他的思想的可贵之处，也正是在于其与现代科学儿童心理学观的一致性。

二、古老的教育与发展思想

在孔子思想的基础上，后来有许多教育家在教育与发展问题上提出自己的见解，归纳一下，大致有以下三个方面。

（一）教育的作用在于促进学生的发展

以荀子和董仲舒的思想为例试加论述。

1. 荀子的观点

荀子特别重视教育的作用。他从"性伪合"思想出发，认为人生而无贵贱、智愚与贫富之分，使人发生区别的唯一力量是教育。他提出，教育之所以能发挥这么巨大的作用，主要是靠主观的"积"和环境的"渐"。

他说："积土成山，风雨兴焉；积水成渊，蛟龙生焉。积善成德而神明自得，圣心备焉。"

"蓬生麻中，不扶而直；白沙在涅，与之俱黑。兰槐之根是为芷，其渐渍之溺，君子不近，庶人不服。其质非不美也，所渐者然也。故君子居必择乡，游必就士，所以防邪僻而近中正也。"

前一段说"积"，智与德是积累而成，圣人就是人之所积；后一段谈"渐"，指出了环境的重要性。在荀子看来，通过主观的"积"和环境的"渐"，就能够使人的本性发生根本的变化。也就是说，教育的作用就在于改变人性。

2. 董仲舒的观点

董仲舒（公元前179~前104），汉代广川（今河北景县）人，是西汉时期的思想家和教育家。

董仲舒提出了"性三品"的思想，把人性分为上、中、下三等，他认为性只是质材，它的本身还不能说就是善，必须"待教而为善"："性比于禾，善比于米，米出禾中而禾未可全为米也；善出性中，而性未可全为善也……天生民性，有善质而未能善，于是为之立玉以善之，此天意也。民受未能善之性于天，而退受成性之教于王，王承天意，以成民之性为任者也。……今万民之性待外教然后能善，善当与教，不当与性"。

这段话的意思是，性仅仅为善提供可能性，而教育将这种可能性变成现实性，这就精辟地阐明了教育与学生心理发展的关系。

（二）教育促进儿童（学生）心理从量变向质变转化

在我国古代的教育家和思想家中有不少人是坚持辩证法的，正是这种朴素的辩证法，使他们将学生的心理发展理解为量变到质变的过程。这里也举两个例子来加以论述。

1. 荀子的观点

荀子从教育作用出发，认为"习俗移志，久移质""长迁而不反其初，与则化矣"。在这"安久移质"和"长迁不反"的思想中，包含着通过教育阐述学生心理发展产生量变与质变的关系。也就是说，学生在教育的作用下，其心理经过长期的量变不再回复其本来面目，发生了质的飞跃。

荀子还说："学不可以已。青，取之于蓝，而青于蓝；冰，水为之，而寒于水""君子之学如蜕，幡然迁之"。这里他所提到的青和蓝、冰和水的关系以及"学如蜕"的思想，都说明了教育能使学生的心理经过量的"积"整的过程，发生质变。这种教育与发展的辩证观点，是值得我们继承和发扬的。

2. 王充的观点

王充（27～约97），字仲任，会稽上虞（今浙江绍兴）人，是东汉唯物主义哲学家和教育家。

王充强调教育和教学必须注重锻炼、教导和"识渐"，必须经过"切磋琢磨"才能达到"尽材成德"的目的。他是继荀子之后又一个强调心理发展量变质变的杰出学者。他曾说："人之性，善可变为恶，恶可变为善，犹此类也。蓬生麻间，不扶自直；白纱入缁，不染自黑。彼蓬之性不直，纱之质不黑，麻扶缁染，使之直黑。夫人之性，犹蓬纱也，在所渐染而善恶变矣。"

王充将人性比作蓬纱。由于"渐染"，即量的变化过程，才使蓬纱之质完全变黑。人性，"在所渐染"的量变，才能引起善恶的质变。王充强调了人性量变的意义，强调了人性的量变和质变的关系。

（三）不失时机的及时教育

现代儿童心理学强调早期教育，强调在儿童心理发展的关键期进行及时教育，强调根据儿童的原有心理水平而有针对性地不失时机地进行教育，这些观点在中国古代的儿童心理学思想中同样地有所反映。颜之推（531～约590）就曾指出："人生小幼，精神专利，长成以后，思虑散佚，固须早教，勿失机也。吾七岁时，诵《鲁灵光殿赋》，至于今日，十年一理，犹不遗忘，二十之外，所诵经书，一月废置，便至荒芜矣。"维果茨基的"教育要走在发展的前头"、抓住关键期进行教育的观点，和这是多么相似。然而，他却比维果茨基的观点早提出1400 年。

上述的一些教育与发展观，体现了我国教育自古以来的目的就在于促进学生的发展。这些观点一直影响着今天的教育，需要我们验证、继承和发扬。

第二节　学习西方的教育与发展观

一、西方教育与发展观的雏形

从文艺复兴时期到近代，西方有一大批思想家和教育家，他们探讨了教育与发展的关系。代表人物有夸美纽斯、卢梭、裴斯泰洛齐、赫尔巴特等。

(一) 夸美纽斯的教育与发展思想

从文艺复兴起，一些进步的思想家开始提出尊重儿童、发展儿童天性的口号。夸美纽斯 (J. A. Comenius) 就是一个代表人物。夸美纽斯 (1592~1670) 是17 世纪捷克著名的爱国主义者、伟大的资产阶级民主教育家，被尊崇为教育史上的"哥白尼"。

首先，夸美纽斯从人的本性出发，把儿童从出生到成熟分为 4 个年龄时期，每个时期都是 6 年：幼年期从出生到 6 岁，童年期从 6 岁到 12 岁，少年期从 12岁到 18 岁，青年期从 18 岁到 24 岁。

他以年龄特征作为这个分期的基础：（1）幼儿期的特征是迅速的身体成长和感觉器官的发展；（2）童年期的特征是记忆力和想象力连同它们的执行器官语言和手的发展；（3）少年期的特征除了上述的品质以外是思维（理解和判断）的更高发展；（4）青少年期的特征是意志的发展和保持和谐的能力。

其次，夸美纽斯为儿童编写了著名的读物《世界图解》。该书于 1658 年出版，这是作者根据他所提出的适应自然和直观教学原则写成的一部小学教科书。夸美纽斯的《世界图解》已是能根据儿童年龄、特征，按教育要求授予儿童百科全书式知识，这也是给儿童讲述科学知识的开端。

最后，夸美纽斯提出了一系列符合并促进儿童心理发展的教育与教学原则。夸美纽斯反对不考虑儿童接受能力的强制性教学，要求教学一定要适合儿童的特点，特别是为初学的儿童选择学习材料一定要适当。他说："学生不可受到不适于他们的年龄、理解力与现状的材料的过分压迫，否则他们便会在不实在的事情上面耗掉他们的时间。"夸美纽斯在阐述按照班级实行教学的好处时，也是从儿童心理的角度，说明它对取得良好学习效果的积极意义。所有这些，使教育与发展符合儿童心理的原有水平，有利于促进他们心理的发展。

(二) 卢梭的教育与发展思想

卢梭 (1712～1778) 是 18 世纪法国杰出的启蒙思想家、哲学家和教育家。在哲学上他承认感觉是认识的根源；但又认为对自然界来说，精神是积极的、物质是其消极的本原，并强调情感高于理智、信仰高于理性。人们在大自然中凭借"内在之光"即可发现自己有所谓天赋的道德观念，并觉察到自然神论者所谓的上帝存在。在社会观念方面，他认为在原始社会的"自然状态"下，人人都享受"自然的"自由和平等；私有制的产生是不平等的根源，但也需要保护小私有者。他强调人民有权推翻那种破坏"社会契约"、蹂躏"人权"、违反"自然"的专制政体，建立以"最聪明的少数人"（即资产阶级）为领导、充分体现"共同意志"的"理性王国"。在教育观点上，其提出"自然教育理论"，主张顺应儿童的本性，让他们的身心自由发展。卢梭的主要著作有《论科学和艺术是否败坏或增进道德》（1749）、被恩格斯认为有辩证法思想的《论人类不平等的起源和基础》（1775）、《民约论》（1762）、小说《爱弥儿》（1762）和《新爱罗伊丝》（1761）、自传《忏悔录》（1778）等。

卢梭的教育与发展思想，集中地体现在他的教育哲理小说《爱弥儿：论教育》上。这是一部五卷本的长篇巨著，书的内容不仅阐述了他的教育观点，即追求个性解放的教育思想，而且也用他的社会政治思想尖锐地批判了腐朽的封建教育。在书中，卢梭斥责天主教会和传教士是骗子，表示反对传统教义，而持有"自然神论"的观点，即认为上帝在创造世界之后，便任自然规律支配一切，不再干涉世事了。因此，《爱弥儿》出版后，尽管这种思想积极影响法国资产阶级革命，但也大大地触怒了教会和封建王朝，致使出现焚书缉人、被迫逃亡的局面。卢梭在国外隐居，直到晚年才获准回到法国。

在《爱弥儿》中，卢梭通过他所虚构的儿童爱弥儿从出生到成人的教育过程，系统地阐明了他的教育理论与发展的思想。

按照卢梭的意见，对儿童的教育要"遵循自然的法则"。这就是说，在教育儿童的时候应该遵循他们的本性，考虑他们的年龄特征。卢梭否定先天观念和先天道德，认为人们生而缺乏的，又是成年以后所需要的一切，都是教育的结果。这种教育的来源有三个方面，即自然、人、事物或外部环境。他说："我们的才能和器官的内在发展，是自然的教育；别人教我们如何利用这种发展，是人品教育；我们对影响我们的事物获得良好的经验，是事物的教育。"他认为，只有在三种教育方向一致、统一行动时，才能有合理的教育。由于自然教育不能由我们来决定，所以应当使人为的教育符合于自然的教育，同时要利用事物的教育，因为这在相当的程度上是依赖于人的。因此，教育应当是遵循自然的，也就是应当依照儿童自然发展的进程，培养儿童所固有的观察、思维和感受能力。他抨击当时的儿童教育违反儿童的天性，指出："……他们总是用成人的标准来看待儿童，而不去想想他在未成年之前是个什么样子。"因此，他反复强调："要按照你的学生的年龄去对待他。"

遵循自然的法则，必然是自由的教育。因为卢梭宣称人最重要的自然权利就是自由。根据这个原理，他反对压迫人的封建制度，反对实行呆读死记、严酷纪律、体罚和摧毁儿童个性的经院式学校。卢梭满怀深情地呼吁："要爱护儿童，珍视短暂的童年生活。要关心他们的游戏和自由活动，而不应强制他们像服苦役似的读书。"卢梭重视教师的指导作用，但是他的指导作用有特殊的含义。他认为，教师要引导学生去解答各种问题，要在各种情况中提高儿童的兴趣，而且在指导的时候，使得儿童自己不觉得是被指导的。

在自然法则的基础上，卢梭根据他对于儿童发展的自然进程的理解，将儿童的年龄特征分为四个阶段：第一阶段，从出生至 2 岁，这是身体发育第一阶较快的时期，主要的任务是保障他们的身体健康；第二阶段，从 2 岁至 12 岁，卢梭称其为"理智睡眠"时期，这时儿童还不能思考，主要应该发展"外部感觉"，使儿童积蓄力量，以便在年龄较大时能够发挥出来；第三阶段，从 12 岁至 15 岁，这一时期应该广泛地发展智育，满足儿童在智力方面的要求；15 岁到成年，这是"激动和热情时期"，卢梭认为这是人发展的四个阶段，应该实施道德教育。卢梭要求按照儿童特点进行教育，无疑是正确的，但是他对儿童年龄阶段的划分和各阶段教育任务的确定，显然还缺乏一定的科学性。

（三）裴斯泰洛齐的教育与发展思想

裴斯泰洛齐（1746~1827）是瑞士教育家。他从人道主义出发，企图通过教育来改善农民生活。他曾在涅伊霍夫（Neuhof）、斯坦兹（Stanz）创办孤儿院，从事贫苦儿童的教育；后又在布格多夫（Burgdorf）、伊佛东（Yverdon）创办学院，进行简化教学实验，以体现他教育学体系的重心——关于要素教育的理论。依照这个理论，教育过程必须从一些最简单的因素开始，逐渐转到日益复杂的因素。裴斯泰洛齐的要素教育的理论包括体育、劳动教育、德育、美育和智育等方面。也就是说，他主张一面教儿童学习识字计算，并进行道德教育和宗教教育；另一面教儿童从事手工业和农业劳动。裴斯泰洛齐在教学理论方面的一个重大贡献，是他为初等学校建立了各种教学法。他认为形状、数目、语言是教学中的基本要素，并根据这一原理，改进了初等学校的语文、算术、测量等各科的教学方法。他的教育思想对近代初等教育的发展是有深刻的影响的，裴斯泰洛齐的主要著作有《林哈德和葛笃德》《葛笃德怎样教育她的子女》《母亲读物》和《数的直观教学》等。

裴斯泰洛齐的教育思想，要求以心理学特别是儿童心理学作为教育的依据，他认为教育的目的在于促进人的天赋力量和能力全面和谐的发展。从他关于教育目的的论述中我们看到：

首先，裴斯泰洛齐非常重视教育和儿童发展的相互关系。他生动地比喻说，教育应当在巨大而坚固的岩石（本性）上建立自己的大厦（形成人），它只有永远跟这岩石紧密地结合，不可动摇地屹立在它的上面，才能达到它的既定目的。

其次，裴斯泰洛齐从他的人的和谐发展的基本观念出发，把智育跟德育密切地联系起来，并且提出教育性的教学要求。按照这个要求，他认为教学就是要帮助学生通过感性经验去获得和积累一定的知识，同时借助教学来发展学生的智力。但他更重视智力的发展，把发展思维能力放在首要的地位。他说："必须集中地提高智力，而不仅是泛地增加知识。"这样广泛地提出教学过程中知识和智力两个方面的性质的问题在裴斯泰洛齐的时代是历史上的一种进步，也是从这两者关系出发，他提出直观性原则、由易到难（从具体到抽象）原则以及循序渐进的原则。裴斯泰洛齐认为，这些原则的实施，要符合心理学的要求。他说："智力和才能的发展，要有一个适合于人类本性的、心理学的、循序渐进的方法。"这里他把循序渐进和适合人的本性、适合儿童的心理的方法和要求直接联系在一起了。

最后，裴斯泰洛齐着重研究了智力教育和教学的要素。什么是教学的要素呢？他认为："任何物体的外部特性的总和包含着它的外形和数量，这是通过语言而达到自己的意识的。"[1]这就是说，数目形状和语言是一切教学的最简单的要素和最基本的手段。在教学过程中，计算适合于数，测量（几何）适合于形，言语适合于词。可见，"要素的教学"首先归结为测量、计算和掌握语言的技能。根据这个理论，裴斯泰洛齐大大地改变了当时初等学校的教学内容。这种新的方法不仅丰富了儿童的知识，而且激发了儿童的思维能力。裴斯泰洛齐认为这一过程是符合儿童心理特点的。由于当时相当缺乏具有儿童心理特点的研究资料，因此，裴斯泰洛齐实际上推动了儿童心理学的研究。

（四）赫尔巴特的教育与发展思想

赫尔巴特（J. F. Herbart，1776~1841）是德国的哲学家、心理学家和教育家，他是18~19世纪"心理学化的教育"理论的一位重要的倡导者。

赫尔巴特最初在拉丁古典学校学习，之后升入耶拿大学。他的世界观是在德国哲学家和思想家康德的影响下形成的。大学毕业后，赫尔巴特做了一个瑞士贵族的儿童教师，他和他的学生有一段时间住在裴斯泰洛齐办的学校里。1802年，他在哥丁根大学获硕士学位，1805年任特邀教授；1808年在哥尼斯堡大学继承康德（Kant）的教授职位，并主持一所教育学院；1833年回哥丁根大学任哲学

---

[1]　张焕庭. 西方资产阶级教育论著选 ［M］. 北京：人民教育出版社，1979：182.

教授直至去世。赫尔巴特在这两所大学里展开了广泛的教育活动。他讲授心理学和教育学，并领导训练师资的研究班。这个研究班还附设了一个实验学校，他本人也在里面教数学。赫尔巴特认为人类道德的基础是五种不变的观念：内在自由、完善、善意、法权和正义。观念是最根本的要素，人的一切心理过程——情绪、意志、思维、想象等都不过是观念的变形。他就以这种伦理学和心理学观点为基础建立了他的心理学化的教育学体系。赫尔巴特强调运用严格方法管理儿童，以建立秩序和纪律，认为这是实现教育过程的必要条件。他提出了"教学的教育性"的概念，把教学看作是教育的主要手段，要求通过教学发展多方面的兴趣，灌输五种道德观念。他把兴趣理解为学生理智的自动精神，认为教学的进行必须使学生在遇到教师所传授的新教材时，能在心灵里唤起一系列已有的观念，并在此基础上引导他们去掌握新的观念。赫尔巴特的主要著作有《普通教育学》（1806）、《心理学教科书》（1816）、《关于心理学应用于教育学的几封信》（1831）、《教育学讲授纲要》（1835）等。

在心理学史上，赫尔巴特是最早宣称心理学是一门科学的学者。他主张心理学应该和哲学、生理学区别开，用特殊的方法研究自己特定的对象。值得一提的是赫尔巴特的心理学理论中"意识阈"和"统觉团"这两个概念。赫尔巴特认为意识和无意识是可以互相转化的，但"一个概念若要由一个完全被抑制的状态进入一个现实观念的状态，便须跨过一道界线，这道界线便为意识阈"。就是说，在人的心灵中聚集着大量的观念，都要进入意识的领域，而能进入的是那些与意识领域中原有观念相接近的观念，没有受到原有观念强化的观念就被抑制下来，变得不可觉察而被挤出意识的阈限。显然，这意识并不是固定不变的。据赫尔巴特的观点，只是与意识中的观念有关的事物、资料或知识才容易进入意识，为意识所融化，这就产生了"统觉"的概念。赫尔巴特把人在原有观念经验的基础上形成新观念的过程称为统觉。统觉过程就是把一些分散的感觉刺激纳入意识，造成一个统一的整体。这个整体，赫尔巴特称之为"统觉团"。在教学过程中赫尔巴特赋予统觉团以重大的意义，并把注意、兴趣与统觉团紧密联系起来。尽管赫尔巴特的心理学思想属于唯心主义的范畴，但提出意识阈转化和统觉团的作用，不仅有辩证法的因素，而且在教育理论建设方面，特别是试图把教育学建立在心理学上的思想，是很可贵的。

赫尔巴特根据其关于心理活动的规律，将教学过程分为"明了""联想""系统""方法"四个阶段。同这四个阶段相应的心理状态实际上是兴趣，亦即"注意""期待""探究"和"行动"。他将教学过程（程序）与掌握知识的环节、心理活动状态、兴趣阶段及教学方法等构成了如下相互配合的关系。

赫尔巴特十分重视兴趣，认为教学应当以多方面的兴趣为基础。他将兴趣分为六种，并归为两大类：第一类是认识周围现实的兴趣。它包括：（1）经验的兴趣，回答这是什么的问题，并引起观察的愿望；（2）思辨的兴趣，回答为什么是这样的问题，并引起思考；（3）审美的兴趣，保证对各种现象进行艺术的评价。第二类是认识社会生活的兴趣。它包括：（1）同情的兴趣，表现在对家庭的成员和最亲近的熟人；（2）社会的兴趣，表现在对社会、自己的民族和全人类；（3）宗教的兴趣，表现在跟上帝的联系上。按赫尔巴特的观点，应当尽可能早地激发儿童的宗教兴趣，并且继续不断地加以发展，使他的心灵在晚年能平和而宁静地寄托在他的宗教里。赫尔巴特也重视兴趣的培养。他认为教育的最重要的任务之一，在于引起多方面的兴趣。

　　总之，从上述的赫尔巴特的教育思想中可以看出，近代教育的发展，孕育着"教育与发展"观产生的必然性。

二、杜威是西方"教育与发展"观的奠基人

　　杜威（J. Dewey，1859～1952）是哲学家、心理学家和教育家，曾师承霍尔（G. S. Hall，1844～1924）。他有实用主义哲学的背景，是美国机能主义心理学的创始人之一，又被认为是创立美国教育学的首要人物。

　　杜威1894年任芝加哥大学哲学、心理与教育系主任，同时开始创办实验学校。1896～1904年，他在4～13岁的儿童中施行自己的教育主张，即让这些学生在学校的学习生活中养成合作的生活习惯与心理，学校采用活动课程和以活动为中心的教学方法。杜威的这个教育革新实验，后来成为美国现代"进步教育"的基石。他自己也声称，他与赫尔巴特的区别在于：赫氏属于传统教育，而从他自己开始才是现代教育。也就是说，他提出"进步教育"的思想，用来取代"传统教育"，其主要内容是表现个体，培养个性，反对灌输；以自由活动反对外部纪律；倡导从做中学，反对从书中，向教师学习；主张教育与现实需要相适应，反对为遥远的未来作准备等。杜威的《民主主义与教育》一书集中反映了他的教育思想，该书被西方教育家视为与柏拉图的《理想国》和卢梭的《爱弥儿》有同等地位的重要著作。

　　杜威的主要贡献之一，就是把心理学应用到教育和哲学方面，使三者结合在一起。他也是在心理学史上最早深入教育实践，进行心理发展研究的心理学家。尽管他的实用主义观点有许多需要批评的地方，但他的教育、教学、学习与儿童（学生）心理发展的思想，正是他把心理学和教育学相结合的产物。

　　（一）提出有"教育与发展"含义的教育目的，并投入实践与实验

　　我们之所以把杜威推为西方"教育与发展"观的奠基人，是由于杜威在西方最早提出有"教育与发展"含义的教育目的，并不断投入教育实践与教育实验。

1. 在教育实践中提出教育是一个塑造人的过程

杜威有一定的教育实践的基础。1879 年他从佛蒙特州立大学毕业后曾任教于中学和乡村学校三年；1882 年进霍布金斯大学当心理学家霍尔的研究生，两年后获博士学位去密执安大学教哲学。同时他从事了该校培训师资的工作，对教育的兴趣也更加浓厚了。之后，杜威把哲学、心理学和教育紧密地结合起来，确认教育是一种塑造人的理智与情感的过程，是与每个个体发生联系与关系的事情。由于杜威将这三门学科密切结合，他于 1894 年任芝加哥大学哲学、心理与教育系主任，开始创办实验学校，以证实自己的观点。

2. 杜威的教育目的观

基于教育即生长、即生活、即经验不断改组的认识，杜威把自己的教育过程分为内外两种状态，并提出教育过程之内的教育目的和教育过程之外的教育目的。

教育过程之内的目的，是指由儿童（学生）的本能、冲动、兴趣所决定的具体教育过程的目的；由社会、政治需要决定的教育目的是教育过程以外的目的。后来，杜威在《民主主义与教育》（1914）中指出"教育本身并无目的，只有人，即家长和老师等才有目的"。他提出的"良好的教育目的"应具备的特征：教育目的要根据受教育者的个人活动需要和现有能力；教育目的必须同时也是组织活动教学的方法，能提出解放、组织学生能力所需要的环境。制定教育目的要避免制定一般的、终极的目的，而应制定当前的和各种具体的目的等。1919年杜威来中国讲学，又谈到其教育目的，即强调要培养学生做社会的良好公民。

杜威在教育实践与实验的基础上提出了教育目的，这个目的核心是促进社会发展和个体（儿童）发展。这是西方的教育与发展观的最初模式。

（二）提出"教育即生长"的教育定义

杜威的教育定义就是"教育即生长""教育即生活""教育即经验的继续不断的改组"。这个定义来自他的心理学、社会学和哲学观点，表达其教育促进发展的理论。

1. 教育促进儿童本能的生长

杜威主张心理学研究动作的机能，其表现为协调，实际上这是一个生物适应活动。这里的机能、协调，是指有机体对环境的被动适应。这明显地表现出他受到了达尔文学说的影响。

在这个观点的基础上，杜威认为，儿童（学生）心理活动基本上就是以本能活动为核心的习惯、情绪、冲动、智慧等天生心理机能不断发展、生长的过程。从这个角度说，教育就是促进本能发展、生长的过程。他说："教育不是把外面的东西强迫儿童或青年去吸收，而是需要使人类与生俱来的能力得以生长。"

"教育即是生长，除它自身之外，并没有别的目的，我们如要度量学校教育的价值，要看它能否创造继续的生长欲望，能否供给方法，使这种欲望得以生长。"❶

正是出于强调教育促进儿童本能生长的观点，杜威提出了"儿童中心主义"的教育原则，并成为其教育理论的核心。他大声疾呼：必须以儿童为教育的出发点，把儿童当作目的，而不是当作手段来看待，教育措施一定要围绕着儿童来实施。

杜威的儿童心理内容观及儿童中心主义的教育原则，对批判传统教育、提倡儿童在教育中的主体作用及促使儿童的个体自由发展，是有一定的积极意义，这个教育中心转移问题的提出，在教育史上是一个进步，但是，杜威无视心理内容的社会性，片面强调生物化的本能天性的生长，则是不科学的。片面地强调以儿童为"中心""太阳"，教育要"围绕儿童转"等，势必转向另一个极端，势必会使教师失去主导作用，势必会使教育成为儿童的尾巴，从而降低教育质量。

2. 教育促进学生心理的发展

杜威的儿童（学生）心理的发展观是："生活即发展；发展、生长即是生活。"他又说："没有教育即不能生活。所以，我们可以说：教育即是生活。"当然，这里反映了杜威要求学校与社会生活相联系；要求学生参与生活实际，并把学生心理发展与参与生活实际相联系；要求教材知识与学生相联系，这是正确的。它在消除学校与社会生活的阻隔方面发挥了较好的作用，在唤起学生的学习兴趣和有利于学生对社会生活经验的适应上，比呆板枯燥的传统教育更有生气。但是，杜威将学生的实践、活动仅仅局限于生活，这未免太狭窄了。他过分夸大了学生的直接生活经验的意义，这样，教育的内容和水平必然是低级的，导致削弱基础知识的质量，影响学生智力教育的标准，因而不利于其心理的发展。这个失败的教训，就被布鲁纳引以为鉴，使他提出富于时代精神的结构课程论的思想。

3. 教育的基本原则是"从做中学"

儿童（学生）如何获取知识呢？杜威把教育的本质理解为经验的改组或重新组织。在杜威看来，获取知识是主客体的交互作用，是知识（原有主体经验）和求知（获取新知识）不断组织更新的过程，是通过儿童（学生）亲身经历的一种活动。所以杜威提出了一条教育基本原则，即"从做中学"，并视为其教学理论的中心原则。

杜威把"从做中学"贯穿到教学领域，诸如教学过程、课程、教学方法和组织等各个领域。这里的关键是"怎样做"，杜威提出使学生"由做事而学习"，那么教师在这中间起什么作用呢？杜威反对传统教学中教师的专断式的主导作

---

❶　（美）杜威. 民本主义与教育［M］. 郑泽，译. 北京：商务印书馆，1947：58，62.

用，而应作教学过程的"发起人"，课本变成"试验品"，"教师与学生两方面会不觉得一方是在那里教，另一方是在那里受教，那么所得的结果会好"。就这样，杜威反驳了传统教育的课堂讲授、书本知识和教师"三中心"，取而代之的是生物化、生活化的活动教学，儿童（学生）的亲身经验和学生的活动等新的"三中心"。

第三节　重视西方教育与发展观的进展

一、多元智力教与学的策略

加登纳 20 多年来致力于智力的研究，提出多元智力观。10 多年来，人们在称赞多元智力理论的同时，还积极探索多元智力理论在教育实践领域的应用，并取得了进展。

（一）多元智力观

加登纳（1943~ ）于 1965 年和 1971 年在哈佛大学获得学士学位与博士学位，在攻读博士学位期间，他一直投入于研究艺术能力的课题——零点项目的工作。他 1971 年去波士顿大学工作，但一直没有与"零点项目"中断联系。1973年他兼任哈佛大学"零点项目"的合作主任，1979 年他晋升为波士顿大学医学院的教授，1984 年又提为该校神经学的教授，由于兴趣在零点项目，1986 年他调回哈佛大学任教育教授（professor of education），直接主持零点项目。

1983 年，加登纳出版《智力结构》（Frames of mind），提出了多元智力（multiple intelligence）的概念，近 20 年，加登纳一直探讨这个问题，1993 年他又出版了《多元智力的理论与实践》（Multiple intelligence：The theory in practice），1999 年该书译为中文，名叫《多元智能》，在中国发行，引起广大中国读者的重视。

加登纳提出的多元智力理论，起初列出了七种智力成分。他认为，每个人都或多或少具有这七种智力，他承认，智力可能不止这七种，不过，他相信并支持关于七种智力的观点达十多年之久。

1. 语言智力

语言智力（linguistic intelligence）就是有效地运用词语的能力，其中，既包括口语能力很强的人，例如，政治家、演说家、说书人、节目主持人等；也包括书面语能力很强的人，例如，新闻记者、剧作家、诗人和编辑等。这种人具备语言智力，不但能够操纵某种语言的语音、语法和语义，而且也能够操纵该语言的语用规则。

2. 逻辑-数学智力

逻辑-数学智力就是有效地运用数字和合理的推理。具有逻辑-数学智力，就是说这种人具有知觉逻辑模式和逻辑关系的能力、知觉声明和命题的能力、知觉函数及其复杂过程的能力以及相关的抽象能力。

3. 知人的智力

知人智力就是快速地领会并评价他人的心境、意图、动机和情感的能力。这种人具有知人的智力，对他人的面部表情、姿势和语气很敏感，能够察言观色（在此无贬义），能够据此消除人们消极的情绪，能够激励人们做出积极的行动。

4. 自知的智力

自知的智力，又译自控智力，是指了解自己从而做出适应性行动的能力。这种人具有自知的智力，能够诚实地、准确地、综合地刻画自己，既知道自己的长处，也知道自己的弱点；并能够了解自己的动机、欲望、心境；具有自律的倾向；具有健康的自尊。

5. 音乐智力

音乐智力（musical intelligence）就是音乐知觉（如音乐爱好者）、辨别人和判断音乐（如音乐评论家）、转换音乐形式（例如作曲家）以及音乐表达的（如乐器演奏与表演）的能力。这种人具有音乐智力，对节奏、旋律等敏感。

6. 身体-运动智力

身体-运动智力（bodlily-kinesthetic intelligence）就是运用全身表达思想和感情的能力，其中包括运用手敏捷地创造或者转换事物的能力（例如工匠、画家、机械师、雕塑家、外科医生等）。这种人具有身体-运动智力，具有协调肌肉的技能，他们有平衡身体的技能，身体动作敏捷而优美，身体动作灵活并对触觉敏感。

7. 空间智力

空间智力指准确地知觉视觉空间世界的能力（例如导游、猎手、侦察员等）。这种人具有空间智力，能够敏锐地知觉到颜色、线条、空间以及其间关系的能力。此外，也具有视觉化、形象地表征视觉或者空间的观念、理解自己的空间位置的能力。

此外，还需指出的是，1998 年，加登纳又添加了一种智力，叫"自然主义者智力"，这是一种能够对自然世界的事物进行理解、联系、分类和解释的能力。诸如农民、牧民、猎人、园丁、动物饲养者都表现出了已经开发的自然主义者智力。

（二）多元智力的教育观

加登纳在《多元智能》一书中用一半篇幅谈了"智力的培育"和"多元智力教育"。

1. 多元智力的培养

该书第五章写"未来的学校"。他在"美国基础教育向何处去"中旗帜鲜明地反对"教育的统一观"。他主张创办"以个人为中心的学校"，因为人与人在智力方面有明显的差异，没有一个人能完全精通某一单独学科的知识，更不要说精通所有的知识、拥有所有的能力了。于是他提出创办以个人为中心的学校，每人从多元智能中发展某一方面的智力，并对学校的评估专家、学生课程代理人、学校社区代理人、理想的学校模式、理想的活动、深入社区的学习、自由探索、学生个人档案、把社区引入学校、实现以个人为中心教育的原则10个方面问题展开了详尽的分析，他深信能够办好以个人为中心的学校，他指出，只要在评估、课程、教师、社区参与四个方面下工夫，使四个因素综合为一体，创办未来学校是完全可以成功的。

加登纳分别论述了幼儿、小学生、初中生和高中生多元智力培养的措施，根据年龄特点，有的放矢地安排多元智力的培养方案，即幼儿早期力行"多彩光谱"项目模式；小学阶段推行"重点实验学校"项目模式；初中阶段推行"学校实用智能"项目模式；高中阶段的学科探索，以哈佛大学"零点项目"的智慧源泉为基础，扩大"艺术推进"的项目模式。

2. 多元智力的教育目的

加登纳为什么要提出自己的教育目标？因为他认为，美国教育的一个重要弊病就是习惯于用传统的、不加思考的评估方法来考核学生的学习。于是他介绍了自己的评估哲学，即证实多元智力的存在，寻找人类的创造能力，展示情景化学习评估的优点，探索在个体大脑之外的能力与技巧，提出评估新方法的一般特征，并以此迈向评估社会。

加登纳的教育目的观的基础是投入教育改革，关注人类智力潜能的研究。在此基础上，他提出，教育的一个直接目的是真正理解并学以致用。如何实现这个目的呢？他列出四个学科内可能达到这个目的的目标。

（1）学习物理的学生，应该能够解释日常生活中遇到的和在物理实验室中发生的各种物体的运动和现象。

（2）学习数学的学生，应该能够解答日常生活中有关数目的问题，做出合理的投资计划，搞清抵押贷款和保险的各项原则，能够填写他们的退税单。

（3）学习历史的学生，应该能够阅读日报和周刊，能引用相关的历史原则来解释当前发生的事件并能大致合理地预测未来可能发生的事件。

（4）学习文学和艺术的学生，应该至少能够创作简单的有关风格的作品，理解和欣赏自身文化和其他文化作品的内涵，将这些作品与自己的生活和关心的事物联系在一起，就像他们将个人的生活体验带到自己创作的或欣赏的作品中一样。

为了这个目标，加登纳提出了对课程、不同时期发展智力要求、教师和学生的教学实践等教育改革的具体措施。

二、成功智力的思维教学实验

（一）成功智力观

斯滕伯格（1949）于1972年在耶鲁大学获得学士学位，于1975年在斯坦福大学获取博士学位后回耶鲁大学心理系工作；现在他不仅是耶鲁大学的著名教授，赢得了许多奖项，发表论著600多种，而且有1000万美金的研究经费。

1. 关于成功智力的概念

斯滕伯格（1998）认为，我们应当少关注一些传统的智力观念，尤其是智商的概念，而要多关注一些成功智力。他曾在《成功智力》一书的序里有趣地谈道："我曾经历过一次彻头彻尾的失败。当我还是孩子时，我考砸了智商测验。在小学我就懂得了，如果我将来成功了，那也不是我的智商。……正是这些教训以及由此带来的疑问我才得以最终走上探索智力的道路，并努力寻找到一种能真正预测今后成功的智力。"所谓成功智力，就是为了完成个人的以及自己、群体或者文化的目标，从而去适应环境、改变环境和选择环境的能力。如果一个人具有成功智力，那么，他就懂得什么时候该适应环境，什么时候可以改变环境，什么时候应当选择环境，能够在三者之间进行平衡。

具有成功智力的人能够认识到自己的优势和劣势，然后能够想方设法地利用自己的优势，同时，能够补偿自己的劣势或者不足，懂得如何充分发挥自己的优势、克服自己的劣势，这是人们成功的原因之一。

2. 成功智力的成分及其任务

分析思维能力、创造思维能力和实践思维能力是对于成功智力极为重要的三种思维能力。

（1）分析思维能力的任务是分析和评价人生中面临的各种选择，它包括对存在问题的识别、对问题性质的界定、对问题解决策略的确定、对问题解决过程的监视。

（2）创造思维能力的任务在于最先构思出解决问题的方案。富有创造力的人就是那些在思想世界中"低价买进而高价卖出"：他们乐于产生一些不大通行甚至遭到轻视的一些想法，"价格-收益比率（一种将公司股票的现行市场价格除以每年每股的收益得出的比率）低时买进股票"即是其中的一例；至少有一部分人经过说服而相信这种思想的价值，之后，当价格-收益比率高时卖出股票，这就意味着他们又产生了另外一个不大通行的想法。研究表明，这些能力与传统的智商至少存在部分的不同，他们大致属于特定领域的能力，这就是说，在某个领域（如艺术）具有创造性未必就意味着另一个领域（如写作）也具有创造性。

（3）实践思维能力的任务在于实施选择并使选择发生作用。如果将智力应用于真实世界的环境之中，那么，实践思维能力就开始发生作用了。沉默知识（tacit knowledge）的获得和运用是实践思维能力的一个重要内容。所谓沉默知识，就是人们如果想在特定的环境中获得成功就必须懂得，然而却没有接受过明确教授的知识，并且这种知识通常不用语言表述。研究表明，沉默知识是通过用心地运用经验而获得的，相对说来，属于特定的领域。沉默知识的掌控相较于传统的能力，它对工作能否成功的预测力不次于智商，有时甚至优于智商。

3. 成功智力理论与教学实践

根据成功智力的理论，学生的多种能力在教育机构中没有得到充分的利用和发挥，因为教学一向重视分析（和记忆）能力，而忽视创造能力和实践能力。斯滕伯格等的一个实验就是为了说明这个观点。他们在美国各地选取了199名中学生。这些被试分为三种类型：第一种为在分析能力、创造能力和实践能力中，某一个方面能力很强；第二种为在三个方面能力都很强；第三种为在三个方面能力都不强。之后，将这些学生送到耶鲁大学学习大学水平的心理学课程，在教学处理中，要么重视记忆能力，要么重视分析能力，要么重视创造能力，或者重视实践能力。有些学生的教学处理与自身的长项匹配，而有些则不匹配，对所有的学生都从记忆能力成绩、分析能力成绩、创造能力成绩和实践能力成绩几个方面进行评价。

斯滕伯格等发现，教学处理与自身能力相匹配的学生的成绩显著地优于两者不相匹配的学生的成绩。他们还发现，同时考虑分析能力、创造能力和实践能力三个因素时，能够提高对课程成绩的预测。

成功智力是斯滕伯格的重要智力观，但斯滕伯格的智力理论绝非成功智力一个观点，它有着相当丰富的内容。

（二）思维教学实验

《思维教学》强调的是创造性思维能力、分析思维能力以及实践思维能力。斯滕伯格在为《思维教学》中文版所作的序中写道，那些思想是最好的，并把这些思想切实有效地付诸实践。换句话说，思维教学实验就是把上述的成功智力涉及的三种思维能力或三种思维模式在教学实践中加以培养。

1. 思维教学实验中有关思维能力的三个关键

第一个关键是对思维教学进行适当的指导和评估，可以用于任何课程。在思维导向的气氛下，学生不仅能更好地思维，也能更好地记住材料。通过思维去学习，学生会学会思维。

第二个关键是用三种思维模式练习、再练习。学生在三种思维模式中要同时学会主动地参与和被动地参与。

第三个也是最重要的，就是做一个角色楷模。教师先成为一个思维的典范，需要以某种方式行事，这样才会使学生记住我们自己是言行一致的。

2. 思维教学的特点

（1）好的思维具有分析、创造和实用三个方面。这些方面背后至少存在七种基本技巧：1）问题的确定；2）程序的选择；3）信息的表征；4）策略的形成；5）资源的分配；6）问题解决的监控；7）问题解决的评价。

（2）用于课堂教学的三个策略是：1）照本宣科策略；2）以事实为基础的问答策略；3）以思维为基础的问答策略（对话策略）。以思维为基础的对话最适合思维教学，但把这三种途径结合起来，对儿童的学习与思维的训练更为理想。

（3）在思维发展过程中，学习如何问问题和学习如何回答问题扮演着同样重要的角色。应鼓励儿童重新诠释问题，并且评价成效。

（4）在教儿童发展分析性能力的过程中，要让儿童比较、对比、分析评价和解释；在帮助儿童发展创造性能力时，要让儿童创造、发明、想象和设想。

（5）洞察性问题的解决在生活中尤为重要，洞察力包括三个独特的过程：1）选择性编码；2）选择性合并；3）选择性比较。

（6）要想进行有效的思维教学，必须理解一些基本原则和潜在困难。

（7）思维高手经常因为情感和动机的阻碍，没有取得他们应该取得的成功。这些阻碍包括缺乏对冲动的控制、缺乏坚持、不能把想法转化为行为等。

3. 思维教学的结果

斯滕伯格在《思维教学》的原前言中指出："教育的最重要目标就是引导学生的思维，这也是教育的最令人欢欣的目标。"《思维教学》全书包括七个目标，每个目标的小结中都写了效果，集中一点是教会学生在教学与学习中学会思维。这是斯滕伯格在探索智力领域教学与发展问题上的一个进展。

第四节　领会俄国的教育与发展理论

直接提出"教学与发展"概念并可以引申为"教育与发展"的，是俄国的教育家与心理学家，其理论值得领会和学习。

一、乌申斯基是教育与发展思想的奠基者

乌申斯基（1824～1871）是俄国卓越的教育家，是 19 世纪 60 年代俄国资产

阶级民主教育派的主要代表人物。他的名著《人是教育的对象》不仅是一部教育论著，而且也是一部心理学的重要著作。

（一）乌申斯基的心理学思想

乌申斯基认为，作为人本科学之一的心理学的对象包括三类现象：肉体有机体的过程、人和动物所共有的灵魂现象、人所特有的精神现象。

乌申斯基所要研究的是存在于一定条件下的具体的人的心理。他把人的心理-精神现象理解为处于生物发展最高阶段的，作为社会生物的人所特有的精神过程的统一。他把整个神经系统的中枢——人脑看作是心理过程的器官，具有唯物的特性。

乌申斯基研究心理现象的着重点在于为教育服务。乌申斯基是一个教育家。他研究心理的目的在于更好地为教育服务。他多次要求教师必须根据心理学、生理学和人体解剖学的科学原理组织教学。他认为教师工作的成功，有赖于其对儿童的意志、注意、记忆、思维等心理过程的正确了解及其在教学过程中的正确利用。可见，乌申斯基是十分重视心理学理论与教育实践相结合的。

（二）乌申斯基的教育与发展思想

心理发展的问题在乌申斯基的心理学体系中占有显著的地位。

由于乌申斯基重视心理发展的问题，所以他对达尔文的理论给予了很高的评价。达尔文的《物种起源》在乌申斯基的《人是教育的对象》前些年出版，引起了乌申斯基的重视。乌申斯基认为，达尔文学说不仅"给自然科学以活力，并且使自然科学成为儿童和青年的最有吸引力的学科对象，而且包含着精湛的道德思想"。他还指出，"令人可惜的是，一些人的善良和无知使达尔文的思想没有给教育领域带来它可能带来的全部的实际利益"。

由此可见，一方面乌申斯基赞赏达尔文的学说，肯定了这种理论对儿童心理学产生的影响作用；另一方面，乌申斯基又不满足于达尔文的心理发展的观点。乌申斯基企图从教育、教学的角度去论述心理发展的实质及其年龄特征，为教育工作提供心理科学的依据。这就是乌申斯基的教育与发展思想的基本特点。

二、维果茨基的科学教育与发展理论

维果茨基是苏联建国初期的一位天才的心理学家，在他短暂的一生中对心理学进行了大量的科学研究，发表了 186 种 200 万字的心理学著作，其中诸如《高级心理机能的发展》《思维和言语》《心理学危机的历史内涵》等不少代表作在国际心理学界的影响颇深。因此，美国心理学家赞誉他是"心理学中的莫扎特"。

维果茨基不仅和其学生列昂节夫以及鲁利亚一起创造了苏联心理学的"社会文化历史"学派,而且是苏联心理学界公认的儿童心理学与教育心理学的开创者。

(一) 从文化历史的发展观出发论证"发展"的实质

教育与发展中的"发展"实质是什么?维果茨基的出发点是"社会文化历史"发展观。按这个观点,人的一切心理现象都是受社会文化历史制约的。人没有离开社会影响的心理现象。他用这个观点解释了人类心理本质上与动物不同的那些高级心理机能。他指出,心理机能有两种,一种是生物进化结果的低级心理机能;另一种是社会历史发展结果的高级心理机能。

他对人的各种高级心理机能进行了研究,强调语言在人的高级心理机能发展中的作用。他认为,就人类工具而言,既有物质生产的工具,也有精神生产的工具,后者就是语言。由于人类有着精神生产的工具,所以就有了区别于动物的高级心理机能。维果茨基就是从社会文化历史理论出发,对"发展"作了自己的解释。

(二) 提出教育与发展,特别是教学与智力发展关系的思想

维果茨基有着教育实践的基础,并十分热爱教育。1917 年他从两所大学(莫斯科大学法律系和沙尼亚夫斯基大学历史语言系)毕业后,便回到了他长期居住过的白俄罗斯戈麦尔市,投入教育实践 7 年,兼任多所学校的教师,讲授文学、美学、逻辑和心理学等课程,并创办该市师范学校的心理实验室,研究学生的心理特点。1924 年他在莫斯科心理研究所从事心理学研究,研究的领域是教育心理学与儿童青少年心理学,在维果茨基的著作中,"教育"与"教学"两个概念往往是不分的,但用得较多的是"教学"一词,较少使用"教育"概念。

维果茨基的"教学"概念分广义的和狭义的两种。广义的教学是指人通过活动和交往掌握精神生产的手段,它带有自发的性质;而狭义的教学则是有目的、有计划地进行的最系统的交际形式,它"创造着"学生的发展。实际上就是第一章所提到的广义教育与狭义教育,但维果茨基的狭义教学主要是抓学校的教学。

他把教学按不同发展阶段分为三种类型:3 岁前儿童的教学为自发型的教学,儿童是按自己的"大纲"来学习的;学龄期学生的教学则为反应型的教学,教学对儿童来说开始变为可能,但要求必须属于儿童自己的需要才可以被接受;学前期儿童的教学称为自发反应型,是一种按照社会的要求来进行的教学,以向教师学习为主要形式。

维果茨基分析批评了关于心理发展与教学关系问题的几种理论,例如,皮亚

杰的"儿童的发展过程不依赖于教学过程"理论；詹姆斯的"教学即发展"理论；考夫卡的二元论的发展观。他认为这些观点都没有正确估计教学在学生心理发展特别是智力发展中的作用。他指出，由于人的心理是在掌握间接的社会文化经验中产生和发展起来的，因而在学生心理发展上，作为传递社会文化经验的教学就起着主导的作用。这就是说，人类心理的发展不能在社会环境以外进行，同样，学生心理发展离开了教学也就无法实现。在社会和教学的制约下人类或学生的心理活动，首先是属于外部的、人与人之间的活动，之后才内化为人类或学生自身的内部活动，并且随着外部和内部活动相互联系的发展，形成了人所特有的高级心理机能。

（三）提出教学与发展的心理机制"内化"学说

维果茨基指出："任何一种高级心理机能在儿童（学生）的发展中都是两次登台的，第一次是作为集体的活动、社会的活动，亦即作为心理间的机能而登台；第二次才是作为个人活动，作为儿童的思维的内部方式，作为内部心理机能而登台。"

这"第一次登台"和"第二次登台"的过程，就是维果茨基对"内化"学说的形象的表达。在思维发生学的研究中，有些国际著名心理学家提出了外部动作"内化"为智力活动的理论。维果茨基是"内化"学说的最早提出人之一，并且有独到的见解。他指出，教学最重要的特征便是教学创造着最近发展区这一事实，也就是教学激起与推动学生一系列内部的发展过程，从而使学生通过教学而掌握的全人类的经验内化为自身的内部财富。维果茨基的内化学说的基础是他的"工具理论"。

他认为，人类的精神生产工具或"心理工具"，就是各种符号。运用符号使心理活动得到根本改造，这种改造转化不仅在人类发展中，而且也在个体的发展中进行着。学生早年还不能使用语言这个工具来组织自己的心理活动，心理活动的形式是"直接的和不随意的、低级的、自然的"。只有掌握语言这个工具，才能转化为"间接的和随意的、高级的、社会历史的"心理机能。新的高级的社会历史的心理活动形式，首先是作为外部形式的活动而形成的，以后才"内化"，转为内部活动，才能"默默地""在头脑中进行"。维果茨基分析了其"内化"学说，分析了智力形成的过程。

第五节　坚持朱智贤的教育与发展学术思想

一、遗传、环境和教育在心理发展上的作用

人的心理发展是由先天遗传决定的，还是由后天环境、教育决定的，这在心

理学界争论已久，在教育界与人们心目中也有不同的看法。一种是强调遗传的作用；另一种是强调环境和教育的决定作用，或把环境的作用绝对化，把教育看成"万能"。

20 世纪初，关于遗传和环境对心理的作用，曾引起国际心理学界展开了一场激烈的论战。由于这场论战在不分胜负的情况下不了了之，于是此后大部分心理学者就按这样的结论来解析心理发展的问题，即心理受遗传和环境"二因素"的作用，遗传限制心理发展的可能性，环境则在遗传限制的范围内决定着心理可能发展的总和。这个平静状态大约保持了 25 年，然后这场争论又由于詹森（A. Jeusen）在 1969 年发表关于种族的智力差异观察，强调遗传决定而重新挑起，使已经保持了 1/4 世纪休战状态的遗传-环境的争论再一次成为发展心理学家考虑的主要课题。

在这个问题上，朱智贤强调"正确理解遗传环境和教育在儿童心理发展上的作用"，并指出，遗传提供了心理发展的可能性，环境和教育则给予这种可能性以现实性。

（一）遗传是儿童和青少年心理发展的生物前提

朱智贤认为，遗传是一种生物现象，通过遗传，传递了祖先的许多生物特征。遗传的生物特征主要是指那些与生俱来的解剖生理特征而言，如机体的构造、形态、感官和神经系统的特征等。其既不否认遗传的作用，也不夸大遗传的作用。也就是说，一方面，应当承认遗传是心理发展的生物前提、自然条件，没有这个条件是不行的；另一方面，也绝不夸大遗传这个条件。因为它只能提供儿童和青少年发展的自然前提和可能性，但决不能预定或决定儿童心理的发展。

（二）环境和教育在儿童和青少年心理发展上的决定作用

儿童和青少年心理的发展是由他们所处的环境（包括生活条件）和所受的教育决定的，特别是由其所从事的活动和实践决定的。也就是说，物质和文化环境以及良好的教育是心理发展的决定因素。在儿童和青少年的环境中最重要的是社会生产方式，即一定的社会生产力和生产关系，这对他们的心理发展起着决定性的作用。社会生活条件在儿童和青少年心理发展中的决定作用，常常是通过有目的、有计划的教育来实现的，教育条件在儿童和青少年心理发展上起着主导作用。儿童和青少年知识的获得、智力的发展、道德品质的培养、理想的形成等，主要是由教育特别是学校教育来决定的。虽然环境与教育是儿童青少年心理发展的决定条件，但是这并不意味着它可以决定其心理的发展。

二、教育和发展的辩证关系

儿童和青少年的心理发展，既不是由外因决定，也不是由内因决定，主要是由适合他们心理内因的那些教育条件来决定的。这就是儿童和青少年心理发展上，外因和内因的相互关系。

从提出教育措施，以激发儿童和青少年新的需要的产生，到他们的心理的发展是怎样实现的呢？朱智贤用"量变"到"质变"的观点，来论述这个问题。

（一）知识的领会是教育和发展之间的中间环节

教育并不能立刻直接地引起儿童和青少年心理的发展，它之所以能引起心理的发展，乃是以他们对知识的领会作为中间环节的。不管是儿童和青少年的智力发展，还是道德品质变化，都要以领会知识和掌握技能为基础。知识是人类社会历史经验的总结，从心理学的角度来说，它以思想内容的形式为人所掌握；技能是指操作技术，它以行为方式的形式为人所掌握。

当然，经过教育和教学，学生对知识也不是立刻就能领会的。为什么呢？对于学生来说，从教育到领会是新要素不断积累、旧要素不断消亡的细微的量变和质变过程。从不知到知，从不能到能，要被原有心理水平所左右。对于教育条件来说，教育内容和方法的选择，都会产生不同的情况。总之，学生知识的领会、经验的丰富、技能的掌握完成了教育到心理发展的中间环节，这是他们心理发展的量变过程。

（二）教育的着重点是促使心理的"质"的发展

量变过程的实现和学生知识的丰富，并不是教育的全部目的。知识的领会这个中间环节是学生心理发展中的"量变"，那么，学生道德习惯的稳固形成与能力、智力的发展则是他们心理发展的"质变"。无数"量变"促进质的飞跃，知识的无数次的领会和掌握才逐渐内化，促进品德和智力的发展。教育工作，就是要通过教育与教学这个量变过程来促进他们心理的"质"的发展。只有在不明显的细微的量变的基础上产生比较明显、比较稳定的新质变的时候，才能说儿童青少年心理真正得到了发展。

第三章　教育与发展的研究方法

第一节　教育实验研究

一、课题的提出

（一）来自理论的选题

教育与发展的研究理论性很强，牵涉理论方面的问题也很多，诸如，教育与个体发展特别是心理发展的实质是什么，机制是什么，教育促进发展的中介或手段又是什么，教师的素质如何鉴定，学生发展的指标有哪些，什么叫高素质的创造性人才，人才的智力因素与非智力因素的关系怎么样等，这些都有待探索和研究。作为教育实验研究的心理学工作者，我们一是根据前人的或他人的研究选题。科学研究不能割断与前人研究的联系，那种"空中楼阁"式的研究，不易有大成就。所以在课题选择时，有必要参考前人的研究。参考方式主要有：（1）继承前人研究的成果，进行更深入的研究；（2）评论过去研究的优缺点，开辟研究的新园地。二是根据前人的理论选题。主要有：（1）从某个一般原理归结到某一特殊问题的研究；（2）为证实前人的某一观点而从事的研究；（3）为反驳前人的某一观点而从事的研究。以上两个选定课题的方式，是对过去的或他人的理论及其研究加以引申、验证或者提出异议。三是根据自己的理论及过去的研究选题。这是为了更好地表达和证明自己已经提出的理论及观点的正确性。

上述三种来自理论方面的研究课题，在研究中，要有一定的理论作为指导和依据，这样就可保证自己的研究有明确的方向，并使研究结果达到一定的理论水平。

（二）来自实践领域的选题

教育与发展的研究涉及的课题更多地来自实践，特别是教育实践，例如，如何揭示教育与心理发展的关系，教师师德、知识和能力如何提高，学生的德才如何培养，学校精神如何确定等，这些都是教育实践对心理发展相关学科提出的重要课题。实践需要是科研选题的一个主要源泉。但来自实践领域的课题选定后，仍须查阅文献、学习有关的理论，由此可以避免与前人研究的完全重复；可以吸取别人的研究经验，以便更好地确定研究范围，设计研究方案；可以发现相关联的问题，以便研究时一并解决；还可以获得一些对比性资料，以助研究成果的解释。

目前，教育实践向心理发展及相关学科的研究提出了许多亟待解决的课题，在这些课题中，有四个方面更为重要。其一，开展教师素质的研究，探讨教师素质研究的原则、教师素质的内容、教师素质的提高途径与方法。这是因为教师素质是教育与发展的关键因素。其二，开展学生发展的研究。学生如何发展，成为"德才兼备"的人才应从何处入手。在研究中，"德"的质变因素主要是信念和习惯，"才"的质变因素主要是智力的思维品质。思维又如何培养呢？这就是实践提出的课题。以思维品质为例，人类思维的发生与发展，既有共性或一般性，又有个性或特殊性。作为思维的个性，即思维品质的研究，有利于因材施教，有利于智力的提高。思维品质的研究涉及智力差异的鉴别，涉及思维的培养途径，能使研究向纵深发展。其三，开展教育与心理发展辩证关系的研究。教育实践在学生心理发展上起主导作用，揭示这两者的关系，使心理学能够更好地理论联系实际，不仅探索心理发展和培养的途径，而且促使心理学大众化。其四，开展学生全面发展的研究，探讨心理活动整体性的问题，揭示认知因素与非认知因素的辩证关系。教育实践中提出了一个十分重要的问题，一个学生学习成绩的好坏以及一个人成就的取得，思维或智力因素固然是十分重要的，但更重要的还是诸如兴趣、动机、意志、性格等人格因素或非智力的因素。探讨这个实践领域提出的问题，不仅有利于学生心理的发展，而且有利于塑造一个全面发展的新人。教育实践提出的这 4 个课题的研究，是我国心理科学与教育科学带有方向性的重要研究内容。

二、研究的基本原则

教育实验研究的基本原则。辩证唯物主义和历史唯物主义是人类哲学思想和科学知识发展的最高成果，它为一切科学研究提供了正确的世界观和方法论。具体地说，它为科学研究提供思考的线索，提供总方向；它为建立科学理论提供准则；它为科学提供正确的哲学依据，抵制不正确的哲学的侵袭和干扰。研究教育与发展的课题，同样地也必须坚持以辩证唯物主义和历史唯物主义为指导。同时，由于各门科学研究的具体对象不同，因此每一门科学又各有它们自己的研究的基本原则。

教育与发展的研究应遵循哪些基本原则呢？儿童青少年心理研究的六个基本原则，这就是客观性原则、实践性原则、矛盾性原则、教育性原则、理论与实际相结合的原则、一般与个别相结合的原则。

这 6 个原则都很重要，在我们对教育与发展课题的研究中都应该得到贯彻。

同时，由于着重研究"教育与发展"交叉性的课题，因而结合自己研究的特点，认为特别要考虑到这些原则，即客观性和实践性原则、系统性原则、发展不平衡原则、理论联系实际原则以及教育性原则。

（一）客观性和实践性原则

客观性和实践性原则是研究"教育与发展"的出发点。

任何一个科学选题的研究都需要采用严格客观的科学方法。客观性和实践性原则既是科学研究的根本原则，也是教育实验研究的根本原则。

客观性和实践性原则要求在教育实验研究中坚持教育实践是检验教育理论的唯一标准，坚持实事求是的精神。实事求是是科学研究的灵魂。在各项研究中，坚持实事求是就是要求对每一个被试的行为表现和言语表现，对每一个数据事实和个案事实，都要作出老老实实的具体的分析。不管是学生的全面发展的特征，还是个性差异或者是群体差异，都要作出如实的分析，获得合理而实际的结论。夸大或缩小的分析，违反客观实际的做法，都是与客观性和实践性原则相违背的，都不是科学的态度，都不是求实的研究。

（二）整体性或系统性原则

整体观或系统观的基本要点是：事物是以系统形式存在的有机整体，是由要素以一定结构组成的，具有不同于诸要素功能的系统，是由不同层次的等级结构组成的开放系统，它处于永不停息的、自组织运动之中，有其产生、发展和消亡的过程。

从系统观或整体观来看，人及其发展是一个系统、一个有机的整体。以学生的智力或思维发展的研究为例，从研究的角度来分析，必须看到两层意思。其一是指学生思维本身是以系统形式存在的；其二是指学生思维同其他心理活动的各个方面是密不可分的，也是一个系统。因此，在对学生思维的研究中，一要从整体观点对思维整体的各方面进行系统的、全面的研究；二要从整个心理活动的全貌去探讨他们思维发展的状况。因此，在研究思维发展时，如果仅仅看到局部问题，如只是对思维形式概念、判断、推理进行探讨，而看不到全局、整体，就会影响研究的效果。所以在研究思维发展时，应从各方面入手，系统全面地考查学生思维的发展状况和各种表现，探讨各方面表现的内在联系、一致性和差异性；注意研究思维中非认知因素的作用及其同智力因素的相互关系；在设计实验时，如能从系统的观点制定题目，全面考虑，就能收到事半功倍的效果，提高研究的水平。

从系统观点来看，任何一项具体研究，都是一个整体，它是由深入实际、调查研究、收集资料、确定课题、制定研究方案、作出具体实验设计、实验施测、统计处理、讨论解释等环节构成的一个系统。任何一项研究结果都是该系统的综合效应，因此要科学地研究教育与发展，就必须按照系统、整体的观点，切实地掌握好每一具体研究过程中的每个环节。从整体性看，其中任何一个环节出现差错，都可能直接影响结果的科学性和价值。例如，实际调查情况的客观性如何，收集的资料在质量、数量上的水平如何，都会影响课题的确定和方法的选择，从而影响研究结果的价值、科学性、新颖性。同样，有了丰富的第一手材料和各种有关信息以后，能否据此抓住问题的关键，提出一个有价值有前途的研究课题，而后能否采用适当的研究方法进行正确的统计处理，并作出正确的解释，所有这些，都会影响整个研究的效果。

总之，遵循整体性或系统性原则，就有可能从整个教育与发展的研究中获得全面而可靠的科学结论。

（三）不平衡性原则

由于种种原因，学生之间存在着各种各样的差异。例如，在"六五""七五""八五"期间着重研究的中小学生以思维为核心的智力与能力，就表现出差异，造成教育因素与学生发展因素的不平衡性。这种不平衡性，一是在不同的问题上表现出不同的智力与能力；二是在不同的活动中表现出不同的智力与能力水平。这种思维发展的不平衡性产生的原因有 3 种：一是来自问题的情境，问题情境不同，问题的性质、数量、种类和难度就不一样，于是解决问题的水平也出现不平衡性；二是来自思维的主体，个性特点的差异会使问题情境及其解决水平带有不平衡性；三是来自活动的差异，这也是造成问题情境及其解决水平不平衡性的重要因素。

由于问题情境的不平衡性，使得主体有选择地考虑问题，智力与能力表现出一种倾向性。对活动比较频繁的领域中遇到的问题，对于感兴趣的问题，对于环境和教育中提出的必须解决而无法回避的问题，他们考虑得多些；而对另一些问题则可能考虑得少些，甚至根本不去想。学生智力与能力发展的不平衡性成为学生个体发展的重要特征之一，因此在教育与发展研究中，从研究设计到具体方案的实施，都要考虑到这种不平衡性；否则，往往会影响研究的科学性。

如何在教育实验研究中考虑不平衡性原则呢？

第一，针对不同的教育情境表现出不同的学生发展的事实，要注意教育实验研究的设计所要考察的内容、知识范围、活动的代表性和全面性，并且要对研究结果作出实事求是的分析。

第二，针对不同的教育活动表现出不同学生的最佳发展水平的事实，要注意，学生某一方面发展研究的设计必须明确考察其哪个方面，才能够真实反映出各年级或年龄阶段学生某一阶段发展的一般的、本质的、典型的特征。例如，在一些思维研究中，设计者不能用同样的问题、单一的评定标准，同时考察许多年龄组的被试，据此对各年龄儿童的思维特点进行比较。有人用"一斤铁重还是一斤棉花重"这样的问题来考学生，指标是"正确与错误"两种，结果，初中的被试的正确率反而比高中的被试高。这是因为初中被试从经验型逻辑思维出发，按日常生活经验获得"一样重"的结论；而高中被试却作了理论思维的推导，可能得出"一斤棉花比一斤铁重"的结论。如果主试并不考虑到思维的最佳过程，不考虑高中被试思维过程的深刻性，只是从"对""错"去加以比较，就肯定不能获得正确的结论。

由此可见，只有依据学生发展的不平衡性原则才能使教育与发展的研究设计更完善、更合理，才能获得的结果更可靠、更富于代表性。

（四）理论联系实际原则

理论联系实际不仅仅是一种学术和科学研究的良好作风，也是国际心理学研究发展的一个新的趋势。例如，在西方心理学界，出现了一种"生态学运动"（the ecological movement）。所谓心理学的生态学运动，就是指发展心理学和教育心理学研究领域出现的一种强调在活生生的自然与社会的生态环境研究被试的心理特点的普遍倾向。

个体是在实际自然与社会生态环境中成长起来的，而不是在实验室中成长起来的，他们的心理发展不可避免会受到环境各种因素的影响，而这些因素又是相互作用、相互影响的，是一个完整的系统，学生的心理发展水平特色和变化，都是系统各因素相互作用的综合效益。因此，在教育与发展研究中，只有将学生放到现实的社会环境中加以考察，从学生和社会的相互作用中，从社会环境各因素的相互作用中，才能真正揭示他们心理变化的规律。对此，国际心理学界的研究者们已予以高度重视。他们普遍认为，只有走出实验室，到现实生活中去，在真实的社会环境、学校环境和家庭环境中研究学生心理发展与变化，才能保证心理学的研究结果有较高的生态学效度，即接近现实生活中学生的实际，有较高应用价值。例如，近年来在西方，关于动机的研究，有许多是在实际的教育情境中进行的。前苏联心理学界组织普通心理学、年龄（即发展）心理学、教育心理学等专家，用人际关系层次测定的观点，对个体获得系统的（个性的）特征的规律性、人格化过程的规律性，从理论和实验两方面进行深入的综合研究。在我国，许多有关儿童与青少年品德发展的研究，也体现了理论联系实际的原则，儿童道德行为习惯发展与培养的实验研究就是其中的例子。

理论联系实际原则还有一种表现，就是现有的教育理论应在教育实践中获得检验；而教育实践，必须有一定的教育理论做指导；教育实际工作者要学习教育理论，教育理论工作者要有实践，两者要密切结合。

（五）教育性原则

教育与发展的研究中教育性原则的执行，必须贯彻"在教育中发展，在发展中教育"的思想。

首先，教育研究的最终目的是为了促进人的发展和社会的发展，因此，一切教育研究都要把有利于师生教育、有利于发展的因素放在首位。任何研究不能有一丝一毫损害师生身心健康、不利于教育或与教育相违背的言行、举止和手段。同时，在教育研究中必须考虑到，教育与发展之间的关系是相当复杂的。发展教育对心理发展作用的三个观点：（1）教育是使心理发展的可能性变为现实性的必要条件。研究表明，小学儿童思维品质发展的潜力是很大的，要是教育得法，这个潜力就能获得很大的发挥；相反，如果不因势利导，这个潜力就发挥不出来。（2）教育可以加速或延缓心理发展的进程。例如，小学儿童思维发展的关键期一般在四年级，教育得法可以提前到三年级，教育不得法能推迟到五年级。（3）教育使心理发展显示出特定的具体的形式和个别差异。例如，思维能力的差异、思维的内容所涉及的知识经验的差异，这都由教育这个特殊的条件决定。反回来，教育必须以心理发展作为前提，一定的心理发展水平是教育工作的出发点。教育是在心理发展的基础上进行的。所以，处理好教育与发展的关系，是教育实验研究的重要原则。单纯靠一些简单测定往往是不足为信的，必须从教育与发展的辩证关系，特别是通过教育在心理发展中的主导作用和决定性影响来研究心理发展，既分析心理发展的一般趋势，又分析心理发展的潜力和可能性，这样才能获得真正科学的结果。

三、教育实验研究类型的选择

在对"教育与发展"教育实验课题进行具体研究时，常常由于研究的时间、被试、研究人员以及研究装备等条件的不同，而有不同的研究类型。选择研究类型，安排好研究中的一系列技术措施，这是进行研究工作时应当考虑的一个重要问题。

（一）纵向研究和横断研究

从研究时间的延续性来说，可以区分为纵向研究和横断研究。纵向研究就是在比较长的时间内对被试（学生或教师）发展进行有系统的定期的研究，也称为追踪研究。这种研究要求在所研究的发展时期内反复观察和测量同一组个体，它的优点是能系统地、详尽地了解其在某方面发展的连续过程和量变质变的规律。但纵向研究过去用得不多，其原因有三：第一，样本的减少，随着研究时间的延续，被试可能因为各种原因而失掉；第二，反复测量可能影响他们的发展，影响他们的情绪，从而影响到某些数据的确切性；第三，时间限制，即长时期追踪，要经历时代、社会、环境的动荡而普遍地造成变量的增多。但近些年来，纵向研究受到心理学界和教育界的青睐，因为其科学性受到了重视。横断研究就是在同一时间内对不同被试，例如对某一年龄（年级）或几个年龄（年级）被试的某方面发展水平进行测查并加以比较。这种方法的优点是能够在较短时间内找出同一年龄（年级）或不同年龄（年级）某方面发展的不同水平和特点，并从中分析出发展规律。但它毕竟时间短、不系统、比较粗糙，因而不能全面反映问题，或不能获得全面、本质的结论。

鉴于纵向与横断两种方法各有其优缺点，于是心理学界采用一种叫"聚合交叉研究"方法，即用比纵向研究时间相对少一些，对一些不同年级（年龄）被试加以追踪研究的方法，来克服纵向与横断两种方法的缺点。灵活运用纵向和横断两种研究方法，使其互相配合、取长补短，并考虑多种变量，特别是教育因素的影响，这就是"动态"研究方法。靠静止的、一两次或几次的横断测查来进行诸如思维、品德等复杂心理现象的发展研究是不十分可信的，必须把横断研究和纵向研究结合起来，使整个研究处于"动态"之中，即考虑到前述提到的教育与发展的辩证关系，全面分析研究结果，这样，才能获得实事求是的可靠的数据。

（二）个案研究和成组研究

被试的选取，既可以对一个或少数几个被试进行个案研究；也可以把一组或许多被试当作一个组群进行研究。但在选择被试时，不管是个人个案的还是成组团体的，最要遵循的科学性要求为两条：一是代表性；二是同质性，这对于教育实验研究尤为重要。

个案研究的优点是便于对被试进行比较全面深入的考察，缺点是代表性比较小，因而在一定程度上影响科学性；成组研究因为取样较多，可以作统计处理，科学性比较强，但不便于作个别深入的研究。是采用个体的或少数的个案研究好，还是采用集体性的成组研究好，这在国际心理学界是有争论的。

在教育与发展的研究中，被试的年龄越大，取样越要广一些，人数也应该多一点；相反，被试的年龄越小越需要用个案研究的方法，同时，对被试特别是学生发展的研究要考虑到这两种研究的结合。在社会性（或品德、性格）和智力（或能力、思维、认知）的研究中，特别提倡将两种方法有机的结合。既用个案法作详细的追踪研究，又对带集体性的、成组的"个案"统一分析。这种研究方法称为集体性、系统性的个案分析法。在复杂的心理活动或个性研究中，这是一个好方法。在教育与发展研究中也是有效的研究方法。这种方法的好处是：其一，集体性、系统性的个案分析是"仔细的"系统的个案分析和集体材料的结合，既有纵深研究，又有可靠的概括。其二，复杂的心理活动，不是一两个"刺激"就能引起一个"反应"。集体性、系统性的个案研究时间较长，工作较细，能反映出人在教育条件下的品德或智力活动的变化过程，有较高的科学性。其三，集体性、系统性的个案分析法，采用的是心理学综合研究法，综合地使用观察、调查、谈话、作品分析和教育性的自然实验，是一个比较全面且行之有效的方法。

（三）个人研究和集体研究

从研究人员说，任何一个教育科学或心理科学的研究既可以是个人独立进行研究，也可以是几个人或多数人协作进行研究。这两者各有优缺点。

一个心理学工作者应该能独立设计搞研究。他的学术水平愈高，通过个人的设想就能更好地对于某一问题进行创造性的探索。但是，个人的研究，他的取样代表性往往不够理想，在人数或是在地区上有时有一定的局限性。

集体搞研究，特别是搞全国性学生发展的研究，例如，以中国科学院心理研究所为核心的认知发展研究协作组，以北京师范大学发展心理研究所牵头的青少年思维研究协作组等，都是全国性的协作，取样广、被试多、有代表性。但集体搞研究工作，研究的统计数据结果比较粗略，不能对个体统一深入研究，因此，个人研究和集体研究都应该进行。前者可以往纵深发展，后者能取得个体某一方面发展的一般性的特征。当然，集体协作研究也有一个加深和提高质量的问题，长期追踪，深入某个教育与发展问题反复解剖、细致分析，并且运用现代化、技术装备，往往不是靠一个庞大协作组能够解决的。

（四）常规研究和采用现代化手段的研究

教育实验研究可以采用一般研究技术，如观察、谈话、测验式实验、作业式实验等，下面提到的皮亚杰的研究方法就属于这一类。他依靠这些常规研究手段取得了很大的成绩。

由于现代科学技术的发展，很多研究者在对教师或者学生某个方面的研究中，就采用了现代化的技术装备，如录音、录像、电子计算机、现代化观察室、实验室等，这对于深入研究个体某方面的发展是有帮助的，特别是电子计算机系统和录像系统。计算机系统在心理学实验中，一是用于操作实验，控制刺激，记录反应；二是用于建立数据系统，存储数据；三是用于对实验结果的数据进行分析和统计处理。录像系统主要用于对师生的活动、行为的观察、记录，以及事后的深入细致的分析。如果有条件，在教育与发展的研究中采用这些现代化的实验手段是必要的，它不仅使研究更细致、深入，缩短时间，提高实验的精确度和科学水平，提高工作效率而且能对某些本来难以研究或不可能研究的课题开展研究。对这些，是提倡采用的，而且在自己的研究中广泛使用。但认为没有这些装备就不能取得研究积极成果的想法，也是不正确的。

第二节　教育行动研究

一、教育行动研究简史

（一）起始于社会领域

1. 美国行政官员的调查

从1933~1945年，美国联邦政府印第安人事务局的官员柯律尔为了解决民族的问题，组织了专家与事务局外的人士共同研究印第安人与非印第安人之间的关系题。他发表过题为《作为一种处理民族关系的印第安人行政管理》的研究报告。中他不仅肯定了行政官员、专家和实践者结合研究的重要性，而且也强调了研究的结果必须为实践者所应用，并得到他们经验的验证。这就是"行动研究"的雏形。这里要肯定其四点：一是研究出发点是针对某种社会情境；二是研究目的是要改善社会情境中行动的质量；三是研究人员是行政官员专家和实践者；四是研究结果要有实践者验证（反思）。

2. 社会心理学的研究

勒温（Kurt Lewin，1890~1947）是德国心理学家，1933年移居美国，研究团体生活动力学说。尤其自1945年勒温在麻省理工学院创办团体动力研究中心以后，此学说无论在理论研究上还是在实验应用上都得到迅速的发展，推动了社会心理学、工业心理学、教育心理学、职业心理学和心理治疗等领域的研究发展。勒温的成就之一就是为团体动力学研究设计"行动研究"（1944）。在他建立并主持研究中心期间，他倡导把科学研究与实际工作结合起来，去解决某一实际问题。他采用"制订计划—实地调查—贯彻执行—修订规划"的研究原则和操作模式，对社会风气的改革、领导的培养及因种族的、宗教的或其他社会隔阂所引起的诸如劳资争端、种族歧视、婚姻纠纷等紧张问题，都开展了广泛的社会心理学研究，并取得了明显改善的效果。在此基础上，勒温把行动研究的原则应用于心理学之外的许多领域，尤其是教育界，他和他的助手与教育工作者一起研究了学校课程改革的问题。这里要肯定四点：一是研究范围很广，不仅对某一社会情境开展了研究，而且明显地改善了社会情境中的行动质量；二是研究人员为理论专家和实际工作者结合的队伍；三是提出了行动研究的概念和具体的操作模式；四是勒温把行动研究的原则应用于诸多的领域，最早应用于教育界。

（二）在教育领域获得应用

20 世纪 50 年代，美国的基础教育十分不景气。一批教育界尤其是基础教育界和心理学界的有志之士纷纷站出来，投入到基础教育的改革之中去。美国的创造性研究和创造性教育在 50 年代掀起了一个高潮。当然，1957 年苏联人造卫星上天对美国是一个巨大的刺激，更加激发美国人改革基础教育，培养创造性人才。在一定意义上说，这些可以作为"行动研究"在教育领域运用的背景。

20 世纪 50 年代初，哥伦比亚大学教育学院院长考雷正式把"行动研究"引进美国教育领域，并应用在课程、教学、管理等方面，解决了许多实际问题。1953 年他出版了《改进学校实践的行动研究》一书，在书中，他给教育领域的行动研究作了一番分析："所有教育研究，只有由应用研究成果者来承担，才会使研究结果不致白费；同时只有教师、学生、辅导人员、行政人员以及家长等支持者不断检讨学校措施，才能使学校适应生活。故上述人员必须以个别或集体形式采取积极态度，发挥创造性思维，提出合适措施，并勇敢地加以试验；且讲求研究方法，有系统地收集资料，以确定新措施的效果。这种方法便叫行动研究。"这里有三点：一是行动研究已经运用于教育领域，目的在于使学校更好地适应现代生活的要求；二是研究者中教师或教育工作者已经成为一支主力队伍；三是讲求研究方法，这些方法的重点是系统搜集资料和证据，以改进学校各方面的工作。有人已把这时的行动研究称为教育行动法（凯米斯，Kemmis，1988），并指出教育行动法经过 10 年的兴盛期，对那时美国的教师素质的提高、教育质量改进起到了一定的作用。此时期也出现了一批诸如贝恩（K. Benne）、塔巴（H. taba）和沙姆斯基（A. Shumsky）等有代表性的研究者。

（三）从衰落走向再兴起

20 世纪 60 年代，尽管还有一些教育行动研究工作在美国继续进行，但逐步走向衰落。

1. 衰落的原因

澳大利亚教育专家凯米斯有一段论述：教育行动研究法衰落的原因可归之于研究与行动的日益分离，或是理论与实践的分离。20 世纪 50 年代末 60 年代初，由于社会科学研究的学术人员享受公共基金团体提供的空前资助，他们开始以理论家、研究者的身份出现在工作上，于是与实践工作者就区分开来。当时正在兴起一种表示研究与实践的关系模式，即以研究-发展-普及（RDD）为基础的潮流这一潮流使研究与行动分离被视为正当合理的，于是多数教育家倾向于这种模式，出现理论家设计出的课程发展和评价工作等框架，由广大实际工作者去执行占了主流，使那些小规模的、局部的、自我反省的行动研究法从正统地位被转移了出去。

2. 重新兴起的原因

教育行动研究重新兴起是在 20 世纪 70 年代，先是在英国，代表人物为英国教育协会主席埃利奥特（J. Elliott）；继而在澳大利亚，代表人物为斯基尔贝克（M. Skilbeck）和前边提到的凯米斯；后又返回美国，逐渐重新兴起。其复兴的主要背景是 RDD 模式在教育领域的失败，具体的原因，凯米斯归结为七条：

（1）教师队伍中出现大批人要充当研究者；

（2）当时教育科学研究严重脱离实际，即与实际工作者关心的课题明显脱节；

（3）有批教育专家重视实践，发表"实践的深思"等观点，激发了人们对行动研究的兴趣；

（4）在教育研究与评价方面出现许多像民主评价、反应评价、个案研究现场调查等新方法，与行动研究关系极为密切；

（5）专业责任心运动（accountability movement）激励了实际工作者为提高自我监控能力的素质要求而努力工作；

（6）20 世纪 70~80 年代的教育，特别是基础教育发展的新要求有利于实际工作者与教育理论工作者的合作；

（7）对行动研究方法本身加强研究，尤其对遭人批评的自我反思有了新的认识。

（四）20 世纪 80 年代后的新进展

20 世纪 80 年代后的近 20 年，教育研究蓬勃发展，究其原因，除了上述行动研究在 70 年代后自身发展的七条原因之外，还有三条带有时代性的原因：

其一，80 年代以后，基础教育及其改革提到了各国领导人的议事日程上，特别是美国，针对 80 年代基础教育的"滑坡"现象，几任总统都重视基础教育质量的提高，采用一系列的措施，"2061"工程就是其中的一项。

其二，对教师的研究和教师队伍建设成为改善育人环境、推动教育改革和提高教学质量的关键。所以教师参加教科研，要加强元认知（metacognition）或监控能力的培养已提到教育改革的议事日程。

其三，心理学界出现了上一节提到的生态化运动（ecological movement），强调真实的环境、真实的被试、研究真实的心理。于是，"冲破实验室的围墙""加强自然（教育）实验""用纵向研究取代横断研究"等在发展心理学与教育心理学中成为主流。心理学界的生态化运动必然促进教育行动研究的新进展。

行动研究不仅受到重视，而且名称本身也出现多样化，例如"行动研究法"（Action Research）、"合作研究法"（Cooperation Research）、"现场研究法"（One on the job Research）和"应用研究法"（Applied Research）等，从中可以看到当今教育行动研究在走向繁荣。

二、教育行动研究的特点

《国际教育百科全书》里关于行动研究的定义："行动研究，是指由社会情境（教育情境）的参与者，为提高对所从事的社会或教育实践的理性认识，为加深对实践活动及其依赖的背景的理解所进行的反思研究。"书中还反映出如下观点：

（1）教育行动研究是必须由教育工作者参与的研究，使研究角色和实际工作角色具有一致性；

（2）教育行动研究目的在于提高教育的质量或行动的质量，使研究者与研究结果具有统一性；

（3）教育行动研究是教育的实际工作者用种种的科学方法对其自身行为的研究；

（4）教育行动研究应强调理论联系实际，强调研究与行为的一致性；

（5）教育行动研究的研究对象主要是教育的实践问题；

（6）教育行动研究应坚持通俗化、应用化，但适当渗透学术化；

（7）教育行动研究具有自然性、行动性和合作性；

（8）教育行动研究的成果尽管符合一定的教育规律，但它却缺乏普遍性；

（9）教育行动研究属于教育科学的研究，也要讲究科学性或创造性；

（10）教育行动研究要求实际工作者参与，更主要的是对自己所从事的教育工作的反思。

从上面的诸多的看法中可以看出教育行动研究的特点。下面，从两个方面对以教育理论工作者和教育实际工作者相结合为主要特征的教育行动特点加以说明。

（一）教育行动研究的对象是各种各样的教育实践

任何一项研究都是从课题提出开始的。课题的提出，就是研究对象和研究目的的确定。当然，由于教育行动研究对象是各种各样的教育实践，因此，教育行动的课题主要也来自于教育实践，适合于教育实践，有利于或服务于教育实践。

教育行动研究课题的选择原则，首先是价值性，也就是有没有实际的意义，能否解决教育实践中迫切要求解决的问题，以提高教育行动的质量。其次是可行性，即研究者与行动者都认为有可能作研究，也就是根据现有条件经验、信息资料、时间、设备等肯定能够完成或研究的任务。再次是客观性，经得起实际工作者的推敲，在一定意义上说，实际工作者的判断就是选题的效果指标，只有准确、真实才能谈得上客观的原则。最后是创新性，研究者与实际工作者都认为课题要有新颖感、时代感和独特感。

在此基础上，教育行动研究的研究人员才进行课题选择，确定研究对象选题的步骤包括：（1）调查社会需要，特别是教育实际的需要；（2）收集各种各样的信息情报，写出文献综述；（3）筛选研究对象，明确研究目标；（4）进行可行性的论证（反思），从研究步骤、过程和预期结果中去形成研究方案课题的选择过程，就是确定研究对象的过程。

（二）教育行动研究所坚持的原则是研究与行动的统一

所谓研究与行动的统一，就是坚持理论联系实际。具体表现在：

（1）研究的队伍是教育理论工作者、实际工作者和教育行政领导的三结合队伍。当然，在研究的过程中，这种结合的队伍有三种形式，既可以以教师为主来承担研究课题；也可以由学校或教育部门集体组织来承担课题；还可以由教育理论工作者来主持课题，组织有实际工作者参与的研究队伍。

（2）研究过程中，理论工作者要去实践，实际工作者要学习理论整个研究是一个克服行动与研究、实践与理论脱节的过程。

（3）坚持在教育实践中研究，保持"生态"特征。保持在自然生态或者社会生态条件下研究教育问题，这体现了行动研究是一种在实际情境中、在社会生活中或者在自然状态下进行研究的特征。这样的研究，不仅为理论工作者与实际工作者提供了一个结合点，而且也可共同地按照一定的理论去解决一个教育实际或情境的问题。

第三节　教育实践研究

在教育实践的研究中，经常采用教育现场研究，又称"教师角色干预法"，此外"教育工作经验总结法"也很重要。

一、教师角色干预法

在"教育与发展"课题中经常研究提高教师某些素质的途径与方法。在研究中运用教师角色干预法（又称教育现场法），也就是采用角色改变、摄像自我评价、现场指导三种方法探讨提高中小学教师的课堂教学能力以及对学生思维品质的影响。

三种方法特点与操作模式如下。

教师参加教科研的必要性之一，是角色的变化，即从教书匠到教育专家，帮助教师这个角色变化要靠干预或培养研究。做法包括以下三个步骤。

（一）角色改变

1. 特点

角色改变类似于米德（M. Mead，1934）的角色扮演（Role-playing），他认为儿童是通过角色扮演来实现与别人的比较和沟通的：首先是模仿别人；然后是在想象的互动中扮演参与者的角色，在角色扮演过程中，儿童开始根据概化的他人观点来调整自己的行为，体验自我的存在，角色扮演的形式及功能与想象、思维、语言的发展秩序相对应。社会的要求与社会的模式逐渐转变为个人的价值观，渗入自我概念之中，自我概念就在此过程中逐渐形成。在研究中用的角色改变有了新的特点。从内容上来看，是教师参与创教学科学研究，其主要功能是把原来被动获取信息者转变为正确的客观反馈信息的主动寻找者，这样能使被试比较正确地概化他人的观点，从而及时地调整自己的行为。当然，角色改变还有其他的功能，诸如调动教师工作积极性等。

2. 操作模式

实验组教师参加教科研活动，内容如下。

第一，专家讲座，分六讲：第一讲，一线教师参与科研的目的、意义和究中小学生思维发展的基本特点；第二讲，中小学生思维品质的培养；第三讲，经验介绍，请参加过"七五"课题的有经验的教师谈体会；第四讲，如何在教育实验中选择研究课题；第五讲，实验的基本方法；第六讲，基本统计。

第二，观摩课，分两次，分别在期中和期末结束的前一周，由实验教师承担。

第三，参加学生测验的数据处理。

第四，每一实验教师设计一个小实验，并进行实验，写出研究报告。

（二）摄像自我评价

1. 特点

摄像自我评价方法的主要功能是为被试者提供一面课堂行为的真实的"镜子"，使被试者通过观察自己的课堂行为来正确地估计自己，从研究结果来看，被试看了自己的录像后，自我能力概念发生了一定的变化，变化趋势是慢慢地接近于真实的能力自我（平均数变化值为 $4.2 \rightarrow 3.93 \rightarrow 3.88 \rightarrow 3.83 \rightarrow 3.72$）。从访谈中还发现被试通过看自己的录像，对自己的许多不良语言习惯或多余动作等外显行为起到了较好的矫正作用。

2. 操作模式

对主试要求：（1）对所有被试在同一周内完成；（2）看录像时，在被试的要求下可反复 3 次；（3）主试不能提供任何暗示，处于中立态度，如果被试要试探，主试可回答"你自己想想""你自己考虑""等下再和你讨论"等；（4）看完后录像带收回，如果被试提出要求转录，主试可告诉他（她），只能在实验完以后再转录；（5）对每组被试的次序安排采用 ABBA 法；听课除主试外，其他人员一律不参与。

（三）现场指导

1. 特点

现场指导不同于教研指导，它是多种提高自我概念水平方法的综合运用。如 D. Meichenbaum（1977）的认知行为疗法（cognitive behavioral therapy）；Finando（1977）等人的自我领悟组法（self-awareness groups）。前者方法的特点是主试引导被试对自身行为进行合理分析、认识、评价，在此过程中对正确的认识评价给予正强化，对于错误的认识评价不反应，重新引导；后者方法的特点是强调在小组交往过程中自己去意识、发现自己行为的合理性和不合理性。

而本研究使用的现场指导法是对以上两种方法进行改造，根据教师的特点，并在大量的观察、访谈的基础上形成的，其特点是：（1）强调主试和被试在平等、放松、自然的状态下进行交往；（2）强调被试自己去发现问题，主试仅起引导作用；（3）主试尽可能多地提供不同类型的课堂行为模式让被试比较；（4）帮助被试确定新的目标，并教给被试一定的教学策略；（5）注意激发被试的动机，引起兴趣，增加被试的自信心。由此可知，它既不同于教研活动的教育评价，也不同于传统的认知行为疗法与自我领悟组法。从本研究的结果来看，3 种方法的不同结合，效果不同，现场指导和自我评价方法的结合优于角色改变和自我评价方法的结合（$T=2.566$，$p<0.01$），3 种方法的组合效果最好（$T=11.05$，$p<0.005$）。

2. 操作模式

主试要求：（1）实验前必须做好一切准备工作；（2）不能随心所欲；（3）记录必须客观，一定要克服测验倾向；（4）对要用的具体方法要灵活运用；（5）指导过程必须录像；（6）判断必须正确，这主要依靠主试对学生思维品质的理解和对能力结构的理解；（7）主试指导完一个被试后，必须看自己的指导录像，及时总结，提高指导水平；（8）指导前必须接受训练，并做好预备实验；（9）指导实验场地必须安静，无任何干预；（10）指导中间允许休息 15~20 分钟，用统一的指导语。

二、教育工作经验总结法

教育工作的经验，是科学教育的前奏。把成功的教育工作经验上升为教育理论，不仅是教育理论建设的需要，而且也是广大教师投入教科研的一种比较容易的方法。

教育工作总结法，最早是由韩进之、张奇两位教授提出的。

（一）教育工作经验总结法的概念

教育工作经验总结法的全称应该是"先进教育工作经验的科学总结法"，它的含义是对教师（包括其他教育工作者）在教育实践工作中所积累的先进经验进行科学的总结性研究的方法。这里所说的先进教育工作经验是指符合一定的标准、在一定的条件下或在一定的范围内行之有效的具有研究价值和推广意义的教育实践工作经验。先进的教育实践工作经验一般应满足下列五项标准：（1）新颖性（或称独创性），即是前所未有或别开生面的新的教育工作经验；（2）有效性，即是行之有效的教育工作经验；（3）可接受性，即可被广大教育工作者接受、效仿、运用并能收到实际效果的经验；（4）可发展性（又称为可推广性），即这种经验有进一步总结、提高、理论升华和推广的价值；（5）现实性，即这种方法能够较好地解决教育实践工作中存在的现实问题。简言之，先进的教育工作经验就是教育实践工作者在亲身的教育工作中，通过分析和解决实际教育工作中遇到的现实问题所独创的行之有效的、新的教育工作经验。所谓科学的总结性研究是指对教师提出的先进教育工作经验进行核实、评价、实验验证、分析和理论探讨，使之科学化、理论化、实践化，并进一步提高其有效性、针对性、规律性和实践性的研究过程。简言之，就是对先进教育工作经验进行科学研究的过程。

先进教育工作经验科学总结法与传统的教育经验总结法有明显的不同，主要有以下区别：（1）先进教育工作经验科学总结法将经验研究与科学实验研究有机结合，克服了传统的教育经验总结法将经验研究与实验研究相分离的弊端。（2）先进教育工作经验科学总结法将先进经验上升到一般理论的高度，克服了传统的教育经验总结法将经验研究与理论研究相分离的不足。（3）先进教育工作经验科学总结法提高了先进教育工作经验的可靠性和有效性，使先进的教育工作经验推广应用的价值更高。

先进教育工作经验科学总结法的实践意义在于，它调动了广大教育实践工作者和专业研究工作者教育和科学研究两个方面的积极性。以往广大教师的实际工作经验由于得不到及时的科学总结而遭到冷落，降低了他们从事教育工作实践问题研究的积极性。理论和实验研究工作者的研究由于脱离教育工作实际，而被束之高阁，得不到及时的应用，研究的积极性也不同程度地受到消极影响。采用先进教育工作经验科学总结法会增强双方的积极性，一方面，广大教师在实际工作中会积极地发现问题，积累经验，为理论工作者提供新的研究课题；另一方面，理论研究工作者也将积极地与广大教师取得联系，及时获得新的研究课题或新经验。因此，两支研究队伍通过紧密结合，密切合作，教育工作中的实际问题会得到及时地解决，教育工作的理念也将不断得到升华，理论联系实际的研究成果将不断涌现。

（二）教育工作经验总结法的运用

过去，传统的教育工作经验总结没有明确的操作程序，成为无规可循、无章可守、无序可做的"没有方法"的方法。因此对先进教育工作经验科学总结法的具体实施步骤和要求作出明确的阐述，供广大教师和理论工作者参考。

先进教育工作经验科学总结法的实际运用要分为三个阶段：第一阶段是教育工作经验的积累和提出，主要由教育实践工作者来完成；第二阶段是先进教育工作经验的科学总结研究，由理论研究工作者和教育实践工作者共同进行；第三阶段是理论化的先进教育工作经验的推广，由教育行政管理人员、理论研究工作者和教育实践工作者共同完成。

1. 先进教育工作经验的积累和提出

先进教育工作经验的积累和提出是广大教师或实践工作者应该长期坚持的一项重要的基础性工作。广大教师或实践工作者积累和提出的教育工作实践经验越多、越详细、越可靠，研究的价值就越大。做好此项工作要把握好以下 4 个基本环节：

（1）明确经验的来源。我们所说的教育工作经验指的是来源于教育工作实际的直接经验，而不是间接经验。来源于教育工作实际的直接经验一般包括在实际工作中发现的新问题、新现象，解决新问题所采用的新方法、新举措等，例如，提高教学质量的新规划、新设计、新的教学模式、新方法、新内容、新策略和新手段等；转变学生思想观念的新方式、新策略、新手段和新途径等；教师在实际工作中的新体会、新理念、新设想和新建议等。教师在积累新经验时，一定要注意区分直接经验和间接经验、有关经验和无关经验。一般来说，直接经验可能会有新经验、新创意，有研究的新价值；间接经验一般是别人用过的旧经验，难有新的研究价值。当然，间接经验在运用过程中有了新的改进、产生了新的观点后，也可以看作是新经验。有关经验与无关经验的主要区别在于，有关经验是与教育工作中需要解决的理论和实践问题相关的经验；而无关经验是与教育工作中需要解决的理论和实践问题无关的经验，在工作中，为了明确哪些经验与教育工作中的理论与实践问题有关，广大教师要不断学习新的教育理念，不断思考教育工作中出现的各种实际问题。最后，教师在工作中不仅要积累成功的经验，更要注意积累失败的经验，有时失败的经验比成功的经验更有研究价值。

（2）准确做好经验记录。对有价值的新经验，要准确地作好经验记录。经验的记录要严格遵循客观性原则，力求经验记录的真实、准确、详细，对经验所带来的实际效果不能随意夸大，对采用的方法也不要随意更改。一般来说，一项较好的经验记录应该包括以下几项主要内容：1）问题或事件的具体记录，其中包括问题或事件发生的时间、地点、人员、环境、问题或事件发生、发展的具体经过及有关的原因和背景。2）当事人对问题或事件的分析和判断，即教师对出现的问题或发生的事件所作出的思考、分析和判断，以及对解决问题方法或措施的思考等。3）解决问题的方法，这是指当事人在解决问题时所采用的具体方法和步骤。其中包括工作方式、谈话内容、当时的态度等。4）解决问题的实际效果，当事人对问题或事件进行了干预之后，要注意记录被教育者的各种有关的变化，其中包括态度、言行、学习效果等。有时被教育者的变化是延时的，这就要做长期的追踪观察和记录；有的被教育者的言行是隐蔽的，这就要做耐心仔细的观察。5）对不可控因素的估计，有时被教育者的变化受多种因素的影响，其中有些影响是实质性的，有些影响是非实质性的，教师要通过观察、谈心及访谈等多种方式，了解被教育者变化的真正原因，作出真实的记录。

（3）做好经验的分类整理。教师的实际工作中遇到和解决的问题有许多，经验也是多种多样的，为使经验更具有研究价值，有必要对积累的经验作出分类和整理。经验的分类角度多种多样，一般要根据理论研究和实际工作的需要进行分类整理，使积累的经验系列有序，便于归纳和提出。

（4）先进工作经验的初步归纳与提出。当教师在某方面积累了一定数量的有价值的实际工作经验后，就可以将已有的经验写成文字材料，提供给理论研究工作者，或在适当的场合进行交流。在归纳整理时，要注意保持自己的原始经验，要保证经验的真实性和可靠性。经验材料一般以客观介绍自己的经验为主，并可附加一些必要的解释和说明，但不要将自己的经验与自己的一些想法、观点混为一谈。要实事求是地介绍自己的经验，经验总结要内容集中、重点突出、有的放矢。切不可将教育工作经验写成一般的工作汇报或事迹材料。

2. 先进教育工作经验的科学总结研究

先进教育工作经验的科学总结研究阶段是对教育实践工作经验进行科学理学研究的过程。在这个阶段，理论和实验研究工作者要对教师提供的有研究价值的实际工作经验进行科学的筛选、验证、分析和概括，使之成为科学性较强的一般原理、原则或方法，并在更大的范围内进行推广。在这个阶段要做的工作包括以下三个基本环节：

（1）先进教育工作经验的筛选。广大教师提供的经验是大量的、多样的，但有些经验不一定是新经验，或不一定是有研究价值的先进经验。所以研究之前的首要工作就是对教育工作经验的筛选，要选择那些符合先进教育工作经验标准、有研究价值的经验作为进一步研究的对象。为使广大教师的宝贵经验得以提高和应用推广，教育科学研究部门或教育管理部门应该建立完善的筛选机构，负责对广大教师实际工作经验的收集和筛选。专业研究人员也应密切与广大教师的联系，注意收集、整理和筛选广大教师的先进教育工作经验。其中，主要是先进教育工作经验的核实与验证。先进教育工作经验的核实是根据经验所提供的方法和效果与实际情况进行对比，检查经验的方法和效果是否与实际相符。对先进教育工作经验的核实工作大致有三个方面的内容：1）核实经验所提供的方法的具体内容和形式；2）核实方法的实施过程；3）核实方法的实际效果。核实的方法可以有多种形式，如访谈、问卷调查、观察、实验等。

（2）先进教育工作经验的验证。先进教育工作经验的验证是对选出的经验进行科学实验的检验，就是用实验的方法或手段检查经验的真实性、有效性和可靠性，这项工作是十分必要的。因为，经验来自于实际的自然环境中，经验所提供的方法在实施过程中缺乏对无关变量的控制，所以，经验所揭示的关系往往是众因一果的关系，经验所达到的效果往往是由多种原因所致。然而，究竟是哪一种原因起到了决定性的作用，经验本身无法确定，这就需要采用实验验证的方法，对经验进行验证和提纯，找到解决问题的关键因素，建立或明确原因与结果的关系。先进教育工作经验的验证一般有两种主要方式：一种是比较严格的实验室验证：另一种是自然实验的验证。对教育工作经验多采用自然实验的验证，必要时也可进行实验室验证。

（3）先进教育工作经验的概念化和理论化。经过核实和验证的教育工作经验与原始的经验有了根本的不同，它不再是原始的、粗糙的、模糊的一般经验性材料，而成为准确可靠的科学证据、某一问题或现象的事实或证据是理论和原则的基础。有了科学的证据，就可以经过理论加工升华为一般的原理、原则或方法。先进教育工作经验的概念化和理论化过程是一项创造性的研究过程，一般应由有创造力的理论研究工作者来完成。在概念化和理论化的过程中，要根据科学证据提出相应的概念或学说等，使经验性的材料上升为科学化的理论。

3. 先进教育工作经验的普及与推广

科学研究的最终目的是用一般的科学原理去指导实践活动，同样，理论化的先进教育工作经验也必须回到教育实践中去。一方面用于指导教育实践活动；另一方面还要接受实践的检验，使其不断完善和提高。先进教育工作经验来自于教育工作的实践，经过科学化的加工或处理上升为理论，又反过来应用和服务于教育工作实践，这就是教育工作经验科学总结法的全过程。所以，教育工作经验科学总结法的最后一个环节就是经验的推广和普及工作。教师和理论研究工作者要十分珍惜自己的研究成果，把先进的教育工作经验推广到实际工作中去。普及与推广的途径很多。既可以通过各种信息传递媒介进行传播，也可通过书籍、教材以及各种会议进行传播。普及和推广工作也是一项十分严肃和艰巨的工作。工作中要对先进的教育工作经验进行认真的介绍，包括具体的方法、实施步骤、注意的问题和适用的范围和条件等，必要时还要配合实际的指导。因此，推广普及工作既需要耐心和恒心，又需要细心和热心。理论工作者要重视这项有意义的工作，教育行政管理部门要给予帮助和支持，广大教师也要积极配合，使先进的教育工作经验在更大的范围内开花结果。

第四章　发展心理学

发展心理学是研究个体心理发生发展变化的科学，具有理论性与应用性兼具的特点。本章从 4 个方面阐述发展心理学的基本框架：第一节主要探讨发展心理学的研究对象与任务，并且将研究任务概括为描述个体发展的普遍行为模式、解释和测量发展的个别差异、揭示心理发展的原因和机制、探究环境对心理发展的影响以及提出帮助与指导个体心理发展的具体方法等几个方面。第二节从儿童观的形成与转变、科学儿童发展心理学产生的两大背景，概述发展心理学学科的形成过程。第三节主要对心理发展及其特征进行概述，并从先天和后天、普遍性和多样性、量变和质变三个角度探讨心理发展的基本主题。第四节围绕生态系统发展观普遍得到重视、将发展的视角伸展到毕生发展、重视核心领域的认知发展研究、发展的神经科学研究大量出现、应用发展心理学蓬勃兴起五个方面概述发展心理学的新近进展。

第一节　发展心理学的研究对象与任务

一、发展心理学的研究对象

发展心理学（developmental psychology）是心理学的重要分支领域之一，是研究人类心理系统发生发展的过程和个体心理与行为发生发展规律的科学。

从系统研究的角度看，发展心理学是指通过对种系或动物演化过程的研究，考察动物心理如何演化到人类心理，以及人的心理又如何从原始、低级的心理状态演化到现代、高级的心理状态的学科，这是广义的发展心理学。比较心理学（又称动物心理学）和民族心理学都属于广义的发展心理学。比较心理学主要研究低级动物心理如何演化到类人猿心理的发展历程，以揭示动物演化过程中心理发生发展的大致图景；民族心理学主要研究生活在不同社会历史阶段的各个民族的心理并加以对照，以勾画出人类心理发展历程的大致轮廓。

从个体研究的角度看，发展心理学是探究从人类个体的胚胎期开始一直到衰老死亡的全过程中，个体心理是如何从低级水平向复杂高级水平变化发展的学科。这是狭义的发展心理学，着重在于揭示各个年龄阶段的心理特征，并探讨个体心理从一个年龄阶段发展到另一个年龄阶段的规律，包括婴幼儿心理学、儿童心理学、青年心理学、中年心理学和老年心理学。

就人类个体心理的发展而言，从出生到成熟这一段时期是生长发育最旺盛、变化最快，同时也是可塑性最强的时期，因而备受心理学家的关注。成熟意味着身心发育过程的完成，尽管从不同的评价指标来看并不确定，但总体而言，人类个体的发育成熟年龄为十七八岁。在发展心理学家眼里，从出生到成熟被视为广义的儿童期，对这一时期心理的发生发展规律及其特征的研究，就构成了"儿童发展心理学"或"儿童心理学"的研究框架。也正因为儿童期在个体成长发展过程中所处的特殊地位，事实上许多发展心理学就是以儿童为研究对象的。在本书中，取"狭义的发展心理学"之义，重点探讨儿童的心理成长与发展，同时也涉及其一生的心理发展过程。

二、发展心理学的研究任务

发展心理学的研究任务可以以"w"来表示。即 what（是什么），揭示或描述心理发展过程的共同特征与模式；when（什么时间），这些特征与模式发展变化的时间表；why（什么原因），对这些发展变化的过程进行解释，分析发展的影响因素，揭示发展的内在机制。

如果更具体些，可以将发展心理学的主要研究内容概括为以下几个方面。

（一）描述个体发展的普遍行为模式

发展心理学学科的创立，最根本的目的是要揭示发展的普遍行为模式。行为模式是指个体在解决问题的活动过程中表现出来的现实的心理发展水平，它既包括外显的行为特质，也包含内隐的心理特征。儿童的行为模式是知、情、意等领域整合而成的现实的心理组织系统，因此，儿童的身体动作是怎样发展变化的，认知的发展变化如何，语言是怎样发展的，情绪的发展变化特点怎样，个性是怎么形成的等，都构成了发展心理学的主要研究框架。儿童发展的普遍行为模式的建立，为我们认识儿童提供了有意义的参照。真正的心理发展模式应该具有普遍意义，即能反映生活在各种社会文化背景下儿童共同具有的发展过程。儿童的动作发展模式、语言获得模式以及皮亚杰（Jean Piaget）所描述的儿童思维发展阶段等，都是儿童心理发展的普遍模式。这里主要以儿童动作发展的普遍模式为例加以说明。

儿童动作的发展是在脑和神经中枢、神经肌肉控制下进行的，因此动作的发展与其身体的发展、大脑和神经系统的发育密切相关。动作的发展遵循以下三个规律：

从上到下。儿童最早发展的动作是头部动作，其次是躯干动作，最后是脚的动作。他最先学会抬头和转头，然后是翻身和坐，接着是使用臂和手，最后才学会腿和足的运动，能直立、行走、跑跳。儿童的动作发展总是沿着抬头—翻身—

坐—爬—站—行走的方向成熟的。

由近及远。儿童动作发展从身体中部开始，越接近躯干的部位，动作发展得越早，而远离身体中心的肢端动作发展较迟。以上肢动作为例，上臂首先成熟，其次是肘、腕、手，手指动作发展得最晚。

由粗到细。儿童先学会大肌肉、大幅度的粗动作，在此基础上逐渐学会小肌肉的精细动作。例如，四五个月的婴儿想要拿面前的玩具时，往往不是用手，而是用手臂甚至整个身体，更谈不上用手指去拿玩具了。随着神经系统和肌肉的发育，加之儿童的自发性练习，动作逐渐分化，儿童能逐步控制身体各个部位小肌肉的动作。

（二）解释和测量发展的个别差异

对心理发展普遍模式的描述，提供了儿童心理成长的基本框架。但就每个个体而言，尽管心理发展遵循相同的模式，也必须注意到发展的个体差异是巨大的：不仅发展的速度、最终达到的水平各不相同，各种心理过程和个性心理特征也不相同。刚刚出生的孩子就有明显的个体差异，心理学家认为，儿童是带着先天气质特征降临于世的，这些先天气质特征更多地受儿童神经系统活动类型的影响，也部分地反映了胎儿期受到的环境刺激状况。在儿童的智力发展领域，个体差异以不同的方式体现：有的儿童早慧，有的儿童天生有智力缺陷；有的儿童具有较高的言语方面的智力，有的儿童则在操作、推理方面具有优势。儿童更是体现出多姿多彩的性格特征：有的活泼、外向、热情、喜爱交往；有的沉稳、内向、不太合群。儿童个体间的差异是如何造成的，这些差异怎样才能得到准确的评估，如何科学地解释儿童彼此之间的个体差异，儿童发展心理学要对这些问题作出恰如其分的解答。目前，儿童的气质特点可以通过母亲的观察与感受、气质量表来加以评估。智力测验是了解儿童智力发展的最可靠的工具，自 1905 年第一个智力测验量表问世以来，智力测验在儿童个体差异测量中运用得最为广泛。通过纸笔测验、投射测验等手段，能较好地了解儿童的个性特点。

（三）揭示儿童心理发展的原因和机制

不仅要了解儿童心理发展的普遍模式和存在的个别差异，从本质上说，更需要揭示儿童心理发展的原因和机制，从而构建有关心理发展的理论体系。皮亚杰对儿童思维发展机制的揭示就大大丰富了我们对儿童思维本质的认识，而他所描述的儿童思维发展阶段依据的是不同年龄阶段的孩子思维的机制在本质上是有差别的。如感知运动阶段的儿童，思维离不开动作的参与，动作是思维的来源与过程；前运算阶段的儿童，思维从动作思维向具体形象思维转化；具体运算阶段的儿童，获得了守恒概念，思维具备了运算的性质，但运算的对象只能停留在具体的对象；形式运算阶段的儿童思维的机制是可摆脱具体的事物而进行抽象的运演。而"内化与外化的双向建构"（同化与顺应）则是贯穿于整个思维发展过程，并使思维发展水平出现量变与质变的内在原因和机制。对儿童语言获得而言，争论的焦点在于为什么儿童能在出生后的短短三四年内就能基本上掌握并运用本民族的语言，母语不同、语言环境不同，为什么儿童语言发展会经历如此相似的历程，围绕这些焦点问题，有人提出存在先天的语言获得机制，也有人认为模仿在儿童语言获得中发挥了巨大作用。可以说，对心理发展原因和机制的揭示，不仅有助于更好地遵循儿童心理发展的规律，也使儿童心理发展的培养与干预具有了科学的依据。

（四）探究不同的外在环境对心理发展的影响

决定心理发展的因素主要是遗传与环境。遗传的作用在儿童出生时就已经充分体现了，环境则在儿童成长过程中不断地施加影响。儿童生活的环境千差万别，这些环境因素也被视为儿童行为的生态圈。在这些生态环境中，儿童接触时间最长、影响最大的几个因素分别是家庭、学校和社区。在成长的不同阶段，这些生态环境对儿童的影响是不同的。就家庭而言，父母的养育方式、文化水平与职业状况、父母个性、亲子关系的质量、家庭类型（完整家庭还是单亲家庭）、家庭的物质生活条件等是对儿童发展产生影响的主要因素。学校中的师生关系、同伴关系、班级凝聚力、教师的教学与管理方式等，对不同的儿童会产生不同的影响。在社区环境方面，邻里关系、社区文化娱乐设施、社区社会支持体系等是较为重要的环境变量。就目前而言，普遍得到关心的环境因素通常涉及独生子女家庭的环境影响因素，信息化社会中电视、网络对不同年龄个体心理发展的影响等。了解不同的生态环境对儿童发展的影响，既有助于揭示心理发展的原因和机制，也可以为营造儿童健康发展的生态环境提供科学的指导。

（五）提出帮助与指导个体心理发展的具体方法

总体而言，儿童发展心理学是一门理论密切结合实际的学科。理论的构建不仅仅是为解释种种心理现象发生发展的过程与原因，更应该结合社会实际和儿童的需要来指导他们健康的发展。前一部分研究可以称为基础理论研究，后一部分研究可以称为应用性研究。随着儿童发展心理学这门学科的进展，应用发展心理学越来越受到研究者和实际工作者的关注。因此，描述儿童发展的普遍行为模式、解释和测量发展的个别差异、揭示儿童心理发展的原因和机制，以及探究不同的外在环境对心理发展的影响，其最终目的是为了帮助儿童顺利地度过每个发展阶段，帮助儿童解决发展中遇到的困难或暂时的障碍。例如，通过对儿童早期依恋现象的探讨，可以成为有助于儿童形成安全依恋的有效方法；通过对学龄初期儿童认知与行为特点的探讨，可以成为培养儿童集中注意力、控制自我行为的有效手段，从而减少儿童的多动行为。

从儿童发展心理学的主要研究内容上来分析，不难看出它处于基础研究与应用研究的交叉面上，其研究的结果既能深化对心理发展相关问题的认识，也有助于解决儿童心理成长过程中的实际问题。

第二节　儿童观演进及科学儿童发展心理学的诞生

一、早期的东西方儿童观

在古希腊、古罗马社会，受到"人是自由的"哲学观点的影响，柏拉图、亚里士多德等人把儿童视作是理性的动物、能动的主体。亚里士多德提出了"自由教育"的观点，这是以发展自身为目的的教育，一方面要促进人的身体、情感和智慧的和谐发展，另一方面要促进人的理性的充分发展。亚里士多德所强调的自由教育应该是非常广泛和广博的，所以希腊人发展了一种课程，即后世著名的七艺——文法、修辞、辩证法、算术、几何、天文、音乐。自由教育的思想内涵一直传承至古罗马时代，影响甚为久远。但由于亚里士多德的"自由教育"是针对当时的"自由人"所提出，获得教育的儿童也只是公民、贵族的后代，并不包括大量的奴隶家庭出生的孩子，所以其观点有所局限，缺乏普适性。

与柏拉图、亚里士多德等人同时期的东方，孔子提出从人性的角度看待儿童，他认为只要是有学习的愿望都应得到教育。孟子则对儿童的"性"进行了更多诠释，他认为"性"即指儿童的本性、天性，提出了儿童的"性善论"，提出帮助儿童"存善性，明人伦"便是教育的目的。此后另有哲学家荀子提出儿童"性恶论"的观点，主张教化儿童的过程便是去恶扬善的过程。虽与孟子的思想相悖，但荀子仍是从人性角度看待儿童。中国古代的士大夫们也提倡需培育儿童全面发展，从而衍生出"六艺"的课程，即"礼、乐、射、御、书、数"六种技艺。

当时，不管在东方还是西方，儿童的独立人格均不曾得到认同，在门第等级观念根深蒂固的古代中国和欧洲，儿童的命运取决于出身，若非贵族、士大夫之后，儿童便是封建领主的私有财产。而古代中国"君君臣臣，父父子子"的伦理观点，也使儿童处处受制于成人世界，儿童本性中天真、活泼的特性全然遭到忽视。

除哲学思想外，宗教观点在盛行时期更能折射当时的儿童观。《圣经》中有关儿童的观点可以从《旧约全书》和《新约全书》中得到反映。《旧约全书》中的观点是：儿童是被剥夺权利的、邪恶的人，他们生来就有原罪。这些天生的罪人需要严加管制，以免变得更为邪恶；而《新约全书》中提到，儿童天生是无罪的，是善良的，只要环境不影响他们的正常成长，长大就是好人。中世纪欧洲的基督教多信奉《旧约全书》中的儿童观，鞭打、虐待儿童的丑闻时有发生。

　　西方早期的儿童观也可以在艺术作品中得到很好的反映。儿童最早出现在绘画艺术中大约是在 12 世纪，那时画中的儿童不如说是"缩小了的成人"。13 世纪以后，艺术作品中的儿童（如天使、圣婴耶稣、裸体小男孩普托（Putto）等）开始像儿童了。圆脸蛋的小普托出现于 14 世纪末，并且很快就成为一种装饰图形而盛行于世。但总体而言，文艺复兴运动以前的儿童在很大程度上只是作为成人社会的一个组成部分，被点缀在成人之间。

二、文艺复兴时期的儿童观

　　文艺复兴运动（公元 14~17 世纪）的强有力冲击，引起了社会结构和家庭观念的更替，自由教育的传统得到复兴，进而导致儿童观的变革。到 15 世纪末，出现了关心儿童利益与教育的趋向，印刷术的使用助长了这一趋势，有关儿童护理与教育的文字材料流传开来。但由于文艺复兴的主旨在于恢复古希腊、古罗马的文化，因而针对儿童的教材多半是古典科目，教育方式也是强制的、较死板的。宗教改革后，由于新的中产阶级关于人的观念和伦理学意识的加强以及小家庭的逐步出现，尊重和保护儿童的趋势越来越明显。直到 17 世纪以后，一种全新的儿童概念才逐渐形成，人们开始注意到儿童甜蜜、纯洁、逗人喜爱的天性，开始把儿童作为有个性的人来了解和抚爱了。从此以后，养育健康而又有成就的孩子就成为父母最关心的事情。

　　但在科学儿童发展心理学诞生之前，贫瘠家庭的儿童在资本主义发展初期大量进入工厂做童工，儿童在资本家眼中成了他们榨取利润的最佳对象，儿童的自由和权利仍旧遭到剥夺，成为他们牟利的工具。

第三节　发展心理学的基本主题

一、心理发展及其特征

（一）心理发展

　　心理发展（或简称发展）是指个体随年龄的增长在相应环境的作用下，整个反应活动不断得到改造，日趋完善、复杂化的过程，是一种体现在个体内部的连续而又稳定的变化。发展通常使个体产生更有适应性、更具组织性、更高效和更为复杂的行为。

　　发展首先是一系列的变化，但并非所有的变化都可称为发展，只有那些有顺序的、不可逆的，且能保持相当长时间的变化才属于发展。暂时的情绪波动以及思想和行为的短暂变化等不包括在发展之内。

在发展心理学家看来，发展性变化的最主要特点是可以观察的跨年龄的行为变化。为什么这样理解呢？第一，将发展性变化与年龄联系了起来，年龄特征或者时间并非自变量，只是一个本身便存在的维度；第二，将行为作为研究的焦点，即研究中的因变量。

（二）心理发展的年龄特征

不同的个体在生理发育、心理和社会化的发展方面都存在个别差异，同一个人在生理、心理和社会等方面的成熟也不同步。对于儿童来说，年龄越小，生理发育对其心理发展的影响就越大，随着儿童年龄的增长，社会化的发展对心理发展的影响逐渐加强。个体的心理年龄特征是指在发展的各个阶段中形成的一般的（具有普遍性）、本质的（表示具有一定的性质）、典型的（具有代表性心理特征。毫无疑问，一切发展都是和时间相联系的，心理年龄特征和个体的实际年龄、生理年龄有关。但与此同时，心理年龄特征并不意味着每个年龄都有相应的年龄特征。在一定的条件下，发展的心理年龄特征具有相对稳定性；随着社会生活和教育条件等环境的改变，也有一定程度的可变性。"成熟期前倾"就典型地反映了由物质生活条件的改善，导致青少年生理发育普遍提前，与此相应的心理年龄特征也提早出现。

依据心理发展的年龄特征，可以对发展的阶段进行划分。研究者根据不同的发展维度来看待人生的发展阶段。例如，柏曼（Berman）以生理发展中内分泌腺的发展特点作为个体发展的分期标准，把个体生理发展划分为胸腺期（幼年时期）、松果腺期（童年时期）、性腺期（青年时期）。达维多夫和艾利康宁（V V Davidoff, d v Eliconing）按儿童的活动特点将个体发展的早期阶段划分为：直接的情绪性交往活动（0～1岁）、摆弄实物活动（1～3岁）、游戏活动（3～7岁）、基本的学习活动（7～11岁）、社会有益活动（11～15岁）、专业的学习活动（15～17岁）。皮亚杰（Piaget）以智慧发展的不同类型来区分个体发展的阶段，分为感知运动阶段（0～2岁）、前运算阶段（2～7岁）、具体运算阶段（7～12岁）、形式运算阶段（1成人）。弗洛伊德（Freud）、埃里克森（Erikson）以个性特征作为划分阶段的依据，弗洛伊德以心理性欲为依据，将儿童发展阶段划分为口唇期（0～1岁）、肛门期（1～3岁）、性器期（3～5岁）、潜伏期（5～12岁）和生殖期（12～20岁），埃里克森把儿童心理发展划分为8个阶段，并认为每个阶段都有一个中心发展任务，即解决一对矛盾：基本的信任感对基本的不信任感（0～1岁）、自主感对羞怯感（1～3岁）、主动感对内疚感（3～6岁）、勤奋感对自卑感（6～11岁）、同一性获得对同一性混乱（青少年期）、亲密感对孤独感（成年早期）、繁殖感对停滞感（成人中期）、完善感对失望感（老年）。不论以何种标准来进行划分，发展的心理年龄特征总有相当的整体结构性，表现在个体成长过程中主导的生活事件和活动形式上、智力与人格发展等方面的特点上，而不是一些无关特征的并列和混合。

另外，个体从出生到成熟并不总是按相同的速度直线发展的，而是体现出多元化的模式，表现在不同系统在发展速度、起始时间、达到的成熟水平不同；同一机能系统特性在发展的不同时期（年龄阶段）有不同的发展速率。从总体发展来看，幼儿期出现第一个加速发展期，然后是儿童期的平稳发展，到了青春发育期又出现第二个加速期，然后再是平稳地发展，到了老年期开始出现下降。

二、心理发展的基本主题

在尝试描述和解释儿童发展变化的过程中，发展心理学家关注的 3 个基本主题仍备受争议。首先，关于遗传和环境对发展各方面的影响，发展心理学家们争议颇多。其次，他们一方面试图揭示发展中的普遍规律，另一方面又研究发展中的多样性。最后，在描述某些特征是如何随时间发展时，发展心理学家们又分为主张连续性发展和主张阶段性发展两派。这 3 个基本主题，简而言之可归结为先天和后天、普遍性和多样性、量变和质变。

（一）先天和后天

所谓先天是指个体的生物性状，即在受精的那一刻个体从父母那里获得的遗传信息。有些遗传特征会显现于物种的每个成员之中，例如，几乎所有儿童都有直立行走（行走、跑等）、语言以及使用简单工具的天赋。另一些遗传特征则因人而异，例如，人的外貌特征、运动能力各不相同，而性格、智力等心理特质也部分地受到遗传的影响。一些遗传特征和倾向在出生时并不明显，随着个体的成熟逐渐显现出来。所谓后天是指出生前后影响生物成分和心理经验的那些自然环境和社会领域中的复杂力量。后天环境包括家庭、同伴、学校、文化、媒体及人类所处的广阔社会。后天环境通过多渠道影响儿童的发展。

到目前为止，发展心理学家都认可先天和后天都对个体的发展发挥了一定的作用，然而不同的研究者强调的重点不同。例如，儿童在身体协调、智力、人格和社会技能等方面的巨大差异产生的原因是什么？儿童之所以能够获得语言，是因为他们普遍具有语言获得的先天能力和倾向性，还是因为父母在其年幼时倾力指导的结果？先天和后天何者的贡献更大一些？

目前普遍的看法是，先天和后天其实很难进行拆分，它们各具优势又相互渗透。在发展的不同领域，遗传和环境的相对作用各不相同。一些受大脑系统主导的领域更依赖于遗传的作用，而一些知识的掌握和高超技艺的发展则更多地依赖于环境的支持。但是在一些极端条件下，譬如早期经验的严重剥夺或者在某个特定年龄中，环境因素会产生更大的作用。发展心理学家称那些特定年龄为心理发展的关键期。

（二）普遍性与多样性

有些发展的变化出现在每个人身上，这些变化说明了发展过程中的普遍性。例如，除非有生理残疾，否则所有的儿童都能学会坐、爬、走、跑，这些动作几乎是一成不变地按顺序而发展；另一些变化则具有较高的个体化和特殊性，这说明了发展的多样性或个体差异。例如，有些儿童比较敏感、羞怯，有些儿童则比较粗犷与大胆，尽管儿童的成长环境有时候看上去迥然不同，但事实上，只要环境条件没有特别的缺失所有人都能获得基本的运动技能、语言、观点选择能力、控制冲动的能力等。发展心理学家的分歧在于：有一些人更强调发展的结果和成就普遍体现在所有人身上，另一些人则偏向于坚持个体发展的独特性。

然而，尽管一个正常儿童的发展总是要经历一些共同的基本阶段，但发展的个体差异仍然非常明显。每个人的发展优势（方向）、发展速度、发展高度（达到的水平）往往是千差万别的。例如，有的人观察能力强，有的人记性好；有的人爱动，有的人喜静；有的人善于理性思维，有的人善于形象思维；有的人早慧，有的人则开窍较晚。正是由于这些差别，才构成了多姿多彩的人类世界。

与先天和后天的相对作用取决于不同的领域类似，普遍性和多样性之间也存在这样的关系。发展的道路在由成熟严格控制的领域中具有普遍性，比如生理的、认知的发展。多样性则在其他领域居主导地位，比如社会性和道德的发展。

（三）发展的质变与量变

心理学家们认为个体发展的本质就是变化性，广义的发展涵盖了两种最基本的变化：转换性变化和变异性变化。转换性变化是一个系统的形式、组织或者结构的变化。例如毛毛虫变蝴蝶、蝌蚪变青蛙。转换性变化会导致新事物的出现，随着形式的变化，事物也会变得越来越复杂。人们通常把这种出现新事物的变化称为质变，这种变化无法通过纯粹的量的增加来获得。同样，说到发展的"非连续性"时也是指新事物的出现与质变。阶段、时期或水平等都是和发展有关的概念，但都是指转换性变化所引起的新事物出现、质变以及非连续性的情况。

发展的阶段模型将发展看成是非连续的。在前后不同的发展阶段，发展是跳跃式地以产生新的行为模式的形式展开的，具有质的差异。这种观点认为发展是在特定时期以新的方式来理解和回应外界的过程。如果发展以阶段的形式出现，那么在发展的特定时期，思想、感觉和行为都会发生质的变化。阶段理论认为，发展就像爬楼梯，每一级台阶都相应地代表一种更为成熟的、以新方式重组的技能。它假定，当儿童从一个阶段迈向另一个阶段的时候，他们会经历急骤的转型，而之后便会在本阶段中处于稳定的平原期。换言之，变化是相当突然的，而不是逐渐的、随时都在进行的。皮亚杰的智力发展理论、弗洛伊德的个性发展观点都是阶段模型的代表。

变异性变化是指变化偏离标准、常模、均值的程度。婴儿的伸手触摸行为、学步儿童行走准确性的提高、词汇量的增加以及获得优或差的学业成绩等都是变异性变化的实例。从适应的观点看，变异性变化使技能或能力变得更为精确。这种变化可以描述为线性的，是自然积累的过程。所以变异性变化是具有数量性质和连续性质的，也就是人们常说的量变和连续性。

在连续发展模型中，发展被视为是感知、运动、认知技能与操作上的平稳的、连续的量的增加。非成熟个体和成熟个体之间的区别仅仅在于各种行为、技能在数量或复杂程度上的不同。例如运动能力，儿童以简单的抓握为基础，逐渐发展出各种精细动作，便是一种累加。行为主义观点是连续发展模型的典型代表。

目前较为综合的看法是，不把质变与量变分割开来看成相互竞争的双方，而是将二者视为心理发展的必需成分，作为一个整体相辅相成，从而形成一套动态系统。换而言之，心理发展既体现出量的积累，又表现出质的飞跃。当某些代表新质要素的量积累到一定程度时，就会导致质的飞跃，也即表现为发展的阶段性，随后在新阶段中的新质要素又将继续积累，直至发生再一次的质变。

第四节　发展心理学的新近进展

一、生态系统发展观普遍得到重视

现代心理学脱胎于哲学，以实验室实验为主要研究手段。然而研究者们也同时发现，源自于严格实验室实验的结论，未必能很好地描述现实情境中成长的个体心理特征，当面对尚未成熟的儿童时，有时候可能误差更大。

20 世纪 70 年代末以来，西方发展心理学领域出现了一个新趋势，即"生态化运动（the ecological movement）"。从生态学的观点来看，个体是在真实的自然和社会环境中成长起来的，其心理发展要受到多种因素的影响，而这些因素之间又是相互作用、相互影响的，是一个完整的系统。个体心理发展的水平、特点和变化，都是该系统中各因素相互作用的综合结果。实验室实验由于情境系人为创设，且变量控制严格，孤立考察某个或某些因素对个体心理发展的影响，因而难以揭示自然条件下个体的真实心理和行为。"生态化运动"强调在现实生活中、自然条件下研究个体的心理与行为，研究个体与自然、社会环境中各种因素的相互作用，以揭示真实自然条件下的心理发展与变化的规律。也就是说，要使对个体心理发展的研究走向现实环境，把实验室研究固有的严格性移植到现实环境中去，在其中揭示变量之间、现象之间的因果关系；关注儿童发展，更应关注儿童发展的生态环境系统。

布朗芬布伦纳（Urie Bronfenbrenner）关于发展的生物生态模型（bioecological model）是生态发展观的代表，其对情境如何影响儿童发展作了最细致、最彻底的解释。由于儿童受生物性影响的气质与环境共同铸就了发展，所以布朗芬布伦纳将他的观点描述为一种生物生态模型。他提出了4种环境系统，由小到大（也是由内到外）分别是微系统（microsystem）、中系统（mesosystem）外系统（exosystem）以及宏系统（macrosystem）。从微系统到宏系统，对儿童的影响也从直接到间接。

微系统指对儿童产生最直接影响的环境，主要有家庭、学校、同伴及网络；中系统指个体与其所处的微系统及微系统之间的联系或过程，例如，儿童的学业进步不仅取决于他/她在班级中的活动，而且还受父母参与学校生活和孩子自己在家中继续学习程度的影响（Epstein，Sander，2002）；外系统指那些个体并未直接参与但却对个人有影响的环境，如传媒、社会福利制度等；宏系统是一个文化系统，涵盖社会的宏观层面，比如价值取向、生产实践、风俗习惯、发展状况等。

除了上述环境系统以外，还存在着一个时序系统（chronosystem），用于解释成长的时间维度。生活事件的变化可能是源于儿童外界环境的作用，同时，这些变化也可能是源于儿童自身，因为在成长的过程中，儿童会选择、修正和创造自己的环境和经验。而儿童选择、修正和创造环境和经验的方式又取决于他们自身的身体、智力、人格特点和环境机遇等因素。因此，在生态系统理论之中，发展既不是由外界环境控制的，也不是由个体的内部倾向性决定的。而应当说，儿童既是环境的产物又是环境的缔造者，所以儿童与环境共同建构起一个相互依赖、共同作用的网络。人与环境之间达到最佳拟合有利于心理发展，如果拟合不理想，人就会通过适应、塑造或更换环境来提高拟合度。

与生态发展理论相一致，观察法在儿童心理发展研究中重新得到重视，这是因为观察法具有较高的生态效度，避免了实验室实验中实验变量的操纵可能遇到的伦理问题，而且现代电子技术的日益成熟，为观察法的使用提供了新的手段，如录像带可以重播、慢放，可以对被观察的行为事件进行仔细、准确的编码分析等。毫无疑问，相对于精确的实验室实验结果，自然生态条件下的行为观察能更真实地把握个体发展的整个图景，参考价值也更大。

二、将发展的视角伸展到毕生发展

传统上的发展心理学，关注的是从出生到发育成熟这一阶段个体的成长与发展。因此，从某种程度上说，发展心理学几乎就等同于儿童心理学。从20世纪

60 年代后期开始，受系统科学方法论的影响以及现代社会逐步向老龄化过渡，加之发展心理学本身研究范围的拓展，越来越多的心理学家开始将人的一生发展作为研究对象，毕生发展观也逐步成为发展心理学中的主流趋势。

德国柏林的 Max Plank 人类发展研究所的巴尔特斯（Baltes）是毕生发展心理学研究的倡导者和代表人物。毕生发展的核心假设是个体心理和行为的发展并没有到成年期就结束，而是扩展到了整个生命过程，它是动态、多维度、多功能和非线性的，心理结构与功能在一生中都获得保持、转换和衰退。毕生发展观的基本思想主要包括以下四个方面。

（一）个体发展是整个生命发展的过程

人的一生都处在不断的发展变化中，从生命的孕育到生命的晚期，其中的任何一个时期都可能存在发展的起点和终点。传统的心理发展观主张心理发展从生命之初开始，儿童青少年是发展的主要年龄阶段，到成年期心理发展处于稳定，到了老年阶段心理衰退则成为主要特征。因此，传统的心理发展观强调早期发展经验对以后发展的重要性，认为后继的发展直接取决于先前的经验。毕生发展观则主张心理发展不仅取决于先前的经验，而且也与当时特定的社会背景等因素有关，因此，一生发展中任何阶段的经验对发展均有重要的意义，没有哪一个年龄阶段对于发展的本质来说特别重要。

（二）个体的发展是多方面、多层次的

心理和行为发展的各个方面，甚至同一方面的不同成分和特性，其发展的进程与速率都是不相同的。表现在个体身上，有些方面的发展变化可以表现为一条不断平稳上升的直线，有些方面则可能表现为一条波动的曲线；有的方面先慢后快发展，有的方面则先快后慢发展，也有的方面是终身保持不变或是终身都在不断地改变。如在智力发展领域，巴尔特斯将智力分成认知机械（mechanics of cognition）和认知实用（pragmatics of cognition）两种成分，或称液态机械和晶态实用，这基本对应于卡特尔（R B Cattell, 1971）所提出的液态智力和晶态智力。认知机械反映了认知的神经生理结构特性，它随生物进化而发展，在操作水平上，以信息加工基本过程的速度和准确性为指标；认知实用主要与知识体系的获得和文化的作用密切相关，在操作上，它多以言语知识、专业特长等为指标，其中以才智为典型指标。认知机械与认知实用有着不同的发展轨迹，前者在成年早期就开始衰退，呈较明显的倒"U"形发展趋势；后者在成年期后仍不断增长，只是增长的速度明显变慢，并在老年后期出现衰退。

毕生发展观以一种更为全面的眼光审视发展。它认为发展并不简单地意味着功能上的增加，生命历程中任何时候的发展都是获得与丧失、成长与衰退的结合，任何发展都是新适应能力的获得，同时也包含已有能力的丧失，只是其得与失的强度与速率随年龄的变化而有所不同。以语言的发展为例，在个体获得本民族语言的同时，他对其他语言的发音能力明显降低了。得失法可以用来判断毕生发展的完善程度，即用获得与丧失之间的比率作为评价发展完善程度的标准。比率越高，发展的完善程度就越高；反之，发展就越不完善。成功发展就意味着同时达到最大的获得和最小的丧失，相对于人生发展的其他阶段，儿童期是获得最大、丧失最小的阶段。

（三）个体的发展是由多种因素共同决定的

毕生发展观认为，主要有三类影响系统决定个体的发展：一是年龄阶段的影响，主要指生物性上的成熟和与年龄有关的社会文化事件，包括接受教育的年龄、女性更年期、职业事件（如退休）等的影响，而青少年的发育是最典型的年龄阶段的影响。二是历史阶段的影响，指与历史时期有关的生物和环境因素的影响．如战争、经济状况等，当今的儿童都在网络世界里，称其为"网络一代"是就历史阶段的影响而言。三是非规范事件的影响，指对某些特定个体发生作用的生物与环境因素的影响，包括疾病、离异、职业变化等。对个人而言，所遇到的非规范事件都不一样，其影响的效果也可能截然不同。可以说，这三类影响系统共同决定了个体发展的性质、规律和个体间的差异。

（四）发展是带有补偿的选择性最优化的结果

巴尔特斯认为，选择、最优化、补偿三者之间的协调存在于个体发展的任何过程之中，并提出了带有补偿的选择性最优化模型（selective optimization with compensation，SOC）。选择是指个体对发展的方向性、目标和结果的趋向或回避。最优化是指获取、优化和维持有助于获得理想结果，并避免非理想结果的手段和资源。一般来说，最优化需要许多因素的共同作用，包括文化知识、身体状况、心理状态、目标设定、实践、努力等。补偿则是由资源丧失引起的一种功能反应，即创造新手段以达到原有目标或调整目标。

毕生发展观所产生的影响是巨大的，借助于这种观点，可以更全面、更深刻地理解人的发展过程，以及不同年龄阶段在生命历程中的意义与价值。

第五章　发展心理学理论

第一节　成熟势力说

一、格塞尔的成熟势力说基本观点

格塞尔（Gesell，1880~1961）根据自己长期的临床经验和大量的研究提出了成熟势力说，它的基本要义是强调成熟的顺序、遗传的时间表，认为儿童的生理和心理发展取决于个体的成熟程度，而成熟有着固定的模式和顺序，这个模式和顺序由遗传因素和生物学结构决定，它是漫长的物种和生物进化的结果。

在格塞尔看来，支配儿童心理发展的因素主要有两个，即成熟和学习。成熟与内环境有关，学习与外环境有关。其中成熟是推动心理发展的主要动力，没有足够的成熟，就没有真正的发展与变化。脱离了成熟的条件，学习本身并不能推动发展。也就是说，发展的顺序主要受成熟和遗传因素的控制，而外在环境不能改变其程序。

1929 年，格塞尔进行了经典的"双生子爬楼梯实验"来支持其理论观点。实验的被试是两名同卵双生子 T 和 C，在他们出生第 48 周时，对 T 进行爬楼梯训练，对 C 不予训练，6 周后，T 比 C 表现出更强的爬楼梯技能；到第 53 周（儿童能够学习爬楼梯的成熟时机）对 C 进行训练，结果发现只要少量训练，C 就达到了 T 的熟练水平；到第 55 周，C 与 T 在爬楼梯技能上没有差别。由此，格塞尔提出，儿童的学习取决于生理成熟，在生理成熟之前的早期训练对发展没有显著作用。对于儿童的发展来说，学习并非不重要，但当个体还未成熟到一定程度时，学习的效果是有限的。进一步说，人类的成熟与发展是一个由遗传因素控制的有顺序的过程，有固定的遗传时间表，外部环境只是为人类正常生长提供必要的条件，而不能改变其本身发展的自然成熟程序。

二、格塞尔发展量表

基于成熟势力说的立场，格塞尔认为个体发展的本质是结构性的，不同发展水平之间必然有着结构性的差异。每当儿童进入一个新的、特定的成熟阶段，必然伴随出现一定的行为模式。由此，我们可以把儿童在特定年龄阶段表现出的一种行为模式当作成熟的指标，以此测量某一个儿童的发展水平，并与同年龄儿童的平均发展水平进行比较，评价其发展水平是正常还是超前或者滞后。这也就是心理测量中的年龄常模的概念。

格塞尔及其同事收集整理了数以万计的不同阶段儿童的发展行为模式，于1940年发表了著名的格塞尔发展量表（gesell development scale）。该量表制作出婴儿出生后第4周、16周、28周、40周、52周、18个月、24个月、36个月的行为模式，对这些年龄阶段的典型特征进行了详尽的表述和图解。量表主要从四个方面对儿童进行测查：

（1）运动行为，包括大动作行为（如爬、直立、行走等）和精细动作行为（主要指手臂和手指的动作，如有目地抓东西操控玩具等）；

（2）适应行为，包括探究活动、部分与整体的分析与综合等；

（3）语言行为，主要指对语言的倾听、理解和表达能力的发展；

（4）个人社会行为，主要指生活自理能力和人际交往能力，如对喂饭、穿衣、游戏等的反应。

量表围绕着4个方面共有63个评估项目，采用A、B、C三级评分，将4个方面的评定分数相加，即得到某个儿童的总的成熟年龄，然后可以计算其"发展商数"（DQ）。

$$DQ = \frac{测得的成熟年龄}{实际年龄} \times 100$$

此外，还可以分别计算4个分量表的DQ，即用分量表的成熟年龄除以实际年龄再乘以100。

格塞尔发展量表对婴幼儿的临床诊断具有极大价值，通过发展商数可以判断某个儿童与同年龄儿童相比他的发展水平处于何种状态，是属于正常、超常还是滞后；同时，不同的发展商数还可以作为鉴别儿童发展是否健全的指标，如运动行为商数可以鉴别儿童神经系统与运动机能发展是否正常，适应行为商数可以作为儿童智慧潜力的预测指标。需要注意的是，格塞尔在强调特定年龄阶段的行为模式的同时，也指出每个儿童的发展速率存在差异，尽管这种差异只是数量上的不同。对此，格塞尔曾郑重地告诫：不要忽视儿童发展的特殊性，不要轻易给儿童扣上"发展不好"的标签，以免伤害儿童的心理。

三、成熟势力说对儿童发展与教育的指导意义

格塞尔的成熟势力说以及以成熟势力说为基础编制的格塞尔发展量表，对当时的儿童养育观念和儿童临床诊断产生了重大影响，即使以今天的眼光来看，其基本主张也并不过时，它最大的教育启示在于：尊重儿童成熟的客观规律是教育的一个基点。

格塞尔及其同事曾对教育者发出这样一些忠告："不要认为孩子成为怎样的

人完全是你的责任，不要抓紧每一分钟去'教育'他；"尊重孩子的实际水平，在尚未成熟时，要耐心等待"；"不要老是想'下一步应发展什么了'，应该让你的孩子充分体验每一个阶段的乐趣"。这些忠告都在说明一个道理，那就是尊重儿童的天性是正确养育的第一要义。这对于当今的儿童养育者和教育者而言，意义尤为重要。反思当前的一些教育口号，"千万不要让孩子输在起跑线上""智力开发得越早就开发得越好"，其急于求成、拔苗助长的教育心态显露无遗，这种过早和过度的开发是不符合儿童发展的客观规律的，常常以牺牲儿童的天性和快乐为代价。教育者应该重视格塞尔的忠告，尊重孩子的天性，善待儿童发展的"时间表"，否则就可能扼杀儿童对学习的兴趣并让儿童丧失对学习的长远动力。

第二节　精神分析观

一、弗洛伊德的心理发展理论

弗洛伊德被誉为"20世纪西方伟大的思想家之一"。心理学史家黎黑（T. H. Leahey）曾高度评价道，"如果说伟大可以由影响的范围去衡量，那么弗洛伊德无疑是最伟大的心理学家。几乎没有哪方面对人性的探索未留下他的印记。他的著作影响了并正影响着文学、哲学、神学、伦理学、美学、政治科学、社会学和大众心理学"。弗洛伊德有关心理发展的观点，主要体现在他的人格结构理论和心理性欲理论上。

（一）人格结构理论

弗洛伊德早期将心理结构划分为意识、前意识和潜意识，在他的后期论著《自我与本我》（1923）一书中，他放弃先前的观点，重新将人格划分为本我（id）、自我（ego）和超我（superego）三种结构。

本我又称伊底，是人格中最原始的部分。人出生时只有一个人格结构，那就是本我，它由一些与生俱来的冲动、欲望或能量构成，"仿佛一团混沌、一锅沸腾的兴奋物"。本我不知善恶、好坏，不管应该不应该、合适不合适，只求立即得到满足，是无意识的、非道德的。本我受"快乐原则"的支配，是人格结构中的生物成分，它使个体减少紧张，如性欲的满足、饥饿的消除等都能产生快乐。本我的冲动隐藏于无意识中，是潜意识的、非理性的人格结构，主要与性和攻击两个主题有关。弗洛伊德认为，本我的冲动一直存在，它们必须被健康人格的其他部分所制约。一个本我力量过强甚至泛滥的人，将会发展成一个为所欲为、失去限制的人。

自我是个体出生以后，在外部环境的作用下形成。儿童的需要有时能及时得到满足，但很多时候不能及时得到满足，于是儿童逐步形成了自我这种心理组织。弗洛伊德认为，自我这种人格结构是在生命的头两年里发展起来的，"自我代表我们所谓的理性和常识的东西，它和含有情欲的本我形成对照"。自我的主要功能是满足本我为现实社会所允许的冲动，同时将本我不被允许的冲动控制在无意识中。自我遵循"现实原则"，是人格结构中的心理成分。它一方面调节或延迟本我欲望的满足，另一方面还要协调本我与超我的关系。

超我是道德化的自我，是人格中最后形成且最文明的部分。它反映着儿童从中生长起来的社会的道德要求和行为标准。超我的目的主要是控制和引导本能的冲动，监督自我对本我的控制。人的高尚理想，在个人身上因超我而得到巩固。

弗洛伊德用本我、自我和超我来表征人格或人性中的不同层面，本我代表人类的本能冲动，超我代表着道德标准和人类生活的高级方向，自我则平衡本我与超我之间的冲突矛盾。弗洛伊德形象地将自我与本我比喻为骑手与马之间的关系，认为自我驾驭着本我这匹桀骜不驯的马，约束着它前进的方向。在弗洛伊德看来，每个人的内心深处都存在着本我放纵、考虑现实性和遵守道德准则三者之间的冲突，其中自我在协调外部世界、本我和超我的关系中起着重要作用。一个人格健康的人应该具有强大的自我力量，这样才能避免本我或超我过分地掌控人格。如果自我力量不够强大甚至退缩，会激起个体的焦虑情绪，这种看法是弗洛伊德晚年焦虑论的基础。

（二）心理性欲发展理论

弗洛伊德认为，人在不同的年龄，性的能量——力比多（libido）投向身体的不同部位，口腔、肛门、生殖器等相继成为快乐与兴奋的中心。以此为依据，弗洛伊德将儿童的心理发展分为五个阶段。

1. 口唇期（0~18个月）

这个时期的婴儿主要通过吮吸、咀嚼、吞咽、咬等口腔刺激获得食物和快感。口唇、舌是这一时期"力比多"最集中的区域，也是性敏感区。

如果口唇期的满足过多或过少，成年后就可能会形成口唇期人格。满足过多，可能发展成一种依赖人格，在心理上要依靠他人才能生存；满足过少，则会形成一种紧张与不信任的人格，如悲观、退缩、猜忌等。弗洛伊德认为，寻求口唇快感的性欲倾向一直会延续到成人阶段，接吻、咬东西、抽烟或饮酒的快乐都是口唇期快感的发展。一些成人遭遇挫折，也会表现出口唇期的部分特征，如暴饮暴食、需要人安抚、拥抱等，以此来应对困难。

2. 肛门期（18个月~3岁）

此时儿童的力比多集中到肛门区域，排泄时产生的轻松与快感，使儿童体验到了操纵与控制的作用。这个阶段是对幼儿进行排泄训练的关键期，弗洛伊德提醒父母不要对孩子进行过早或过严的训练，因为排泄训练中的创伤体验可能导致成人后的肛门型人格，主要有两种形态：一种表现为邋遢、浪费、无条理和放肆；另一种表现为过分整洁、过分注意小节、固执和吝啬。

3. 性器期（3~6 岁）

这一时期，儿童开始关注身体的性别差异，开始对生殖器感兴趣，阴茎或阴蒂成为重要的性敏感区。此时出现弗洛伊德所说的俄狄浦斯情结（Oedipus Complex），男孩对母亲亲近，女孩跟父亲亲密，并无意识地企图排斥同性别的父母一方。俄狄浦斯情结最终要受到压抑，因为儿童惧怕同性别父母的惩罚。这种情结的健康解决是通过对同性父母的自居作用而实现的。

根据弗洛伊德对性器期的理论观点，有儿童心理咨询专家提出，如果性器期这一阶段发展不顺利，那么成人后可能会保留这一时期的特点，比如喜欢出风头，赢得别人的注意，常常周旋在三角人际关系与冲突中，或者跟自己父母同辈的对象发生情感等，这些行为都被解释为个体还未从对父母的三角情结中成长起来。

4. 潜伏期（6~12 岁）

潜伏期又称"同性期"，此阶段的最大特点是儿童对性缺乏兴趣，处于一个"性"中立的时期，男女界限分明，甚至互不往来。直到青春期这种现象才有所转变。这一阶段的一个重要任务是建立与同性别父母的角色认同，也就是弗洛伊德所说的自居作用。男孩向父亲学习性别模式和社会行为，女孩则以母亲的性别角色为榜样。如果由于某种原因，此阶段儿童的生活中没有同性别的父母可以模仿或者亲子关系不好，可能影响到性别上的角色认同与成熟。

5. 生殖期（12~17、18 岁）

这一时期又称"异性期"。个体进入青春期后，生理上出现第二性征，心理上开始对异性感兴趣，并且开始关注自身形象，对自己的外貌、服饰、行为表现等开始变得特别敏感。

生殖期阶段的青少年具有半儿童半成人的特征，他们竭力想要摆脱父母的束缚，很容易与父母产生冲突，被称为人生的第二反抗期。此外，他们通常会采取剧烈运动的方式来消耗体力，并试图把性的问题转移到高度抽象的智力活动上，从而达到排解性压力或宣泄内心焦虑的目的。

二、精神分析发展观的教育指导意义

弗洛伊德的心理性欲发展理论主要关注人格的发展，强调人格形成与早期经验的影响，特别是与父母对儿童的教养态度有关。在弗洛伊德看来，生命的头几年是人格形成的关键时期，人格紊乱的起因在于儿童期未解决的创伤性体验。这些观点对早期教育和儿童期心理卫生的实践产生极大影响。有学者曾断言，如果没有精神分析，今天哺育儿童的方法可能会截然不同。另外，弗洛伊德认为性本能、潜意识与情感在心理发展中起着至关重要的作用，这一看法改变了传统心理学中重理念、轻意欲，重意识、轻无意识的倾向，拓展了心理学的研究范围。

埃里克森的心理社会发展理论是对弗洛伊德理论的继承，他同意弗洛伊德对本我、自我和超我的划分，但对自我的理解不同于弗洛伊德，他赋予自我许多积极的特征，如信任、独立、自主、勤奋、同一性、亲密、智慧等健康的自我，能创造性地解决人生发展中每一阶段出现的问题。在埃里克森看来，对同一性的研究已成为时代的策略，犹如弗洛伊德时代对性欲的研究，埃里克森心理社会发展理论对人生发展的最大指导意义在于，他指出人格发展的每个阶段都存在一对冲突或危机，危机的积极解决会增强自我的力量，使人格得以健全发展；危机的消极解决会削弱自我的力量，妨碍个人对环境的适应。但是各个阶段的危机解决并非那么绝对和僵化，而是富有弹性的。比如，一个人如果在青春期未能很好地建立自我同一性，他在后面的发展阶段是可以进行弥补的。而且，自我同一性的建立不是一劳永逸的，未来的挫折或打击也可能威胁到已经建立的自我同一性。某种意义上，埃里克森的心理社会发展理论更为全面和动态，对人格形成的解释也显得更加积极和乐观。

第三节　行为主义观

一、华生的经典行为主义

（一）本能与环境决定论

华生通过发生学（genetics）的途径来研究本能，即观察出生后不久的婴儿所呈现的未经学习的动作。他认为婴儿刚一出生就具备一些非习得性行为，例如瞳孔收缩、呼吸、吮吸、排泄等。从发生学的角度看，先有非习得性行为，后有习得性行为。儿童在稍后阶段逐渐学会伸手取物、爬行、站立、坐直、走路、奔跑等大量动作，在华生看来这些动作大部分是由于结构方面生长的变化而出现的，其余部分则是由于训练和条件反射的缘故。

华生用"活动流（activity stream）"来表明人类活动体系日益增长的复杂性。这个永无休止的活动流始于受精卵，之后随着时间的流逝变得更加复杂。每一种非习得性行为，如呼吸和血液循环，在出生不久便形成条件反射。有些非习得性行为终生保持在活动流中，而一些非习得性行为在活动流中只存在很短的一段时间，然后便从活动流中永远消失了，例如巴宾斯基反射等。

在"天性教养"之争中，华生是最为著名的环境决定论的倡导者，他否认遗传的作用，认为人的行为完全受环境和教育的影响。他强调，并不存在所谓的能力、气质、心理构造和性格等的遗传，这些都是摇篮时期训练的结果，对日后的发展作用甚微。他坚信一定类型的构造加上早期训练就能说明一个人的全部成就，这是一种极端的环境决定论。在 1924 年出版的《行为主义》一书中，他提出了一段环境决定论的经典名言："给我一打强健而没有缺陷的婴儿，让我放在我自己特殊的世界中教养，那么，我可以担保，在这些婴儿中，我随便拿一个出来，都可以训练其成为任何专家，无论他的能力、嗜好、倾向、才能、职业及种族是怎样，我都能够任意训练他成为一个医生，或一个律师，或一个艺术家，或一个商界首领，甚至可以将他训练成一个乞丐或窃贼。"

（二）情绪理论

华生对儿童心理研究的主要兴趣集中在情绪上。他认为情绪也是一种行为，表现为内脏和腺体系统对特定刺激的反应和一些特定的变化模式，因此情绪本质上是一种内隐的而非外显的行为，它是后天习得而来的，是对外在刺激产生的一种特定的条件反射，华生把情绪定义为一种涉及整个躯体的深刻变化，特别是内脏和腺体变化的模式反应。通过观察婴儿的情绪表现，华生提出人类存在三种非习得的情绪反应：恐惧（fear）、愤怒（rage）和爱（love）。对婴儿而言，突然的巨响、身体突然失去平衡会引起恐惧情绪；愤怒是由身体运动受阻引发的；爱则是由抚摸皮肤、轻轻摇动、轻轻拍打引起的。儿童后来发展出的各种复杂情绪都建立在这三种原始情绪的基础之上，而条件反射是情绪发展的内在机制。华生特别强调导致儿童建立情绪条件反射的家庭因素，在其《行为主义》的论著中，他饶有兴趣地分析了何种情境会使儿童啼哭，何种情境会使儿童发笑。他对环境对情绪的控制作用充满乐观的期望，"将来，总有一天，我们有可能抚育人类的年轻一代在婴儿期和少年期中没有啼哭或者表现出恐惧反应，除非在呈现引起这些反应的无条件刺激情况下，例如疼痛、令人讨厌的刺激和响声等"。

华生有关情绪的观点，主要来自于他所进行的一系列实验，最经典的就是小阿尔伯特的恐惧形成实验。实验中，华生以 11 个月大的小阿尔伯特为被试。最初阿尔伯特对白鼠并无恐惧反应，甚至用手去触摸它，白鼠对于他而言是一个"中性刺激"。然后，每次小阿尔伯特的手触及白鼠时，实验者立即在他的脑后敲击铁棒，巨大的声响让小阿尔伯特感到害怕。如此反复多次，实验的结果是小阿尔伯特一见到白鼠就会惊恐、退缩，短短一周时间，小阿尔伯特就形成了对白鼠的恐惧反应。华生解释道，实验中白鼠成了剧烈声响的替代刺激，引发了小阿尔伯特的恐惧条件反射，并由此得出结论，人类情绪是条件反射的结果。这种恐惧的情绪反应甚至会泛化到其他小动物和皮毛制品上，如白兔、毛皮上衣甚至圣诞老人的胡子，因为相同的因素在条件性情绪反应的泛化或迁移中起着关键作用。华生对儿童情绪的实验研究在发展心理学上具有开创性，但由于他的这项实验以婴儿为被试，并且在实验后并没有采取措施消除被试的恐惧反应，其做法因有违伦理而遭受批评。

二、斯金纳的新行为主义

斯金纳（Skinner，1904～1990）被誉为 20 世纪心理学界最有影响的人物之一，新行为主义的代表、操作性条件反射理论的奠基者。斯金纳一生硕果累累，他的强化理论、程序教学对社会生活和教育实践产生了深远影响。1958 年斯金纳获美国心理学会颁发的杰出科学贡献奖，1968 年获美国总统颁发的最高科学荣誉国家科学奖。

斯金纳深受实证主义哲学和巴甫洛夫条件反射学说的影响，试图构建一种比华生行为主义更严密的新行为主义，试图通过强化原理循序渐进地达到塑造和控制儿童行为的目的。斯金纳的行为主义又称为操作行为主义或激进行为主义，其发展心理学观点主要体现在强化控制原理和行为矫正原理及其实践运用上。

（一）强化控制原理

强化控制原理是斯金纳行为科学研究的核心部分。他将人的行为划分为两种：一种是应答性行为，指由某种特定的刺激引起的行为，如食物引起唾液分泌等；另一种是操作性行为，指自发的而不是由刺激引发的行为，如绘画、跑步等。斯金纳认为，人类大部分行为是操作性行为，而这些行为与及时强化有关。

斯金纳设计了斯金纳箱来研究操作性行为的强化作用，斯金纳箱内有一个杠杆与自动传送食物的装置连接，它下面是一个食物盘，只要箱内的白鼠踩动踏板，就会有一粒食丸滚到食物盘内，饥饿的白鼠即可得到食物。食物强化了白鼠踩踏板的行为，使得该行为的发生频率迅速上升。由此斯金纳发现，有机体作出的反应与随后出现的刺激条件之间的关系对行为起着控制作用，它能影响有机体反应的速率。斯金纳把这种操作性行为形成的规律称为操作性条件强化作用，即在一个行为产生以后，若紧接着出现一个强化刺激，那么这个行为发生的概率就会增加。通过条件作用习得的行为，如果出现后不再有强化刺激尾随，则该行为的发生概率就会逐渐减弱，甚至完全消失，这就是反应的消退。

斯金纳还进一步将强化细分为不同的程式，主要有连续强化与间歇强化、定时强化与定比强化。连续强化指个体只要表现出正确反应就给予奖赏；间歇强化指只选择部分正确的反应给予奖赏。研究表明连续强化的方式通常有利于快速建立一种行为模式，但行为也容易发生消退，而间歇强化则有利于使行为保持持久。这一研究结论的启示是，教儿童新任务时要及时强化，而且在任务的早期阶段对每一个正确的反应进行连续强化，但随着学习的深入，逐渐转入间歇式强化，这样的强化方式既有利于快速掌握任务，又能巩固成效。定时强化指按照固定的时间间隔给予强化，如每隔 10 分钟对白鼠强化一次；定比强化指有机体在作出固定数量的反应之后给予强化，如白鼠每踩踏板 10 次给予一次强化。有关动物强化的研究发现，反应的速度与强化时间间隔成正比，即强化间隔时间越短，反应的速度越快；强化间隔的时间越长，反应的速度就越慢。在人类的工作环境中，计时工资属于定时强化，而计件工资则属于定比强化。

强化还可以分为正强化和负强化。正强化是指通过呈现对个体有益或令他愉快的刺激，从而增强某种反应概率的过程；负强化是指通过撤销对个体有害或令他厌恶的刺激来增强反应发生的频率。也就是说，无论正强化还是负强化，其结果都是为了增强反应发生的概率，只是它们采取的方式不同。比如说，当儿童按时完成作业时，就奖励他饭后可以看半小时的动画片，这属于正强化；同样，如果儿童按时完成作业，父母规定可以减少他 10 分钟的练琴时间（假设该儿童不喜欢练琴），这属于负强化。负强化不同于惩罚，因为惩罚是通过呈现厌恶刺激或者撤销愉快刺激来降低或消除行为的发生概率。比如，如果儿童没有按时完成作业，父母就取消他饭后看动画片的活动（撤销愉快刺激）或者增加 30 分钟的练琴时间（呈现厌恶刺激），这就属于惩罚。斯金纳重视强化的作用，认为强化是塑造行为的基础，可以通过强化来建立儿童的行为。如果儿童的某个良好行为发生，父母或教师给予微笑、拥抱、鼓励、表扬等强化方式，能增加这一行为再次发生的概率；反之，如果儿童出现不良行为，成人应给予批评或者采取"冷处理"、不予理睬的方式，以降低这一行为再次发生的可能性。斯金纳坚信，是否多次得到外部刺激的强化，是儿童衡量自己的行为是否妥当的唯一标准，只有练习没有强化，是难以建立一种行为模式的。此外，斯金纳提倡以消退法代替惩罚，因为如果儿童行为是由于父母的强化所致，那么当这种强化不再出现时，就会导致该行为的消退。他建议人们应该把不良行为与消退相联系，将满意行为与积极的强化相联系，以塑造儿童良好的行为习惯。

（二）行为矫正原理

斯金纳的强化控制原理不仅适用于对儿童新行为的塑造，而且可以用于对儿童不良行为的矫正。斯金纳认为，儿童形成不良行为主要是由于控制不良、强化不当尤其是惩罚过度造成的。行为矫正是通过强化控制原理，使儿童行为朝向积极、合理的方向转变，逐步养成人类社会认同的行为方式。在斯金纳看来，要矫正儿童的不良行为，最好的方式是对这些行为不予强化，给予漠视和不理睬。比如，儿童如果长时间地哭闹、发脾气、咬手指甲、故意与父母作对等，成人对这些行为可以采取"冷处理"，不予理睬，直到他"知趣"地停止胡闹，久而久之，儿童就不会再那样做了。这是消退原理在儿童不良行为矫正和控制中的作用，其实质就是对不良行为不予强化。但是，在实际教育过程中，单纯的"忽视"并不能有效地消除不良行为，尤其对一些性质严重的攻击性行为，不予理睬的方式可能被当成一种默认，因此，对一些严重违规行为一定要及时制止，并给予一定程度的惩罚。斯金纳针对一些有严重行为问题的儿童，将行为矫正的原理应用于儿童心理治疗，并取得了不错成效。这些方法主要包括模仿疗法、代币法和厌恶刺激疗法。模仿疗法的具体做法是：先让儿童观看别人的行为和行为的强化结果，这些行为及其强化结果都是儿童所希望拥有的；再让儿童亲身实践这些行为，并从治疗者那里得到相应的强化。代币法主要用于精神病院，患者如果完成一些受肯定和赞扬的行为，就可以获得一定数量的代币，用这些代币他们能换取实物或参加某项活动的权利。厌恶刺激疗法是当儿童出现一些不良行为时（如自残行为），对他们采用微量电击，同时让母亲或护士对他们说"不"；如果不良行为停止，则表扬他们是"好孩子"，以此减少不良行为发生的概率。不过需要注意的是，虽然厌恶刺激疗法对矫正不良行为有一定效果，但其做法可能对儿童的心灵造成伤害，因此在伦理学上存在争议。

三、班杜拉的社会学习理论

班杜拉（Albert Bandura，1925）是美国当代著名的心理学家，他吸收人本主义和认知心理学的思想，坚持行为主义的客观性原则，不仅从个体的经验及结果方面研究学习的过程，更注重社会因素、社会规范、榜样作用在行为控制中的作用。正是在这个意义上，班杜拉的理论也被称为社会认知行为主义，该理论自20世纪60年代在美国兴起以来，影响深远。班杜拉曾在1974年当选为美国心理学会主席，多次获得美国心理学会颁发的杰出科学贡献奖，是美国心理学界著作引用率最高的心理学家之一。

（一）观察学习及其过程

观察学习是班杜拉社会学习理论的一个基本概念。班杜拉将观察学习界定为：通过对他人的行为及其强化性结果的观察，一个人获得某些新的行为，或现存的行为反应特点得到矫正，同时在这一过程中，观察者并没有外显性的操作示范反应。

1961年，班杜拉及其助手在斯坦福大学进行了著名的"波比娃娃"实验（bobbydoll experiment）。实验者让儿童观察成人对波比娃娃（一种充气娃娃）的攻击行为，然后将儿童带到另一间游戏室内，里面有各种攻击性和非攻击性的玩具，结果发现几乎所有被试都能较准确地表现出成人的攻击行为。在后续实验中，班杜拉把儿童分成两组，分别观看电影中的成人攻击行为：甲组儿童看到成人受到奖励，乙组儿童看到成人受到惩罚。然后让儿童进游戏室，结果发现，甲组儿童比乙组儿童表现出更多的攻击行为。

根据实验研究结果，班杜拉认为个体可以只通过观察他人行为而习得新的反应。儿童从动作的模仿到语言的掌握及人格的形成都可以通过观察学习来加以完成。被观察的对象既可以是现实生活中的人，也可以是电影和电视以及小说中的主人公，他们为儿童提供思想和行为的示范模型。观察学习在儿童的社会化过程中有重要的作用。班杜拉提出观察学习受 4 个过程制约：

（1）注意过程：是观察学习的第一步，指对对象的探索和感知。注意过程决定着一个人在显示给他的大量行为中选择什么来进行观察，以及在这些示范事件中抽取哪些信息。选择性注意在观察中起着关键作用。

（2）保持过程：暂时的经验以符号形式保持在记忆系统中，既可以是表象式表征，也可以是语言-概念表征，通过复述与进一步的加工编码而被保存在记忆中。班杜拉指出，人们还可以将言语编码和视觉刺激结合起来，以促进记忆的保持。

（3）动作再现过程：是观察学习的中心环节，观察者组织各种技能以生成新的反应模式。在保持过程中，被示范的行为已被抽象地表征为行动的概念和规则，这些概念和规则说明了要做的是什么。

（4）动机过程：动机过程贯穿于观察学习的始终，它激发和维持着人的观察学习活动。此过程决定观察者是否将观察所学到的能力付诸实践。

观察学习不同于经典行为主义的刺激-反应学习。刺激反应学习是学习者先有行为反应，随后获得直接强化而完成的学习；而观察学习可以不必直接作出反应，也无需亲身体验强化，它只是通过观察他人在一定环境中的行为以及行为所受到的强化，就能完成学习过程。这种建立在替代基础上的学习模式是习得复杂技能必不可少的，如道德规范、社会行为等，不必经过探索性的试误过程，只需通过观察他人的行为和替代强化就可获得。

（二）强化与自我调节

班杜拉重视强化在儿童学习发展中的作用。强化既可以是直接强化，如直接的物质奖励、赞扬或是批评；强化也可以是替代性的，如儿童看到他人成功和受赞扬的行为就会增强表现出同样行为的倾向，如果看到失败或受罚的行为，就会削弱或抑制发生这种行为的倾向；强化还可以是自我强化，即个体在对自我行为评价的基础上形成的一种主观感受，如羞耻感、自豪感或胜任感等，以支配或维持自己的行为过程。班杜拉认为，强化是以认知过程为中介进而影响到行为主体及其表现，行为主体对反应与结果之间的关系的觉知，是学习赖以发生的不可缺少的先决条件。这就是为什么儿童会自发地模仿未受到外部奖励的行为，这可能受到很多方面的影响，如社会诱因、竞争性以及儿童已习得的自我评价标准等。

自我调节并非仅仅通过意志控制来实现，而是需要借助一系列过程来发挥作用，包括自我观察、判断过程和自我反应三个过程。儿童用自我调节行为来塑造环境，环境尤其是榜样行为又反过来影响儿童自我评价的准则。在班杜拉的实验中，他让7~9岁的儿童观看滚木球。一组儿童看到榜样得到高分时才用糖果奖励自己，另一组儿童看到榜样得分就吃糖，控制组儿童没有看到榜样是如何自我奖励的。结果前两组儿童在随后的游戏中采用与榜样行为相类似的标准，而控制组儿童对待奖励则是随心所欲的，想吃时就自己去拿糖吃。可见，儿童的内部准则和自我评价标准也受榜样的影响。

第四节　认知发展观

皮亚杰的发展理论是认知发展观的杰出代表。

一、皮亚杰简介

让·皮亚杰（Jean Piaget，1896~1980）出生于瑞士的纳沙特尔，是世界知名的心理学家和哲学家，发生认识论的创始人，他通过儿童心理学把认识论与生物学、逻辑学联系起来，将传统上纯属思辨哲学的认识论改造成为一门实证科学。皮亚杰被认为是心理学史上除弗洛伊德之外影响力最大的人，他的儿童认知发展理论成为发展心理学中的经典理论，他的研究资料被认为是发展心理学中最可靠的事实。几十年来，在所有的认知理论中，引用最广、最有影响力的理论一直是让·皮亚杰的理论。他的理论是综合性的、影响深远的理论，是在他横跨了半个多世纪的职业生涯中发展而来的。如果说精神分析心理学家所关注的是儿童人格的发展，行为主义心理学家更强调儿童行为与结果之间的关联，那么皮亚杰所感兴趣的则是儿童认知的发展儿童的认识是怎样形成的，个体的认知发展受哪些因素制约，各种不同水平的思维结构以何种顺序出现，这些问题就是皮亚杰终其一生试图解答的问题，也是认识论的核心问题。在皮亚杰看来，要致力于这些问题的研究，必须是一项整合多个学科的跨学科的研究工作，其中心理学、生物学和逻辑学是最为重要的三个学科基础。为了更深入、更科学地研究儿童的认知发展，皮亚杰首创了"临床谈话法"，这种方法将他在布鲁尔精神病诊所的工作经验与在比内实验室学到的问卷法、观察法相结合，是一种开放式的、激发儿童思维过程的谈话技术。

二、皮亚杰有关心理发展的基本观点

皮亚杰有关心理发展的基本观点，主要涵盖三个方面：心理发展的原因与本质、心理发展的机制问题以及心理发展的影响因素。

首先看第一个问题。人类的认识或思维从哪里来？这是一个哲学认识论领域长期争论不休的问题，主要有先验论和经验论两大阵营。先验论者强调认识来源于遗传结构，认为个体思维水平的差异源于遗传素质的不同；经验论中最为著名的就是洛克的"白板说"，它将人出生时的状态比喻成一块白板，认为后天的环境与教育是造成个体差异的原因。皮亚杰超越两大阵营的思维模式，在《发生认识论原理》一书中提出了著名的相互作用论的观点，即"认识既不能看作是在主体内部结构中预先决定了的，因为它们需要有效地和不断地建构；也不能看作是在客体的预先存在着的特性中预先决定了的，因为客体只是通过这些内部结构的中介作用才被认识的"。也就是说，认识既不是先验的，也不是外源的，它是通过主客体的相互作用建构起来的。在主客体相互作用中，要依赖于中介物来实现这种建构，最初的中介物是动作，动作是认识的源泉，然后是感知觉、表象、概念化思维等形式。皮亚杰从生物学的角度来解释心理发展的本质，提出思维或智慧的本质是适应，低级的智慧适应是把动作加以组织，高级的智慧适应则是把经验内容加以组织，人类行为与思维的目的都是为了更好地适应外部环境，适应使得主体与环境取得平衡。

人类是如何适应外部环境的？这就涉及第二个问题，即心理发展的机制问题，皮亚杰采用4个术语来解释这一机制，那就是图式、同化、顺应和平衡。图式是指动作的结构或组织，这些动作在相同或类似的环境中由于不断重复而得到迁移或概括。图式是个体适应外界环境的动作模式，最初的图式来自于无条件反射，如吮吸动作、抓握反射等，以此为基础，儿童学会越来越复杂的应对外部世界的动作模式。同化和顺应是主体与外界相互作用过程中，主体认知结构改变的方式。同化是指主体将环境刺激信息纳入并整合到已有图式中，以加强和丰富原有的认知结构；顺应指主体已建立的认知结构不能同化外界新的刺激，要按照新刺激的要求改变原有认知结构或创造新的认知结构，以适应环境刺激的需要。同化是一种量变过程，它只是丰富了原有认知结构的内容，而顺应必然要引起认知结构的质变，改造旧有结构或者产生一种新的认知结构来适应新的刺激。对于主体的学习或适应而言，同化与顺应是密切关联、相互渗透的两个方面，只有同化就无从提高和发展，只有顺应又永远处于变动不居的状态，必须二者取得平衡才能获得心理发展。所谓平衡指通过同化与顺应两种机能，主体实现与外界环境的平衡。在皮亚杰看来，心理发展的实质就是旧的平衡状态被打破、新的平衡状态逐渐形成的过程，这样个体的适应水平不断从低级向高级推进和发展。平衡既是一种状态，也是一种过程。

第三个问题，心理发展受哪些因素的影响？皮亚杰将影响因素归结为4个方面：（1）成熟，主要指生理因素的成熟，如大脑与神经系统的发育完善，身体机能的日趋成熟等。在皮亚杰看来，成熟是心理发展的生理基础，但并不能把成熟看作发展的决定性因素；（2）经验，包括三类不同的经验，即由简单练习产生的经验、物理经验和逻辑数理经验；（3）社会环境，主要指语言教育和社会文化的影响；（4）平衡，它既是一种心理结构，也是发展中的影响因素。主体认知结构与外在环境相互作用时，不断从平衡—不平衡—平衡……从而达到越来越好、越来越高水平的平衡状态。皮亚杰认为平衡是所有影响心理发展的因素中最为关键的因素，没有平衡就谈不上发展的连续性和方向性，平衡甚至协调着其他三种发展因素。

三、认知发展阶段理论

皮亚杰认为逻辑思维是智慧的最高表现，因而从逻辑学中引进"运算"（operation）的概念作为划分思维发展阶段的依据。所谓运算并不是形式逻辑中的逻辑演算，而是指心理运算，指心理上进行的、内化了的动作，即在头脑中进行的智力操作。

四、皮亚杰认知发展理论的教育价值

皮亚杰的认知发展理论堪称20世纪最经典、最具影响力的发展心理学理论。弗拉维尔（Flavell）曾高度评价皮亚杰的工作，"皮亚杰实际上创立了认知发展这个领域，引进了它最重要的一些概念，确定了它所研究的绝大部分领域的研究方向，并且给予我们一些使这个领域别具特色的最有用的结论"。概括地说，皮亚杰认知发展理论的教育价值主要体现在以下三方面。

第一，皮亚杰的认知发展阶段理论细致地揭示了儿童思维发展的质变过程，使人类在理解儿童的认知发展上前进了一大步。早在18世纪的自然主义教育运动中，卢梭等人就发出"儿童不同于成人"的宣言，但直到皮亚杰，儿童的认知如何不同于成人才被真正地揭示出来，如处于前运算阶段的儿童，其思维具有泛灵论、不可逆性、不守恒性和自我中心性等特点，使儿童的认知在本质上有别于成人，儿童是小成人的思想由此被根本颠覆。同时，皮亚杰的认知发展阶段理论也揭示了人类思维发展的规律，从动作性思维到表象性思维，从具体形象思维到抽象逻辑思维，儿童的认知依循这一顺序从低级逐渐向高级发展，这为不同阶段的儿童教育提供了有力的理论指导。

第二，皮亚杰心理发展理论中蕴涵的结构主义和建构主义的思想，既丰富了心理学的方法论，又为当代教育教学改革提供了启示。皮亚杰强调儿童具有一定的认知结构，认知结构是认知过程中发生的动作和概念的组织结构的基本单元，就是图式；同时，通过主客体相互作用和双向建构的过程不断从简单向复杂发展。所谓双向建构，一是向内协调主体动作的内化过程，二是向外组织外部世界的外化过程。在双向建构过程中，个体的主动性、已有经验和外部环境极为重要。皮亚杰的认知理论既有结构主义的观点，又有建构主义的思想，对当代教育教学改革产生深远影响。其理论启示的核心意义在于告知教育者：儿童的思维方

式与成人有很大差别，真正的学习是儿童主动的、自发的学习；对于不同发展阶段的学生，应采用不同的教学方法；要重视学生的社会交往，通过与同伴的合作、讨论，儿童可以摆脱自我中心的视野。皮亚杰的这些观点成为当代建构主义教育理念的思想源泉。

第三，皮亚杰对处于不同认知发展阶段的儿童的教育提出了颇具建设性的建议。比如，前运算阶段的孩子正处于学前教育阶段，根据皮亚杰的理论，父母或教师的指示要简短一些，用直观动作配合语言来加以说明，同时鉴于此阶段儿童具有自我中心思维，所以不要期望孩子总能考虑到他人的观点。具体运算阶段的儿童具有了可逆性和守恒性，但他们的思维还需要借助实际经验或具体形象来支持，因此教师要用熟悉的例证来解释复杂、抽象的概念，教学要结合学生的实际生活经验，同时给学生提供一些需要逻辑分析、系统思考的问题，为下一阶段抽象逻辑思维的发展奠定基础。

第五节　背　景　观

背景观主要介绍前苏联心理学家维果茨基和我国心理学家朱智贤的发展理论，他们都强调文化、历史、社会等大的环境背景对儿童心理发展的影响作用。

一、维果茨基的心理发展理论

在发展心理学史上，维果茨基的学说独树一帜，他以辩证唯物主义为指导，对心理学的诸多领域进行了卓有成效的理论与实证研究。他的学说不仅被前苏联，而且被西方心理学界推崇。维果茨基从社会文化发展论和内化论出发，提出心理是在与周围人的交往过程中产生和发展起来的，受人类社会文化经验的制约。以此为基础维果茨基提出著名的文化-历史发展理论。

（一）文化-历史发展理论

1930~1931年，维果茨基撰写《高级心理机能的发展》一书，在书中他首次提出了"文化-历史发展理论"，这是其心理发展观的核心内容。文化-历史发展理论的基本要义是：人类存在两种心理机能，一种是作为动物进化结果的低级心理机能，它受个体的生物成熟所制约；另一种是作为历史发展结果的高级心理机能，它受社会文化-历史制约。正是因为具有高级心理机能，使得人类心理本质上有别于动物。

工具理论是维果茨基文化-历史发展理论的一个重要基石。维果茨基受培根的名言"既不能单靠手，也不能单靠脑，手脑只有靠它们使用的工具才更完全"启示，提出人类拥有两种工具：一是诸如石刀、石斧乃至现代机器的物质工具；

二是诸如语言、符号等心理工具。就其本质而言，心理工具是社会性质的，它改变了心理功能的整个流程和结构，正如机械工具改变了自然适应的过程一样。也就是说，人类社会所特有的语言和符号使人的心理机能发生了质的变化，上升到一个高级阶段，使得心理的发展不再受生物规律而是受社会规律所制约。心理的实质就是社会文化-历史通过语言、符号的中介作用而不断内化的结果，人类历史进程中不断演变的社会文化，是个体心理发展的源泉与决定因素。

维果茨基的文化-历史发展理论力图证明，个体心理发展的源泉和决定因素是人类历史进程中不断发展的社会文化，这对消除把心理过程理解为精神内部固有属性的唯心主义观点，以及克服无视动物行为与人的心理活动的本质差异的自然主义倾向具有积极作用。

（二）心理发展的实质

维果茨基从种系和个体发展的角度分析了心理发展的实质，认为心理发展是指一个人的心理从出生到成年，在环境与教育影响下，从低级心理机能逐渐向高级心理机能转化的过程。

低级心理机能是消极适应自然的心理形式，如感受性、知觉、机械记忆、无意注意、冲动性意志等。这些低级心理机能具有许多共同的特征：就其产生原因而言，它们是被动的、由外在刺激引起的；就其反映水平而言，它们是感性的、具体的、形象的；就其实现过程的结构而言，它们是直接的、非中介的；就其起源而言，它们是种系发展的产物，受生物学的规律所支配；就其神经机制而言，它们伴随生物自身结构尤其是神经系统的发展而发展。

高级心理机能是积极反映社会文化经验的心理形式，包括观察、有意注意、逻辑记忆、抽象思维、高级情感、预见性意志等。从低级心理机能转化为高级心理机能发生了一些根本性的变化，主要表现在五个方面：其一，高级心理机能具有随意性和主动性，是由主体按照预定的目的而自觉引起的；其二，高级心理机能具有概括性和抽象性；其三，高级心理机能具有间接性，它们以符号或语言为中介；其四，高级心理机能是社会历史发展的产物，受社会规律所制约；其五，高级心理机能是在人际互动过程中产生并不断发展起来的。

为什么低级心理机能能够发展为高级心理机能？其内在机制是怎样的？关于心理发展的动因，维果茨基强调三点：一是高级心理机能的发展起源于社会文化-历史的发展，受社会规律所制约；二是儿童在与成人交往过程中通过掌握高级的心理机能的工具语言、符号系统，使其在低级心理机能的基础上形成了各种新质的心理机能；三是高级心理机能是外部活动不断内化的结果。也就是说，人的思维、情感、态度等高级心理机能，是个体在各种活动和社会性互动中获得的，语言、符号系统在这一过程中起着重要作用。从维果茨基对心理发展实质的阐释中不难看出，他对心理发展实质的理解是与其文化-历史发展理论密切联系在一起的。

（三）教学与发展的关系

维果茨基对个体心理发展问题的深入探索，引导他最终进入了对学校教学与儿童发展关系问题的研究领域。

维果茨基提出，教学必须考虑学生的特点，教学与发展的关系"并不是在学龄期才初次相遇的，而实际上从儿童出生的第一天便互相联系着"。儿童向成人学习说话、提问和回答问题时，就从成人那里获得一系列知识。他还认为，教学应着眼于儿童的明天，由此他创立了著名的"最近发展区"的概念。最近发展区是指儿童的实际发展水平与潜在发展水平之间的差距。前者由儿童独立解决问题的能力而定，后者则是指在成人的指导下或是与能力较强的同伴合作时，儿童表现出来的解决问题的能力。这一概念对于教育实践的重要指导意义在于，教学不仅要看到学生的今天，更重要的是要看到学生的明天；不仅要看到其在发展过程中已经达到的程度，更应该注意他们正在形成的过程。"只有走在发展前面的教学才是好的。它能激发和引起处于最近发展区中成熟阶段的一系列功能"，因为"今天儿童靠成年人帮助完成的事情，明天他便能自己独立地完成"。

在教学与发展究竟是什么关系的问题上，维果茨基明确提出，二者既相互区别，又相互联系。具体表现为三个方面：一是教学主导着儿童的发展，决定着儿童发展的方向、内容、水平以及发展的速度；二是教学"创造"最近发展区，维果茨基认为，"教学的本质特征是教学造成了最近发展区，就是说，教学引起、唤醒、激发了一系列内部发展过程"；三是发展过程并不是与教学过程同步的，发展跟在建立最近发展区的教学过程的后面。维果茨基还进一步指出，教学与发展是两种不同的过程，发展有自我运动的内部规律，而教学在儿童心理发展中则是必要的和普遍的因素，教学应该以儿童的"最近发展区"为目标，儿童发展的可能性与潜力是设计教学的基础。为了发挥教学的最大作用，维果茨基强调了"教学最佳期"的概念，认为任何教学都存在最佳的，也就是最有利的时期，这是基本原理之一。对这个时期任何向上或向下的偏离，即过早或过迟实施教学的时期，从发展的观点看都是有害的，对儿童的智力发展产生不良影响。所以，教学必须首先建立在正在开始形成的心理机能的基础上，走在心理机能形成的前面。

（四）维果茨基心理发展理论的教育价值

与以往的心理发展理论相比，维果茨基采用文化-历史发展理论的全新视角，辩证地分析了心理发展的实质、心理发展的动因以及教学与发展之间的关系，提出儿童的发展内在地与教学、学习联系在一起，它们之间的关系被清晰地构建为一个三位一体的过程，并融合进一个积极互动、合作的空间最近发展区。最近发展区是维果茨基文化-历史理论的核心概念之一，它阐明了个体心理发展的社会起源，彰显了教学与教师的主导作用，提出教学应走在发展前面，而同伴影响与合作学习对儿童心理发展也具有重要意义。最近发展区的思想也为当前的智力动态评估提供了理论源泉。

最近发展区理论直接影响了当代的教学理念与教学模式。目前盛行于世界各国教育实践中的支架式教学、互惠式教学、合作教学、情境教学等教学模式，以及认知学徒制、合法的边缘性参与、学习共同体等教学理念，都可以直接溯源到最近发展区理论，这一理论对现代知识观、学习观、教学观和课程观的变革产生了深刻影响。可以这样说，维果茨基对现代心理学的影响是全方位的，他自成体系的心理学理论与别具一格的方法论深刻启发了现代心理学的理论反省，对心理学众多分支学科的发展都产生了积极而深远的影响。

二、朱智贤的心理发展理论

朱智贤（1908～1991），字伯愚，江苏赣榆县人。中国现当代著名的心理学家、教育家，新中国儿童发展心理学的推进者和奠基人。

朱智贤潜心研究儿童发展心理学，强调心理学的研究必须坚持三个方向：一是坚持辩证唯物主义方向，二是坚持理论联系实际的方向，三是要坚持"洋为中用""古为今用"的方向。在一生的不同时期他出版和发表了许多学术论著，据统计有200多种，其中儿童发展心理学的著作包括《儿童心理学》（1962）、《思维发展心理学》（1986）、《儿童心理学史》（1988）、《心理学大词典》（1990）、《朱智贤心理学文选》（1989）等。朱智贤的心理发展理论主要包括两个方面：一是有关心理发展基本问题的思想，二是有关发展心理学的研究方法论与具体研究方法的思想。

（一）心理发展的基本理论问题

1. 先天与后天的关系

心理学家关于心理发展的"先天与后天"之争由来已久，不同时期争论的焦点各不相同，先是讨论遗传和环境究竟是谁在心理发展中起决定作用，然后关注遗传和环境在心理发展中各起多大作用，目前的研究主题是遗传和环境在心理发展中如何相互作用。对这一问题，朱智贤早在20世纪50年代就提出了自己的见解，他的基本观点是：先天来自后天，而后天决定先天，二者相互关联、密不可分。一方面，先天的遗传因素和生理成熟是心理发展的生物基础，它们为发展提出了可能性；另一方面，环境和教育是心理发展的后天影响因素，它们将发展的可能性转化为现实性，决定着心理发展的方向和内容。

2. 内因与外因的关系

环境和教育这些后天因素如何对心理发展产生影响？对这个问题主要存在着机械论和机体论之争，前者认为人像机器一样，机械地对环境作出反应，如行为主义；后者则主张人像生物有机体一样，通过内部的驱动力来对外界环境作出反应，如皮亚杰、弗洛伊德等。朱智贤对这个问题有自己独到的看法，他提出了一个"内部矛盾说"，其基本要义是：儿童主体与客体相互作用过程中，社会和教育向儿童提出要求，所引起的新需要和儿童已有的心理水平之间的矛盾，是儿童心理发展的内部矛盾或内因，也是其心理发展的动力。朱智贤的这个观点可以说是既讲内因和外因的相互作用，又体现了发展的因素，并且揭示了相互作用的内容和方式，使国内心理学界在内外因关系问题的认识上前进了一大步。

3. 教育与发展的关系

关于教育和发展的关系问题，朱智贤认为，心理发展主要由适合于主体心理内因的那些教育条件决定，它要经历一系列从量变到质变的过程。

教育如何发挥其主导作用？朱智贤提出，只有那些高于主体原有水平，经过主体努力后又能达到的要求，才是最适合发展的要求。这一观点与维果茨基的"最近发展区"概念不谋而合，但它在揭示心理发展潜力的同时，更进一步指出了教育应该如何去发掘这种潜力。

4. 年龄特征与个别特征的关系

正如前面所论述的，心理发展是一个不断从量变到质变的螺旋上升过程。那么，在发展过程中如何体现这种量变和质变的形态？朱智贤指出，儿童心理发展的年龄特征就是在一定的社会和教育条件下，儿童各个年龄阶段形成的一般的、典型的和本质的特征，不同阶段的儿童在心理发展水平上具有质的差异。尽管每一个正常儿童的发展总是要经历一些共同的基本阶段，但发展的个体差异仍然非常明显，每个人在发展速度、能力优势、发展高度上往往千差万别，这就是个别特征的表现。我们要客观和辩证地看待发展中的年龄特征和个别特征，在承认发展的阶段性、典型性的同时，看到发展的个别性和多样性，二者既不能混为一谈，也不能彼此取代。

(二) 发展心理学的研究方法论思想

对于发展心理学的研究方法论，朱智贤主要提出两个重要思想：一是强调用系统的观点研究心理的发展，二是强调发展心理学的研究要中国化。

（1）要系统、整体、全面地研究儿童心理的发展。他反对单纯以生理特征或者思维发展水平作为划分年龄特征的依据，提出划分儿童心理发展阶段时要考虑两点：一是心理发展的内部矛盾，二是把握好发展的整体性与发展重点的关系。对后一个问题，他做了详细的阐述，提出整体的范围包括主体的认识过程、人格品质以及心理发展的社会教育条件。朱智贤的这一观点被我国心理学家广为赞同和引用。

20世纪70年代，朱智贤发表《心理学的方法论问题》，主张心理学家要重视"普遍联系"和"不断发展"的观点，要将系统科学中的"老三论"（系统论、控制论、信息论）和"新三论"（耗散结构论、协同论、突变论）引入到心理学研究中来，反复强调整体研究的重要性。他的系统与整体研究的具体内涵是：将心理作为一个开放的组织系统来研究；系统地分析各种心理发展的研究类型；系统地处理研究结果。

（2）发展心理学的研究要中国化的思想。早在20世纪70年代末朱智贤就明确提出，发展心理学的研究要走中国化的道路，因为中国儿童和青少年在教育实践中表现出的特点，既与国外儿童和青少年有共通之处，又存在自己的特殊性，而后者更为重要，中国心理学工作者只有揭示出中国儿童和青少年心理发展的特殊规律，才能在世界心理学界具有发言权。为此，朱智贤在他80高龄时克服重重困难，于1988年主编《中国儿童青少年心理发展与教育》，此书被誉为"心理学研究中国化"的经典力作。

（三）朱智贤心理发展理论的教育价值

朱智贤从学生时代开始就对儿童教育和儿童心理研究产生浓厚的兴趣，并终其一生在这一领域中不断探索，为中国儿童发展心理学的理论研究和学科建设作出了卓越贡献。2008年3月北京师范大学召开"朱智贤教授诞辰100周年纪念大会"，总结了他对中国发展心理学所作出的三大贡献：一是系统探索了儿童心理发展的四大基本理论问题，奠定了中国儿童发展心理学的理论基石；二是他的《儿童心理学》确立了中国儿童发展心理学的学科体系；三是为中国儿童发展心理学的学科建设、人才培养等方面作出了重要贡献。

就朱智贤的心理发展理论而言，他根据多年的理论研究和教育实践经验，对心理发展的4个基本理论问题以及发展心理学的研究方法论问题提出了自己独到的见解，这些思想既体现了辩证唯物主义的指导原则，又结合中国的文化特色，为中国儿童发展心理学的理论体系和学科建设奠定了坚实基础。比如，对于"先天与后天"的关系，朱智贤将其辩证地看作心理发展的可能性与现实性的问题。对于"内因与外因"的关系，他创新性地提出了一个"内部矛盾说"，将两者的关系具体化。而朱智贤对于教育与发展关系的看法，与维果茨基的"最近发展区"的观点不谋而合。对于"年龄特征和个别特征"的关系，朱智贤既强调儿童各个年龄特征的共同的本质特征，也强调同一年龄特征中儿童发展的多样性。在研究方法论方面，朱智贤以开阔的学科视野和一个中国学者的高度责任感，强调发展心理学一方面要引入系统科学中的"老三论"和"新三论"，加强整体性研究；另一方面心理研究要走中国化道路，采用适合中国被试的方法来研究真正属于中国的问题。这些思想可谓高屋建瓴，为中国儿童发展心理学的研究指明了方向。

第六章 发展心理学的研究方法

要研究发展心理学，掌握发展心理学的研究方法就显得十分重要。本章首先介绍了发展心理学研究的基本程序、基本方法和设计；其次较详细地阐述了发展心理学常见的研究方法与技术；最后强调了发展心理学研究的特殊性，应力图避免"错误否定型"错误"错误肯定型"两类错误，重视发展心理学研究中的伦理道德问题。

普莱尔（Thierry Preyer，1841~1897）是德国生理学家和实验心理学家。他对自己的孩子从出生起直到3岁每天进行系统的观察，有时也进行实验。他把这些记录整理出来，写成了一部有名的著作《儿童心理》。这部书的出版，为科学儿童心理学奠定了最初的基石。在这里应当指出，对儿童心理发展的观察研究工作，并不是从普莱尔开始才有的，提德曼（Dietrich Tiedemann）和达尔文（Charles Robert Darwen）等都曾采用观察法研究过儿童的心理发展特征。自然观察法是在自然情境中有计划、有目的地搜集人们的行为与言语资料，以考察心理和行为发展特点和规律的一种方法。

当然，发展心理学的研究不只是观察记录这么简单，需要根据研究目的选择合适的方法和设计，并按照科学的研究程序进行，才能准确地描述、预测、解释和控制发展心理学的现象。随着科技的不断进步，新的研究方法也应运而生，如微电极记录法、脑电图、功能磁共振等，这为发展心理学的研究拓宽了道路。发展心理学的研究范围广、跨度大，如何把握儿童心理发展的这些特殊性，如何科学、准确、符合伦理地进行科学研究，这是本章将要解答的问题。

第一节 发展心理学研究的设计

沙因（Warner Schaie）是美国当今最有影响的心理学家之一，他用50多年时间研究整个成年人智力能力的变化过程及其变化原因。他领导的"西雅图纵向研究"就是这一领域研究成果最集中的体现。"西雅图纵向研究"完成了6轮测试（分别在1956年、1963年、1970年、1977年、1984年和1991年），每轮测试历经7年。在这大约35年期间，沙因及其研究小组成员对5000多个年龄介于25~88岁之间的成年被试进行认知能力的追踪调查和评估。该研究获得了大量有意义的数据，解决了一系列社会问题。"西雅图纵向研究"为心理学发展和美国社会发展作出了重要贡献。

沙因的这项研究是纵向研究（longitudinal study）的典型范例，即在比较长的时间内对同一组被试进行追踪研究，以考察随着年龄的增长其心理发展的进程和水平的变化。除了纵向研究设计，发展心理学研究的设计还有横断研究、聚合交叉研究等。如何开展一项发展心理学研究，如何选择合适的研究设计，通过下面的学习，这些问题将会迎刃而解。

一、发展心理学研究的基本程序

发展心理学研究可采用不同的方法，但研究程序大致是相同的。一般而言，发展心理学研究包括以下程序：选择课题与提出假设、确定研究方法与研究设计、实施研究与收集数据、数据的整理与统计分析、检验假设与作出结论。

（一）选择课题与提出假设

进行发展心理学研究，首先要选择课题。选择课题的基本要求是，要有一个有待解决的问题，并且尽可能是具体明确的问题，同时要有科学研究价值。发展心理学研究的选题可来自两个方面：一是儿童教育或发展中遇到的实际问题，二是通过查阅相关文献而发现的问题。一般而言，确定选题以后，还要查阅有关文献，对所选课题的研究现状、研究价值以及研究的可行性进行分析，然后提出具体的研究假设。在此基础上再来确定具体的研究目的和被试的选择。确定有价值的课题并提出切实可行的假设是进行发展心理学研究的关键。例如，在幼儿教育实践中发现，与人交往的游戏对幼儿的情绪表达与控制能力有影响。由此可以提出这样一个课题——"游戏对幼儿情绪发展影响的实验研究"，研究假设是"交往游戏能促进幼儿情绪表达与控制能力的发展"。

（二）确定研究方法与研究设计

在发展心理学研究中，有很多具体的方法，如观察法、测验法、问卷法、访谈法、现场实验法、实验室实验法等。而每一种方法又可采用不同的研究设计，如观察法可分为系统观察和非系统观察，实验法可分为真实验和准实验等。每一种研究方法、研究设计都有各自的优点和缺点，有其特定的适用条件，因此，研究方法与研究设计的确定，应当考虑研究的目的、被试的具体情况（如年龄、言语能力等）和各种主客观条件。例如，要研究3岁儿童的归纳推理能力，若采用言语式的测验法就不适合，因为3岁儿童的语言理解和表达能力有限，因而采用实际操作的现场实验法更为理想。在确定研究方法与研究设计后，还应该选择合适的研究工具与材料，同时确定研究变量与观测指标，然后制定具体的操作程序。

（三）实施研究与收集数据

实施研究与收集数据是研究过程中相对简单的阶段，它们都属于程序性的工作。在这个过程中，要注意两个方面：第一，研究者要严格按照研究方法中制定的程序进行操作，否则收集的数据不可靠；第二，研究者要尽量避免"主试期望效应"与"被试期望效应"。简单地讲，"主试期望效应"就是主试（研究者）为了得到预期的结果而在研究过程中暗示被试或在收集数据时只收集有利数据，最终导致数据偏差或不可靠。这一过程既可能是主试有意的，也可能是无意的。"被试期望效应"是指被试推测主试的研究意图而有意迎合主试，最终导致收集的数据不可靠。

（四）数据的整理与统计分析

收集到的原始数据必须进行整理、分析才能说明问题。而对数据的分析最常采用的方法就是统计分析。发展心理学研究中常用到两类基本统计方法：（1）用来描述和概括研究结果的描述性统计，如频次分析、平均数等；（2）用来推断研究结果的意义并从中引出结论的推理性统计，如 T 检验、方差分析、回归分析、结构方程模型等。

（五）解释结果与作出结论

完成数据的整理与统计分析后，我们就可以得到研究的结果；然后，将研究结果与已知的事实或理论联系起来，加以解释，并说明研究结果对研究假设的检验情况。

例如，在"游戏对幼儿情绪发展影响的实验研究"中得出：在情绪表达与控制方面，参加了 2 周游戏活动的儿童（实验组）明显地优于没有参加游戏活动的儿童（控制组），这表明研究假设得到了证实。假设的进一步发展就可能形成理论或定律。若假设没有得到证实，那么就要回过头来对研究程序的各阶段进行分析，看哪个阶段或哪几个阶段出了问题。若各阶段都没有发现问题，那么就要对研究假设进行修正。

进行一个发展心理学研究需经历上述 5 个阶段，但个体心理发展研究本身是没有终结的，一个问题解决了，在此基础上又会产生一个新问题，继而又开始一个新的研究过程。可以把这 5 个阶段看作是螺旋式的循环过程，每循环一次，对个体心理发展的认识就更进了一步。

二、发展心理学研究的基本方法

发展心理学研究的基本方法有观察法、调查法、测验法、实验法、行动研究法等。这些方法各有其优缺点，具体研究时，采用哪种方法应考虑研究目的与被试的特点。

（一）观察法

观察法（observational method）是研究者通过感官或借助于一定的科学仪器，对自然情境或实验情境中个体的行为进行有目的、有计划地系统观察和记录，然后对所做记录进行分析，发现心理活动和发展的特点与规律的方法。观察法是较为经典的一种心理学研究方法，深入细致的观察往往能收集到系统而重要的资料。因此，观察法既是获取客观世界最初的原始信息和感知材料的基本方法，也是发现一些重大科学现象的重要方法。现代心理学研究中观察法可分为自然观察法和实验室观察法。

自然观察法（naturalistic observation method）是研究者在自然情境下对个体的言谈、举止行动和表情等进行有目的、有计划的观察，以了解其心理活动的方法。自然观察法在发展心理学研究中应用非常广泛。例如，幼儿的言语能力有限，但心理活动带有明显的外显性，因此通过观察他们的外部行为和言语，可以了解幼儿心理过程、心理状态和心理特征。许多儿童心理研究都是采用自然观察法，如达尔文（Darwin，1877）的《一个婴儿的传略》、陈鹤琴（1925）的《儿童心理之研究》等。这里的自然观察法有别于生活中的日常观察。日常观察是非系统的观察，而自然观察法主要是指系统的观察。在系统观察时首先要建立起一个所需记录的某种行为的分类系统和等级量表，并定出记录的方法。例如，要观察记录"侵犯行为（攻击行为）"，首先应对"侵犯行为"进行界定，并将其划分为"行为侵犯"与"言语侵犯"；然后再对其进行等级分类，如将"行为侵犯"分为"推小朋友""追小朋友""打小朋友"等。因此，进行观察研究通常要进行观察设计。观察设计一般包括三个步骤：首先是确定观察内容。例如，要研究游戏对幼儿遵守规则的影响，就需要考虑在什么样的幼儿园、幼儿的年龄及其家庭背景等，要观察哪些行为和现象。其次是选择观察策略。采用的观察策略有参与观察策略、非参与观察策略、取样观察策略以及行为核查表策略等。随着科技的发展，现在可以应用单向玻璃、摄像技术等先进的观察手段。最后是制定观察记录表。目前，在制定观察记录表时，通常采用观察代码系统，它们是为观察、记录和随后分析处理的方便而制定的一些符号代码系统。对儿童进行观察时应注意几个方面：（1）儿童心理活动不稳定，行为表现常带有偶然性，因此要进行多次反复的观察，避免在儿童行为评定中的主观性；（2）尽量让儿童处在自然状态，不要使他们意识到自己已成为观察对象；（3）记录要准确、详细，研究者不仅要记录儿童行为本身，而且要记录行为的前因后果和环境条件。

实验室观察法（experimental observation method）是通过人为改变和控制一定

的条件，有目的地引起个体的某些心理行为反应，进而在最有利的条件下进行观察的方法。具体而言，首先将被试集中在一种特定的实验室中让他们自由活动，或规定一些任务让他们去完成，然后对一些特定行为进行仔细系统的观察。研究者可以借助一些设备仪器，通过单向玻璃、摄像机和电视监视器进行隐蔽观察。实验室观察法对于研究一些特殊环境下人的行为特点颇为有用。例如，研究宇航人员和潜水艇人员的心理与行为，即可通过特殊实验室中的系统观察来研究他们的行为表现。在现代发展心理学研究中，实验室观察法的使用越来越广泛。例如，有研究者就采用此方法对幼儿的社会行为进行了研究。对在一间特定设计的房间里"自由玩耍"的 3 岁儿童进行录像，每个孩子记录 100 分钟。研究者观看录像带，并每 15 秒对每个孩子的行为进行系统的编码记录：（1）不做事：儿童什么也没做，或只是简单地看着其他孩子；（2）独自玩：儿童单独玩玩具，而对其他孩子的活动不感兴趣或不受影响；（3）共同玩：儿童与其他孩子在一起，但不做任何参与活动；（4）并行玩：儿童在其他孩子旁边玩相似的玩具，但不与其他孩子一起玩；（5）群体玩：儿童与其他孩子起玩，包括分享玩具或作为群体的部分参加群体的游戏活动。

观察法的主要优点是在自然状态或相对自然状态下，个体的言行反应真实自然，研究者获取的资料比较真实，生态学效度较高；其缺点是观察资料的质量容易受到观察者的能力及其他心理因素的影响。另外，观察只能被动记录个体的言行，不能进行主动选择或控制的研究。因此，观察法得出的结果一般只能说明"是什么"，而难以解释"为什么"。

（二）调查法

调查法（investigation method）是以提问方式对个体心理发展进行有计划的、系统的间接考察，并对所收集的资料进行理论分析或统计分析的一种方法。根据研究的需要，既可以直接对被试进行调查，也可以对熟悉被试的人（如父母、教师、朋友等）进行调查。

调查法可分为书面调查法和口头调查法。书面调查法就是通常所讲的问卷法，它是通过由研究者根据研究目的设计的一系列问题（有关性别、年龄、爱好、态度、行为等）构成调查表收集资料的一种方法。问卷也可分为两种：一种是由被试直接回答的问卷；一种是通过父母、教师、朋友等间接收集被试资料的问卷。口头调查法即访谈法，是研究者根据预先拟好的问题与被试或熟悉被试的人（如父母、教师、朋友等）交谈，以一问一答的方式来收集资料的研究方法。在与被试的谈话过程中应注意：研究者事前要熟悉被试，并与其建立亲密关系，谈话应在愉快、信任的气氛中进行，使被试乐意回答研究者的问题；提出的问题一定要明确，被试易于理解和回答，问题数量不宜太多，以免引起被试疲劳和厌烦；谈话内容应及时记录，也可使用录音或摄像设备，便于以后的资料整理与核实。皮亚杰的临床谈话法就属于访谈法的范畴，是一种很有特色的谈话法。在临床谈话法中，他将儿童摆弄、操作实物（如玩具、积木等）与谈话结合，取得了很好的研究效果。

问卷法的优点是不受时间和地点的限制，能在短时间内获取大量资料，所得资料便于统计、分析；其缺点是问卷的编制比较困难，因为必须考虑问卷的信度和效度；另外，难以排除某些主客观因素（如社会期望效应、回收率等）的干扰。访谈法的优点是能有针对性地收集研究数据，适用于不同文化程度的研究对象，而且具有较问卷法更高的回收率和有效率；其缺点是访谈结果的可靠性受到访谈者自身素质、访谈对象特点等因素的限制。与问卷法相比，访谈法费时费力，且所得资料不易量化。

（三）测验法

测验法（examination method）是通过测验量表来研究儿童心理发展规律的一种方法，即采用标准化的题目，按照规定程序，通过测量的方法来收集数据资料。标准化量表一般具有常模和良好的信度、效度。应用标准化的量表对被试进行测量，将其得分与常模分数进行比较，能在较短时间内了解被试的心理发展水平。测验法既可用于测量被试心理发展的个体差异，也可用于了解不同年龄阶段被试的心理发展水平的差异。

按测验目的，可将测验分为智力测验、特殊能力测验和人格测验等。在国内使用较为广泛的智力测验主要有：（1）韦克斯勒智力量表，包括"韦克斯勒儿童智力量表修订版""韦氏成人智力量表修订版"和"韦克斯勒幼儿智力量表"。（2）张厚粲修订的"瑞文标准推理测验（中国城市修订版）"。（3）卡特尔图形推理测验以及针对幼儿的画人测验等。在国内广泛使用的特殊能力测验主要有：（1）行政能力倾向性测验；（2）婴儿动作发展测验，如中国儿童发展量表（0~3岁）；（3）托兰斯创造思维测验等。在国内使用较为广泛的人格测验有：（1）卡特尔16项人格因素量表；（2）"大五"人格测验；（3）艾森克人格问卷等。另外还有一些心理健康方面的测验，如CL-90。

用标准化的量表来对被试心理进行测量时，应当注意几个方面：（1）根据研究目的和被试的特点选择适宜的量表；（2）应严格按照标准化的指导语和程序进行测验；（3）应严格按照测验手册进行记分、处理和解释结果。另外，针对儿童青少年的测验，还应考虑测验要与教育相结合。心理测验的目的是了解儿童心理发展的水平与特点，但不能影响儿童青少年们心理的健康发展。

观察法、调查法和测验法都属于研究发展心理学的相关法。这几种方法只能发现两个因素（变量）或多个因素之间的相关程度，而不能确定它们之间是否存在因果关系。要想确定因素（变量）之间的因果关系，就必须借助于实验法。

（四）实验法

实验法（experimental method）是指在控制的条件下系统地操纵某些变量，来研究这些变量对其他变量所产生的影响，从而探讨个体心理发展的原因和规律的研究方法。实验法是揭示变量间的因果关系的一种方法，实验结论可以由不同的实验者进行验证。

这里先要理解几个重要概念：被试（subject）、变量（variable）、自变量（independent variable）、因变量（dependent variable）、额外变量（control variable，即控制变量）、实验组（experimental group）以及对照组（comparison group，即控制组）。被试即被研究者的简称，也就是研究对象。与被试相对应是主试（experimenter）——研究者，即做研究的人。如要研究"3~5岁儿童情绪的发展"，那么3~5岁的儿童是被试，我们就是主试，即研究者。所谓变量是指在量上或质上可以有变异的因素或特征，如性别年龄、教学内容、能力等，这些都不是固定不变的，故称为变量。自变量是由主试选择、控制的变量，通常是刺激变量，它决定着行为或心理的变化。因变量即被试的反应变量，它是自变量造成的结果，是观察或测量的行为变量。实验需要在控制的情境下进行，其目的在于排除自变量以外一切可能影响实验结果的额外变量（控制变量）。例如下面一个题目体现了被试、自变量和因变量之间的关系。

游戏（自变量）对儿童（被试）道德认知（因变量）影响的实验研究：在这个实验中，只研究游戏对儿童道德认知的影响，因此就要控制一些额外变量，如儿童的年龄、儿童的家庭背景等这些额外变量会对儿童情绪发展产生影响，但在这个实验中不研究它们，因此要加以控制。可以通过设立实验组和对照组（控制组）来控制这些额外变量，即在实验前使两个组在被试方面（如人数、年龄、家庭背景等）大致相同，控制实验条件大致相同，然后对实验组施加自变量（如为期2个月的特定游戏活动）的影响，对照组则不施加任何影响（如2个月内不进行任何特定游戏活动）。然后（如2周后），考察并比较这两个组的反应是否不同，以确定自变量（如游戏）对因变量（如幼儿的道德认知）的影响。

实验法可分为实验室实验和现场实验。实验室实验（laboratory experiment）是在严密控制实验条件下借助于一定的仪器所进行的实验。例如，对幼儿图形记忆能力的研究可以采用实验室实验法，实验指标为再认率。在研究中，研究者先让4~5岁儿童在电脑上看15分钟的图片，然后电脑依次呈现图片（其中一部分是看过的，一部分是没看过的），每张呈现5秒钟，若幼儿认为看过就按Y键，若认为没看过就按N键（在实验前要让幼儿熟悉按键）。实验结束后，就可以根据电脑记录的数据进行统计分析，从而得出4~5岁儿童图形记忆能力的水平和特点。实验室实验的优点是，研究者对实验情境和实验条件进行严密控制，实验结果客观、准确、可靠（实验的内部效度较高），便于进行定量分析；其缺点是实验情境人为性较强，脱离儿童的实际生活，实验结论难以推广到儿童日常生活中去（实验的生态学效度较低）。另外，研究项目有较大的局限性，如有关儿童的社会性发展（如情绪、道德）等复杂心理现象很难用实验室实验进行研究。

现场实验（field experiment）是在实际生活情境中对实验条件作适当控制所进行的实验。例如，上面谈到的游戏对儿童情绪发展的影响研究就可以采用现场实验法。在实验前，先对实验组和对照组儿童的情绪表达与控制能力进行测评。然后在接下来的两周中，控制组儿童进行正常的幼儿园教育，而对实验组除了进行正常教育外，还要每天进行 1~2 个小时的游戏活动。两周后，再对两组儿童进行情绪表达和控制能力的测评，并比较两组儿童的差异，从而得出游戏对幼儿情绪发展的影响。现场实验的优点是既尽量控制了各种变量，又保持了现场的自然性，实验结论可推广性较强，具有直接的实践意义（实验的生态学效度较高）。目前，在儿童心理发展研究中现场实验使用非常广泛。其缺点是实验控制条件不会太严格，实验结果的可靠性受到影响，其内部效度较低。

以儿童青少年为被试进行实验研究时，应当注意以下几点：（1）实验目的、材料和方法都应该与教育的原则相适应，有助于儿童青少年身心发展。任何研究都不得以损害儿童青少年身心健康发展为代价；（2）儿童实验室（一般称为"儿童活动观察室"）的布置应尽量与儿童的日常生活学习环境保持一致，使儿童在实验条件下表现自然；（3）实验进行中应考虑到儿童的生理状态和情绪背景，尽量使儿童保持良好的生理和情绪状态。

第二节　发展心理学研究中常见的方法与技术

一、有意义的自然反应法

婴幼儿的反应是多种多样的，既有先天遗传的，也有后天习得的；既有无秩序的，也有有规则的；既有自发的，也有应答性的。其中，有些是有意义的，有些是无意义的。从婴儿有意义的反应中，不仅可以看到婴儿对外界物体的辨别与理解，同时也能看到外界事物对婴儿的作用与意义。在婴儿心理研究中，经常选用的婴儿自然反应主要有以下几种。

（一）视觉追踪法

婴儿对物体的注视和追踪是一种可作为婴儿心理测查指标的有意义自然反应。例如，在婴儿面前放置一个屏幕，屏幕左右各开一个窗口，左边窗口放一个好看的球，自下向上运动，直至消失；几秒钟后球在右边窗口出现，并自上向下运动。反复几次之后，研究者发现，即使2~3个月的婴儿在看见球在左边窗口消失后，都会将视线转向右边窗口以期待球的出现。这说明婴儿已具有对物体运动轨迹的知觉能力及运动方向、位置的预测、判断能力。

（二）视崖反应法

视崖是美国儿童心理学家吉布森（Gibson）和沃克（Walk）于20世纪60年代设计的一种率先用于研究婴儿深度知觉的实验装置。其是一个特制的设备，上面是无色透明的钢化玻璃，底下两端在不同位置置放相同的红白格棋盘布，一端紧贴着玻璃置放，看起来没有深度，为"浅滩"，另一端则将同样的图案置于低于玻璃1.33m处，造成一个视觉上的"悬崖"，在两端之间有一个过渡地带，贴上白胶布，称为"中央板"。实验时，首先将婴儿置于中央板，然后分别在两侧诱使婴儿爬行。比如让婴儿的母亲分别在悬崖一边和浅滩一边招呼他过来，如果婴儿不能认识到不同深度，那么不论母亲在哪一边叫他，他都会爬过来。根据吉布森的研究结果，6~7个月已能爬行的婴儿几乎都敢于自由地爬过"浅滩"，而拒绝爬过"悬崖"。这说明这一年龄段的婴儿已具有深度知觉，并对悬崖深度表示害怕、恐惧。在我国，研究者也用同样的装置对婴儿进行了研究，得出了类似的结论。

在近年来的研究中，研究者将视崖装置的测查与生理指标的测量结合起来，使对婴儿深度知觉的测查大为改善，并由此发现婴儿在更小的时候（2个月时）就开始具有深度知觉。实验时他们将2个月的婴儿分别置于深、浅两端，发现当将他们置于不同端时，其心跳频率不一，放在深端时婴儿心跳频率下降，研究者认为这是婴儿出现注意反应的标志，同时也说明2个月的婴儿已能够感知不同深度，具有最初的深度知觉能力。从情绪发生发展的角度看，恐惧感是在此基础上才发展起来。吉布森及其他研究者认为视崖反应不仅说明了婴儿是否具有深度知觉，而且在某种程度上表明了婴儿对物体的特性具有一定的认识。他必然是认识到了紧贴棋盘格的一边是坚硬的，可支持他，他才敢于爬过这边，而另一侧则不是，所以他不敢爬。

近年来，研究者还将视崖装置用来研究婴儿与母亲（或其他成人）的社会交往，特别是婴儿与母亲间的情感交流。当将婴儿置于中央板时，分别让母亲（或其他成人）在两侧作出各种不同的表情，如惊恐、害怕、无所谓或高兴、愉快，看儿童这时的情感反应和动作反应将会怎样。研究发现，这一方式能有效地测查婴儿与母亲间的情感社会性交流，婴儿的情感反应和动作反应与母亲表情的性质相同，即当母亲表现出惊恐、害怕时，会阻止大多数婴儿爬过来，尽管他们想到母亲那边去；而母亲表现出高兴、愉快时，则有更多儿童爬过来（比在一般中性表情情况下多得多）。

（三）回避反应法

回避反应是利用婴儿对于发生在其眼前似乎带有威胁性的物体或情境所产生的一种回避性反应。例如，身子往后躲闪，头向旁避开，伸手阻挡等。在利用这种反应方式时，研究者经常在正对着婴儿的一定距离外呈现一个物体或其视像，然后使它向婴儿移动，当物体或视像由远而近加速向婴儿运动时，物体或视像越来越大，给人以一种逼近的压迫感，这时婴儿就会伸出双手去抵挡物体，或者睁大眼睛、面部紧张，或者头往后仰以回避物体。近年，美国明尼苏达大学的婴儿研究者在实验室里对这种将头后仰的回避反应进行量化测定，他们在婴儿的头部后部放置一个气球，而该气球与敏感的压力传感器相连，当婴儿的头稍往后仰时，传感器就会自动地把压力的细微变化反映并记录下来，这一措施非常有助于对婴儿物体知觉、认知、情感等的定量分析。

（四）抓握反应法

抓握反应可有效测查婴儿知觉，包括物体知觉、运动知觉、时空知觉等以及婴儿对事物理解的自然反应。有人（Karoly Shaffer，1972）对婴儿进行了这样一个实验：在婴儿 3 个月左右时，在其面前放一个小球和一个大球，当婴儿还不会用手拿东西的时候，他就能根据球的大小及其与球之间的距离而用不同的姿势去抓：小球用手掌去抓握；大球用两只手去抱。当婴儿 4~5 个月时，研究者在婴儿坐的椅子前面呈现一个运动的物体（其运动速度为 30cm/s），发现婴儿能把手伸向物体即将运动到的地方，而不是他当时看到的物体所在的位置去抓住物体，这表明婴儿不仅知觉到了物体的存在、物体的运动，同时也知道了物体运动的轨迹与时空的关系，进而指导自己确定抓握的方向与位置。

二、偏爱法

偏爱法主要运用于视觉通道，因而又常被称为"视觉偏爱"。视觉偏爱法是由著名心理学家罗伯特·范茨（Robert Fantz）创立的一种研究婴儿知觉的方法技术。他运用此方法的目的在于考察婴儿能否在视觉上区分两种刺激。在研究时，婴儿平躺在小床上，并注视出现在小床上方的两种刺激。两种刺激呈现时，它们之间具有一定的空间距离，使婴儿的视线无法同时聚焦于两个刺激，只有稍稍偏动头部，某个刺激才能完整地投入视线中。研究者在实验时，可以从特制装置的上方向下观察婴儿眼中的刺激物映像。一旦发现婴儿注视某侧的刺激即按动相应一侧的按钮记录婴儿注视该刺激的时间。该技术的假设在于，如果婴儿能够在某个刺激物上注视更长的时间，说明他对该刺激有所"偏爱"，也就表明他能够区分这两种刺激。

偏爱法通常是在婴儿面前同时呈现两个或多个物体或图形，考察婴儿对这两个或多个物体或图形的不同注视时间（次数、每次长短）以判断婴儿对某些物体的偏好，也可同时分析婴儿的注意、对物体及其形状、颜色的区分，以及对形状、颜色的喜好等。这种方法也可用于研究婴儿视敏度的发展。在一项研究中，把两个不同密度的栅条图形分别投射到一个屏幕的左边和右边，让婴儿观看，两个主试在屏幕后面通过小孔观察婴儿的视线集中于左边还是右边。事先，婴儿并不知道图形将投射到哪一边。研究结果表明，这种方法可靠性极高，能有效地测查婴儿的视觉偏好和视敏度，同时两个观察者之间的一致性相关高达 0.98。

很长一段时间以来，偏爱法主要用在单一感觉通道（主要是视觉通道）上，近年来，研究者突破这一定势发展了新的研究变式，将偏爱法用在听觉、触觉、味觉和嗅觉等通道上，并用此考察婴儿知觉的多通道问题。例如，在婴儿面前，同时、并列地放映两部电影，其中只有一部电影是有配音的。结果表明，4 个月的婴儿明显地偏好带有声音的电影，他们对有声电影给予了更多的朝向和倾听，注意专注程度更高，注视时间更长。

三、习惯化与去习惯化法

给婴儿反复呈现同一刺激，若干次后，婴儿就不会再注意该刺激，或者其注视时间明显变短乃至最后消失。这表明婴儿对该刺激在注意一段时间后已不愿再注意了，这种现象称为习惯化。如果这时再将另一新的刺激呈现给婴儿，则其注视时间又会立即回到最初水平，即又重新引起婴儿的注意，这一过程称为去习惯化。因此，习惯化范式实际上包括两个程序，一是习惯化，二是去习惯化。这是人类反射学习的最简单、最基本的形式。当一个刺激在很短的时间间隔内多次出现时，反射的强度就会下降，甚至反应全部消失，这就是习惯化。它在研究婴儿感知分辨、注意、记忆等发展上极为有效。例如，向婴儿反复地呈现一定结构的图形或一定色调的颜色块，时间久了婴儿就不会再注视它了，即出现习惯化；此时，改换另一图形或颜色块呈现，如果婴儿对新刺激表现出再次注视，则表明他具备了感知分辨能力；如果婴儿对新呈现的刺激并不注视，则表明他并不能分辨前后两种图形或颜色块间的差别，而是将其感知为同一个系统的图形或颜色块，所以不具备知觉分辨能力。研究表明，用这种方法可以有效地研究婴儿的图形知觉、深度知觉及颜色知觉等各方面的感知能力，同时可以研究婴儿的保持、再认等记忆能力。

四、高振幅吮吸法

高振幅吮吸法是一种利用婴儿改变吮吸奶嘴的频率和强度以保持对有趣事物的兴趣的能力，从而对婴儿感、知觉能力水平进行评估的方法。

实验之前，研究者首先记录婴儿吮吸频率的基本值。以这个值为标准，每当婴儿吮吸频率增加，婴儿就会触动奶嘴里的电路，与电路相连的幻灯机或录音机就会启动。研究者常用高振幅吮吸法与习惯化范式结合起来考察婴儿对声音的辨别。具体的方法是，将空奶嘴与压力传感器相连，以便记录婴儿吸吮的强度和频率。当强度、频率达到一定水平时，给婴儿音乐以强化。婴儿为了保持能够听到音乐就不断使劲吸吮奶嘴。但因总是吸不到奶，便可能产生厌烦情绪，吸吮的强度和频率下降，即出现习惯化；此时，再给以新的刺激（另一种声音），如果婴儿能区分这两种声音，那么他就会产生去习惯化行为，又开始用劲吸吮奶嘴。研究者还常使用这种方法考察婴儿对声音、图形及图形清晰度的辨别。例如，只有婴儿保持一定吸吮频率、强度时，才使所呈现的图形清晰或呈现一定的图形、声音，否则图形不清晰或呈现不喜欢的图形、声音。

第三节　发展心理学研究中值得注意的问题

一、发展心理学研究的特殊性

（一）发展心理学是研究心理随年龄增长的发展变化

发展心理学专门研究个体心理如何随年龄增长而发展变化。也就是说，个体心理与行为的发展是随年龄变化而变化的各种因素的函数。在发展心理学的研究中，年龄通常被视为一个特殊的自变量（即独立变量），主要有两方面的原因：（1）年龄是一个不可以进行人为操纵、环境改变的变量，因而只有通过相关方法加以分析；（2）表面上看，个体心理的发展是年龄增长的结果，但实际上年龄只是心理发展的一个伴随变量，它对于心理发展没有任何作用。心理发展的真正原因是生理的成熟以及个体与外界环境因素的交互作用。打个生活中的比方，我们经常讲"年代久了，所以石头风化了"，表面上"石头风化"的原因是"年代久了"，但实际上"年代久了"与"石头风化"没有实际联系，"石头风化"的真正原因是石头与空气中的酸性物质等发生了化学反应。若将石头放在"真空环境"，即使"年代久了"也不会"风化"。因此，在发展心理学研究得出结论时，不能将因变量（如某些心理能力的发展）归结于年龄，而应努力弄清伴随年龄而发生的各种生理成熟与环境因素，找出心理发展的真正原因，这才有利于对儿童的培养与教育。例如，研究发现，年长儿童比年幼儿童更关心其行为对他人的影响。据此，不能简单得出年龄引起儿童态度变化的结论。实际上是随着年龄的增长，儿童理解他人的观点情绪的能力（心理理论能力，theory of mind）迅速提高，这种理解他人感受的能力的变化更可能是其态度变化的真正原因，只不过它与年龄变量混淆在一起了。这一点是发展心理学研究中应该注意的问题。

（二）发展心理学的研究对象跨度范围大

发展心理学研究对象的跨度范围非常大——从新生儿到老年期。由于各年龄阶段被试具有不同的心理特征，因此在研究方法与技术的选择上必须具有针对性（林崇德，2002）。婴儿（包括新生儿）的心理基本特点是无言语，有意义动作有限。在这种状况下，研究者就没有办法采用访谈法、调查法甚至临床法直接对婴儿的心理发展进行研究，因为他们无法理解成人的言语，也不能良好感知和报告自己的内心体验。而上面谈到的有意义的自然反应法、偏爱法、习惯化范式等就能很好地发挥作用，可以考察婴儿的认知和社会性发展。

年幼儿童的心理特点是言语有限、内省能力弱，但具有善于操作等外部表现。因此，研究者要注意幼儿语言与行为表现的特点，在这个阶段皮亚杰的临床访谈法就显得很有效。在语言方面，幼儿有一些特点：（1）在词汇理解方面还不够准确，特别是对于抽象词汇。例如，"狗"这个词可能专指自己家养的那条狗，或是自己玩耍的玩具狗，而不包括其他狗；而对于"助人为乐"或"道德"这样的抽象词汇可能就无法理解，或是错误理解。（2）幼儿掌握句子的能力在不断提高，但对于被动句、双重否定句等复杂句型的理解还比较困难。例如，对于"李老师被小王背着回家，因为他的腿弄伤了"这样的句子，幼儿可能理解错误，误认为是"李老师背小王"。因此，在幼儿发展心理学的研究中，使用的语言要符合幼儿的理解水平，与他们的生活经验一致，同时最好与实物或图片相结合。在行为方面，幼儿的表现常常不稳定，带有偶然性，因此对幼儿行为的观察要多次反复进行，在评定幼儿行为时要防止主观臆断。另外，在幼儿期，具体形象思维开始占主导地位，但他们的表象能力还比较差，因此在研究中，要尽量给幼儿呈现实物、图片等材料。

青少年由于自我意识的发展，在心理上具有明显的敏感性、闭锁性特点，而且还很容易受到社会期望的影响，要让他们在问卷调查或访谈中真实作答、密切配合实验者就十分困难。因此，研究者在选择方法和具体的操作程序上必须考虑这些因素，才能保证结果的真实性和有效性，例如采用一些"投射技术"或是"测谎题"等。同样，由于中老年被试心理防御机制更加成熟，研究者在选择研究方法和技术上也要认真思考。

总之，由于研究对象差异很大，在发展心理学研究时，就要求研究方法复杂多样，必须要适合于不同年龄被试的特点。应尽量考虑不同年龄阶段的特点，努力避免犯两类错误——"错误否定型"错误和"错误肯定型"错误。

（三）发展心理学的研究是一个主客体相互作用的过程

在研究过程中，发展心理学研究是一个主客体相互作用的过程，即主试（研究者）与被试之间相互作用的过程。被试要根据主试的要求或实验情境作出反应，这些反应既可以是语言上的反应，也可以是行为上的反应，而被试的反应又反过来影响主试的行为。这在发展心理学研究中，特别是谈话法、测验法中表现得尤为突出。这种主试与被试相互影响、相互作用的关系，可能造成事先不能预期的额外变量，使研究的问题或性质发生变化，从而影响研究的科学性。例如，在心理学研究中出现的"主试期望效应""被试期望效应""皮格马利翁效应"（罗森塔尔效应）等就体现了这种主试与被试之间相互影响、相互作用的关系，这种关系的存在也给研究结果的预测与解释带来了很大的困难，这些在发展心理学研究中也经常出现。

二、发展心理研究中易犯的两类错误

就发展心理学研究而言，著名心理学家弗拉维尔（Flavell，1928）提出了两类易犯的经典错误："错误否定型"错误和"错误肯定型"错误（Flavel，2002）。下面做简单介绍。

"错误否定型"错误是指儿童已经具备了某种认知能力，但由于测量工具落后而测量不到该能力，研究者据此得出儿童不具备该能力的结论，从而错误否定了儿童已具备的能力。造成这类错误的原因是多方面的：儿童没能理解任务的指导语，没能注意或理解任务的前提，或是在正常完成任务中的某一时刻，忘记了该指导语或任务的前提；任务的信息加工要求超出了儿童的有限的智力资源，这在注意和记忆的研究中表现得尤为突出；儿童的实际能力可能被动机和情绪因素所掩蔽而不能表现，如儿童对该"游戏"不感兴趣，或对陌生的实验者感到害怕等；由于实验情景的社会线索，可能使儿童认为测验者期望某种答案，从而不是将他们的真实想法作为他们的答案；儿童可能知道正确答案，但是不能抑制某种优势地位的、在发展上比较不成熟的反应；可能儿童由于受到语言能力的限制而不能表达正确答案；另外，除了欲测量的目标概念和能力外，任务还包含其他方面的能力。总之，"错误否定型"错误是由于测量工具落后或不灵敏所致的，因此发展出更灵敏的测量工具才是最重要的，当然上面提到的原因也是在研究中应该注意的问题。另外，还可以用一些新研究方法来避免该类错误，如塞格勒（Siegler，1998）提出的微观发生法。

"错误肯定型"错误是儿童尚不具备某种认知能力，但由于种种原因研究者居然"测量"到了该能力，从而据此得出儿童已经具备某种能力的结论。结果，对儿童尚不具备的能力作了错误的肯定。导致这类错误的原因也是多方面的：在某些条件下，儿童可能通过猜测来找到正确答案，而研究者则没有考虑此因素；研究者为了预期的目的，在研究中有意无意地向儿童给予暗示导致出现偏差结果。因此，在研究中，研究者要尽量避免"主试期望效应"，同时在数据统计中排除、分离儿童的猜测数据。

三、发展心理学研究中的伦理道德问题

从事发展心理学研究应该受到伦理道德的约束，必须按照一定的操作标准来保护被试（特别是儿童青少年）的身心免受伤害，任何研究都不能以损害儿童青少年的身心健康发展为代价。因此，研究者越来越重视发展心理学研究中的伦理道德问题。为了帮助研究者处理发展心理学研究中的伦理道德问题，美国儿童发展研究学会和美国心理学会为研究者制定了全面的伦理规范。这些必须遵守的基本规范包括不受伤害、知情同意以及对被试隐私的保护。近年来，发展心理学研究中的伦理道德问题也越来越受到中国心理学研究工作者的重视，并逐渐开始建立自己的伦理道德规范。在发展心理学研究的每一个环节，研究者都应该注意伦理道德问题。

（1）在实验进行之前，研究者必须尊重被试的知情同意权。所谓知情同意是指在实验之前研究者要事先告知被试，他们即将参加的实验的目的、过程、可能的不良后果等一系列与实验有关的事项，同时也要如实回答被试提出的问题，并要与被试正式签订知情同意书。如果被试缺乏自主判断能力，特别是未成人，研究者应取得其监护人的同意。总之，要确保被试自觉、自愿、平等地参与实验。

（2）在实验进行之中，研究者必须要尊重被试的自由退出权。研究者不能以任何手段强迫被试参与研究，应该给予被试退出研究的自由。例如，在实验中，有些青少年因恐惧实验场所、设施，或者对实验逐渐失去兴趣，或者需要及时处理一些突发事件，这些可能的原因使他们希望不再继续担任被试。那么，研究者必须充分尊重被试的意愿，确保他们随时拥有中途退出研究的自由。

（3）在实验结束后，消除有可能的有害后果。研究者要尽量使被试从实验中受益，最大限度地降低实验对被试造成的不良影响。例如，为了研究被试受挫后的心理反应，而在实验中有意让被试不断遭受失败，那么实验结束后，研究者应该说明真实的实验操纵，并采取心理辅导消除其消极影响。特别要公平对待和保护儿童青少年或弱势群体的利益，研究中要尽可能不要包括可能不能受益的被试。

（4）在后期的数据分析和研究成果发表中，研究者必须要保护个人的隐私权。对于所有被试提供的各种个人信息和实验的测量数据，研究者有责任和义务为被试保密，在未经被试或监护人允许的情况下，研究者不能以任何方式、任何理由将个人信息公布或提供给他人。如果需要数据共享时最好将被试的个人信息（包括姓名、性别、年龄等）删除，以达到保护被试个人隐私的目的。

第七章 心理发展的生物学基础

第一节 心理发展的物质基础

一、遗传密码

（一）基因与染色体

1. 生殖细胞

父母结合后，当母亲的卵子和父亲的精子相遇并受精，而形成受精卵后，一个新的生命就形成了，这意味着个体生命就此展开。精子和卵子是人体中的特殊细胞，叫生殖细胞，又叫配子。精子是男性生殖细胞，由男性的性腺睾丸产生，从精原细胞发展成为精子大约需要 74 天，成人每克睾丸组织一天约可产生精子1000 万个。卵子产生于女性的性腺卵巢，女性到了青春期，卵巢在每个规则的月经周期内都有成熟的卵子排出。排卵时间在月经周期的第 13～15 天之间，排出的卵子只能存活 12～14 小时，此时如与精子相遇而受精，即成受精卵并移动到子宫内发育，开始成为一个新生命个体。

2. 基因和染色体

父亲的精子和母亲的卵子结合如何决定了所生孩子的种系普遍性特征，同时又使个体保持了特殊性呢？根据达尔文的进化论和现代遗传学理论，人类的进化像其他物种一样遵循自然选择规律，长期的进化使得人类形成了自己的种系特征，例如直立行走和发达的大脑，以及其他动物所不具有的认知能力和高级语言能力。正是人类的种系特征决定了新的生命个体具有人类的普遍特征。从这个意义上说，个体从生命形成到死亡的整个过程，打下了人类生物学特征的烙印。但是，个体除了具有人类种系普遍性特征外，从父母那里又继承了自己所独有的特征，包括长相和性格，都表现出了特殊性。传递种系普遍性特征和个体特殊性的就是遗传密码。

在人体细胞中含有 23 对染色体，其中有 22 对常染色体，第 23 对是性染色体。人体的生殖细胞是通过减数分裂形成的，所以精子和卵子中各含有 23 条染色体，比正常体细胞少了一半，但当精子和卵子结合形成受精卵后，就又产生了46 条染色体。其中一半来自母亲，另一半来自父亲。在细胞的减数分裂过程中，染色体相互配对，每条染色体进行自我复制，并相互交换一些片段，所以形成的生殖细胞中的23对染色体是经过基因重组后形成的，这也保证来自同一父母的非双生子女出现了遗传上的变异。但由于来自于同一对父母的基因库，所以兄弟姐妹之间也存在较多的相同特征。

3. 性别和多胞胎

在男性细胞的染色体中，第23对是XY，其中Y是较短的那条染色体。男性的生殖细胞在形成中，X和Y染色单体分别进入到不同的精子。女性细胞中第23对性染色体是XX。当受精卵形成时，如果使卵子受精的精子中含有Y染色体，新生儿就发育成男孩；如果是含有X染色体的精子使卵子受精，新生儿就发育成女孩。所以个体的性别取决于使卵子受精的男性精子中含有的是X染色体还是Y染色体。也就是说，父亲决定了孩子的性别。性别决定了个体生理发育的多种特征和心理发展多方面的差异。例如，生理特征方面，女性柔韧性较好，而男性力量较大；心理发展中，女性感情细腻，而男性偏重理性和逻辑。后天社会环境中，性别角色形成了一定的规范，男孩和女孩在成长过程中必须形成符合性别角色规范的品质。

通过以上分析可以看到基因和染色体对个体的影响，这种影响产生的机制就是基因遗传模式。

（二）基因遗传模式

基因遗传模式是指父亲和母亲各自提供给子代的基因之间相互影响的方式。这些模式会影响到子代的特征。例如，孩子的血型是如何受到父母血型影响的，某些疾病是如何受到父母遗传基因影响的。

1. 基因型与表现型

基因型（genotype）是指个体的整个遗传禀赋，表现型（phenotype）是指在特定的环境中具有一定基因型的个体遗传得以实现的程度。基因型规定了个体会发展出哪些基本特征，例如，特定的基因决定了眼睛和头发的颜色，表现型是指个体继承下来的基因型表达为某种性状。基因型为表现型提供可能实现表达的特定范围，对人类的身体特征和行为表现会产生很大的影响。例如，父母的身高通过基因传递影响孩子将来身高所能达到的水平。一个孩子可能从父亲的基因里继承了暴力行为的倾向。但在一定程度上，基因型能否在后天环境中表现出某种性状特征仍是不确定的，因为环境也对基因型表达为表现型的过程产生一定影响。有些基因型受环境影响大一些，而有些基因型受环境影响相对小一些。例如孩子将来可能达到的身高水平，既受基因型的限制，又受后天环境中的营养等因素的影响。而继承了某种暴力倾向的孩子在一个温和环境里长大，接受良好的教育，可能会减弱后天的暴力倾向。很多特征和行为的发展可能是多因素传递的结果，即发展受到基因和环境共同的影响。基因型的影响大小，反映了遗传影响力。

遗传影响力是指在一定时间某群体的某些特征的全部变异中，可以归因于遗传差异的比率。它所反映的是群体而不是个体的某种特征受到遗传影响的大小。例如对群体来说，智力水平受遗传影响的大小，可以采用统计方法计算出遗传系数，以估计遗传力的大小。遗传系数指对一种特征可以归于遗传因素导致的变异量的数字估计，范围在 0~1 之间。例如行为遗传学估算智力受基因影响的大小：来自双生子研究的计算公式是遗传系数 H 等于同卵双生子的智力相关系数减去异卵双生子间智力相关系数的差的 2 倍。结果发现，对智力遗传力的评估是 0.52，表明这种影响约在中等水平。

2. 显性遗传与隐性遗传

孩子的遗传信息全部来自于父母，但为什么某些特征与父亲相似，而另一些特征却与母亲相似呢？早在染色体和基因概念提出前，"现代遗传学之父"孟德尔就发现了遗传的基本规律。他基于豌豆杂交实验提出，子代继承了亲代的遗传因子，但当相互竞争的因子同时存在时，在子代身上表现出来的特征，叫显性特征；而没有得到表达却仍然存在于子代体内的特征，叫隐性特征。

大多发展性状遵循显性和隐性遗传模式。例如头发颜色、视力和血型等身体特征都会遵循显性和隐性遗传规律。正常视力就是显性特征，而近视就是隐性特征。当形成受精卵的精子和卵子都带有正常视力等位基因时，孩子就会表现出正常视力。如果精子和卵子一个携带有正常视力等位基因，另一个携带有近视基因，那么孩子也表现出正常视力。但是一旦精子和卵子同时携带有近视隐性基因，那么两个视力正常的父母也可能生出近视的孩子。

3. 共显性和多基因传递

有些基因的影响不一定遵循前面提到的显性和隐性遗传模式，而表征为共显性和多基因传递。所谓共显性遗传，就是在杂合子中，一对等位基因的作用都得以表现的现象。例如，遗传了一个 A 血型的等位基因和一个 B 血型的等位基因的杂合子，其血型就可能是 AB 型。这就说明这一对等位基因都得到了表达。如果杂合子中两个等位基因一个的作用强于另外一个，就出现不完全显性的现象。例如镰状细胞特质就是这种情况。例如杂合子中携带隐性的镰状细胞等位基因，就是因为在遗传基因中一个作用较强的等位基因不能完全决定两个等位基因结合的结果。多基因传递指的是很多特征不是受某一个基因决定的，而是多个基因共同影响的结果，如人的身高、体重、气质等许多特征。例如身高可能受到多对基因的影响，而这时就有多种可能的表现型。

（三）遗传基因对行为和心理发展的影响

按照遗传学的规律，个体出生后，身体的基本特征甚至某些行为模式已经在某种程度上形成，或者说基因型已经决定了个体发展的某些性状，而在个体发展过程中，这些基因型在多大程度上成为表现型，还与后天环境有一定关系。例如孩子也许继承了父亲聪明的基因，具有达到较高智力水平的遗传基础，但这个孩子将来是否像基因所预设的那样成为一个聪明的人，还与后天的环境有关。人们非常关心的是，遗传基因在多大程度上影响了个体的各种行为特征及其发展。

行为遗传学是研究先天的遗传因素和后天的环境因素对个体特征影响的学科。行为遗传学研究遗传的影响，常采用"选择性繁殖"方法，通过控制遗传基因的方式探索遗传基因的改变对子代特征的影响。所谓"选择性繁殖"，就是通过对动物或植物的某些特质进行选择性配对，从而控制后代繁殖，以便考察遗传对这种特质的影响。例如，特雷恩（Tryon）采用选择性繁殖的方法来研究父代聪明的老鼠，子代是否仍然表现得很聪明。他们把聪明老鼠进行配对繁殖，把愚笨老鼠进行配对繁殖，观察这两个种群一直到第18代的老鼠，是否在跑迷宫任务上学习成绩有显著差异。结果发现，聪明老鼠的各个子代跑迷宫所犯平均错误数要显著低于愚笨老鼠的子代。显然这种技术不允许应用在人类个体被试身上，因为不符合伦理学道德原则。

心理学往往通过考察被领养的孩子和亲生父母以及养父母之间在某些性状上的相似度，来探讨遗传和环境对个体心理发展的影响。因为被领养孩子和亲生父母之间具有50%的相同基因，而养父母则从教养方式、性格特征等外在环境方面影响孩子，所以可以通过对某种性状的相似度的考察，分析遗传和环境所起作用的程度。另外，按照这种思路，还可以观察被领养孩子与非血缘关系的兄弟姐妹之间的相似性，探讨某种行为和心理特征受环境和遗传影响的程度。还可以把领养研究和双生子研究结合起来进行，观察分开抚养的同卵双生子和在同样环境中抚养的同卵双生子之间的差异和相似度，以推测环境的影响。

行为和心理发展是环境和遗传的共同作用。因为从遗传和环境的关系看，遗传特性也可能因为环境变量的影响而发生变化。例如从遗传上来看不同人格特质的人可能会在生活中选择不同的朋友，这种在环境中的选择反过来又会在一定程度上改变基因的作用。未来的行为遗传学发展会与分子遗传学结合起来，以发现造成行为差异的特殊基因及其作用机制。在本章第三节还将进一步讨论遗传和环境的交互作用。

二、胎儿的发育

（一）受精卵期

这个阶段一般指从精子和卵子相结合到开始发育的第二周，包括受精和着床两个过程。男性的精子和女性的卵子结合形成受精卵，这个过程称为受精，标志一个新生命诞生了。男性到了青春期开始排精，就具有生育能力，成年男性的睾丸每天可以产生数亿个精子，这种能力在一生中维持很长时间。女性的卵子数量是有限的，一出生就拥有了所有的卵子，但只有到了青春期，卵子才开始成熟，其标志就是每月会有一次排卵期。

基因突变是指基因可能会不明原因地发生自身结构的改变，从而导致疾病。另外，环境中的某些因素也会导致遗传性发育障碍，例如高能量的电磁辐射和经常处于射线辐射的环境中都可能导致遗传基因受损。

（二）孕期环境和发育障碍

胎儿的发育以及个体出生后的发展不但受到遗传的影响，而且受到怀孕期间母体子宫内的环境改变和孕妇所处的外部环境的影响。严格地讲，子宫内外环境是相互影响的，宫外环境最终还是会影响宫内环境的，从而影响胎儿的发育。

1. 孕期宫内环境

某些因素导致的母体子宫环境改变，可能对胚胎期和胎儿期的发育带来危害。这些因素包括母亲的疾病和服用药物、吸烟和饮酒、吸食成瘾物质等，这些都可能导致胚胎发育障碍或导致胎儿发育畸形。

在胚胎期和胎儿期，身体的各个部位或器官发育形成的关键时期不同，所以在相应的发育阶段，最容易受到某些致畸物质的影响也不同。例如在胚胎发育的第35周，中枢神经系统和心脏最易受到伤害。在整个怀孕期间，所有可能导致发育障碍的因素都会影响到胚胎和胎儿的正常发育。母亲如果患病，病毒可能会透过胎盘屏障伤害到胎儿。如果母亲在怀孕后的3个月内感染弓形体病，会对胎儿的眼睛和大脑发育产生伤害，怀孕晚期感染则可能导致流产。所以孕妇应避免食用一些未煮熟的生肉食物，或接触宠物和动物粪便。孕妇生病服用药物应该非常谨慎，如确需服药，必须详细咨询医生，因为许多药物会对胚胎和胎儿发育带来危害。研究发现，大剂量的阿司匹林与胎儿生长受阻、运动控制能力下降及婴儿死亡有关，甚至导致死胎。在20世纪，一种用来防止或减轻孕妇恶心、呕吐等怀孕反应的药物"反应停"导致所生婴儿很多出现畸形，如耳鼻和上肢发育不完全。孕妇吸烟以及饮酒也会对胎儿的发育造成危害。香烟中的尼古丁会加快胎儿的呼吸频率和心跳，减少母亲血液中氧气含量，造成胎儿供氧不足。因此怀孕母亲不要吸烟，也不要暴露于吸烟的环境。过量饮酒则会导致胎儿发育迟缓、早产、智力落后、畸形等严重危害。孕妇吸食成瘾物质，如吸食大麻会导致胎儿供氧缺乏，出生胎儿易怒和神经紧张。

2. 孕期外部因素

孕期外部因素包括孕妇的饮食环境、孕妇的年龄和所处的工作环境等。孕妇健康、均衡合理的饮食，有助于胎儿的正常发育。由于各种原因导致的母亲营养不良可能会导致胎儿出现发育问题，如出生后体重不足等，孕妇饮食缺碘可致蛋白质合成受限，影响细胞分化，缺锌可影响蛋白质合成等，但有些情况在婴儿出生后增加营养可以弥补。孕妇需要摄入维持身体健康和胎儿发育必需的维生素和矿物质。例如，叶酸是一种维生素，它存在于各种豆制品、新鲜蔬菜和水果中，它可以防止婴儿出现各种神经系统缺陷，如脊柱裂等。所以孕妇在怀孕前或怀孕初期，特别是在怀孕最初的 8 周，合理地补充叶酸片（建议每天服用40mg，但不要超过1g）对胎儿的神经元发育有好处。

孕妇的年龄对胎儿发育也有影响。怀孕时年龄过大或过小都可能增加风险，如年龄越大的母亲所生孩子患唐氏综合征的概率也越大。当然，一个40多岁的健康女性未必生出不健康的孩子，其孕产期风险可能跟年轻女性是一样的。青春期怀孕的母亲也会增加胎儿早产或胎儿发育不良的风险，所以应该避免因各种因素导致的青少年女性怀孕的现象。母亲怀孕期出现的情绪不良，例如遭受长期的刺激而引发严重的消极情绪会使母体产生儿茶酚胺激素，引发胎儿体内的化学变化，从而引起胎儿产生消极的反应，并可能引起胎儿出生后产生不良的情绪反应倾向，所以孕妇保持愉悦平和的情绪状态有利于胎儿的健康发育。

孕妇工作环境对胎儿也有影响，如孕妇如果接触到一些化学物质会对胎儿产生伤害，如果达到严重程度会对胎儿发育产生严重影响，所以应该注意避免。需要指出的是，父亲也对生出一个健康的孩子很重要，例如父亲酗酒会影响精子细胞，可能导致胎儿发育畸形。父亲如果长期暴露于各种有毒、有害或致畸物质中，也可能会导致胎儿产生某种缺陷。所以对于想要生育孩子的父母来说，要了解足够的生育知识，保持良好的生活习惯，注意营养，同时避免有害环境的影响，这对胎儿的发育和未来的健康发展是非常重要的。

第二节　心理发展的脑基础

一、神经系统的结构、功能和发展

（一）神经元

神经元是构成神经系统结构和功能的基本单位，由细胞体和突起构成。神经元的细胞体位于脑和脊髓的灰质和神经节内，常见为星形、锥形、梨形和球形，大小在 5~150μm 之间。细胞体的结构一般有细胞核、细胞质、细胞膜和细胞壁。神经元的突起是细胞体的延伸部分，根据形状不同分为树突和轴突。树突是从细胞体发出的呈放射状的一个或多个突起，起始部分较粗，分支较细，形如树枝。树突内含有尼氏体、线粒体和神经原纤维。树突的分支和树突棘能扩大神经元接受刺激的表面积，接受刺激并把冲动传入细胞体。轴突离开细胞体一段后，由髓鞘包裹。轴突末端称轴突终端（神经末梢），轴突终端还有突触小泡轴突与其他神经元或效应细胞接触，其主要功能是将神经冲动由胞体传至其他神经元或效应细胞。此外还有一类细胞，叫胶质细胞，它分布在神经细胞周围，没有传导神经冲动的功能，但对神经细胞起支持、营养、保护等作用，是神经系统必不可缺的组成部分。

神经元根据其功能可以分为三种，包括感觉神经元或传入神经元、运动神经元或传出神经元，以及中间神经元或联合神经元。

（二）神经系统的结构、功能和发展

1. 神经系统的结构和功能

人体的神经系统包括两个主要组成部分，即中枢神经系统和外周神经系统。中枢神经系统是由脑和脊髓组成的。外周神经系统包括躯体神经系统和自主神经系统，其中，自主神经系统又包括交感神经系统和副交感神经系统。中枢神经系统中脑的功能是负责加工来自全身的神经信息，并发出指令；脊髓存在于脊柱的椎管内，负责把脑与外周神经系统联系起来；躯体神经系统负责身体的感觉和运动功能，例如随意地控制投篮动作；自主神经系统负责维持身体的基本生命过程，例如控制和维持呼吸、消化等系统。其中的交感神经系统和副交感神经系统的作用属于拮抗性质的，交感神经系统调节应激状态下的身体生理过程和行为；副交感神经调节身体，使之趋于常态。

脑是神经系统中最复杂和最重要的结构，按部位可分为前脑、中脑和后脑。前脑主要包括大脑皮层、边缘系统、丘脑、下丘脑和脑垂体；后脑包括延脑、脑桥和小脑；中脑处于脑桥之上，其中心是网状结构，负责控制觉醒、注意、睡眠等意识状态。脑的各个组成部分具有不同的功能。如边缘系统中的海马结构与学习、记忆的功能有关，杏仁核与人的动机和情绪有关。大脑皮层在人脑进化过程中发展最晚，但却是最重要的中枢神经系统结构，分为大脑左右半球，由胼胝体结构相连。

2. 胎儿期及出生后神经系统发育

人的神经系统从胚胎期就开始发育。母亲怀孕后的第 1 个月胚胎神经系统发育最快，外胚层发育成神经管和脊髓，在 3 周半时顶部增大，形成大脑，神经管深处开始出现神经元。在怀孕后 3 个月时，大多数神经元已形成，对神经元提供支持和养料的胶质细胞快速增长，大脑快速发育。怀孕期的最后 3 个月，大脑继续迅速发育，大脑皮层增大，它是脑中最后一个停止发育的部分。神经系统的发育或脑发育出现异常或损伤，会严重影响胎儿的发育以及出生后的认知能力和心理功能。胎儿出生时脑的基本结构已经初步具备，但发育不完善。出生时脑神经细胞的数目与成人相同，但其细胞较小。大脑皮层已经出现 6 层结构，但是沟回不明显；树突短小，大部分神经纤维未髓鞘化。出生时脑的重量在 350～400g,

是成人脑重（约 1400g）的 25%，出生后脑的重量一直增加到成熟为止，增加的速度早期迅速，后期缓慢。脑的发育一直持续到青春期末。

二、大脑与心理功能

（一）大脑的基本结构和发展

大脑分为左右两半球，包括额叶、顶叶、颞叶和枕叶，胼胝体周围为边缘叶，每叶都包含很多回。大脑半球深部是基底神经节，主要包括尾状核和豆状核，合称为纹状体。大脑半球的表面由灰质覆盖着，称大脑皮质或皮层，总面积约为 2200cm^2，皮质的厚薄不一。正常情形下大脑两半球各有分工，但同时又相互协作。布鲁德曼（Brodmann，1909）提出了著名的大脑皮质 52 个布鲁德曼分区，从功能上来讲，一般认为存在感觉区、运动区、语言区、联合区等。

大脑两半球存在功能的不对称性，但进入一侧半球的信息会经过胼胝体传达到另一侧，从而实现协同活动。20 世纪 60 年代，斯佩里（Roger Sperry）使用割裂脑研究技术，对大脑两半球功能进行了研究，发现大脑左右半球在解剖结构以及某些功能上存在偏侧化现象，例如左半球在语言功能上占有明显的单侧化优势。有研究发现，大脑左半球前回的皮质活动超过右半球者，往往乐观愉快。大脑左半球通常控制言语、动作记忆、决策和积极情感，右半球控制空间感觉、非言语、触觉和消极情感等。但大脑两半球会通过胼胝体进行沟通和联系，从而达到两半球功能的整合。

（二）心理功能的脑机制

1. 心理功能的神经基础

心理是脑的机能，脑是心理功能的神经基础。人的基本认知能力、心理过程和个性心理都有相应的神经基础。换句话说，人的一切心理功能要通过脑和神经系统的活动才能实现。古人曾认为心脏是负责心智活动的器官，但生理学和解剖学的发展，使人们认识到脑才是人的智慧和心理活动的物质基础。发展认知神经科学的出现，为了解心理功能发展的脑机制提供了研究证据，使得人们可以从组织、细胞甚至基因机制的水平扩展和深化对大脑机制的认识。

大脑的不同部位与不同的心理和认知功能有关。神经元构成的复杂神经网络保证了大脑对信息的接收、传递和处理。学习和记忆等认知功能的发展与相应神经基础之间的关系是研究的热点。如对成人的研究表明，外显记忆系统中的语义记忆与左侧前额皮层、前扣带皮层和海马有关；回忆自己经历的情景记忆与右侧前额叶、前扣带皮层、海马旁回和内嗅皮质有关。婴儿出生后第一年末，海马的成熟以及周围皮层的发展，使得外显记忆成为可能。童年期双侧海马以及弥散性的脑损伤，会造成特殊的记忆损伤，即发展性遗忘症。

认知功能与脑神经基础之间的关系可能也存在发展性差异。例如，研究者试图发现儿童和成人在某项心理功能上是否存在差异，而这种差异又可能与脑的发育和成熟有关。认知神经科学的一些技术手段，将来可以应用于儿童甚至幼儿，能为我们提供更多的关于心理功能发展和脑功能之间关系的资料。

大脑是心理功能的脑基础，并不意味着大脑单向地影响行为的表现。大脑组织从胎儿开始一直在持续发展变化。在婴儿出生后，大脑组织会随着个体的学习和经验而发生变化。个体对事物的记忆及药物、饮食、疾病和大脑损伤等因素都会影响大脑的组织变化和功能表现。由经验导致的大脑组织变化，例如神经回路的变化、神经细胞突触数量和突触间空间关系的变化等，反过来又会影响个体的行为和心理功能的改变。例如，个体早期经验中对事件的记忆会影响突触组织模式的改变，从而引起行为的变化。

2. 脑功能障碍与心理异常

由于遗传、出生或其他伤害导致的大脑组织受损都可能引发脑功能障碍，进而影响相应的心理功能。

心理异常是大脑组织结构损伤或机能失调的结果，常表现为人对客观现实反映的紊乱和歪曲。有些精神障碍，人们已经发现其神经生物学的基础，而有些精神障碍，是否是脑功能损伤或基因病变导致的尚不清楚。脑功能器质性病变导致的精神障碍在临床上有很多表现，如脑血管疾病导致的中风病人早期出现言语等认知功能的损伤，其情绪状态出现异常，如反应迟钝和刻板、缺乏灵活性、人格衰退，可能发展为进行性痴呆。

使用脑电图（EEG）等电生理学方法可以探究认知功能的大脑活动情况。目前的认知神经科学采用神经成像技术，也有利于探讨有关儿童发展障碍的神经生物学基础的问题。

第三节　遗传在心理发展中的作用

前面两节讨论了心理发展的生物学基础，包括遗传机制和脑机制。但是心理特征的个别差异既有先天的遗传基础，又离不开后天环境和教育的作用。本节主要讨论遗传因素对心理发展的影响，及遗传与环境在心理发展中的共同作用。

一、遗传因素

遗传在多大程度上影响个体的心理发展，例如人的智力发展水平多大程度上受先天遗传因素的影响，人格类型和气质在多大程度上是由遗传决定的，有些人是否就属于某种心理障碍的易感人群呢？首先，对遗传与人的发展的几个方面关系进行讨论，然后概括遗传对心理发展的影响作用。

（一）遗传与人的发展

1. 遗传与智力发展

行为遗传学采用家族谱系研究、双生子研究和领养研究的方法考察遗传对智商的影响，同时也解释环境影响的作用。例如，布查德和麦克高（Bouchard，McGue，1981）总结了世界上已发表的 34 个共 462 对同卵双生子研究和 41 个 5546 对异卵双生子研究。结果发现，同卵双生子在同一个家庭抚养，其智商分数的相关系数为 0.86；而在不同家庭抚养，其智商相关系数为 0.72。异卵双生子生长在同一个家庭，智商分数相关系数为 0.60；而生长在不同家庭，智商相关系数为 0.52。这说明同卵双生子和异卵双生子在智力上的差异存在中等程度相关。在同一个家庭成长的具有血缘关系的兄弟姐妹，智商间相关系数为 0.47，不在一起成长的为 0.24；没有血缘关系的兄弟姐妹在一个家庭抚养智商间相关系数为 0.34，不在一起抚养智商相关系数为负 0.01。另外，被收养儿童的智商与亲生父母智商的相关要远高于他们与抚养父母之间的智商相关。2000 年的一项跨文化双生子研究，采用传统的智商测量，发现全量表智商遗传度在芬兰人中为 87%，澳大利亚人为 83%，日本人为 71%，对认知加工速度和工作记忆的遗传度估计在 33%~64% 之间（许珂，胡应，2006）。该研究说明智商的遗传度可能存在一定的种族差异和文化差异。上述研究表明遗传对智商具有一定程度的影响，但后天环境和教育也存在一定作用。

遗传缺陷可能会导致孩子的智力发展障碍，如由遗传缺陷导致的唐氏综合征、脆性 X 综合征、Williams 综合征以及其他不同类型的智力障碍。从发展病理学的角度讲，遗传病原预先设定了儿童特殊的认知—语言特征，而出生后从事相关活动的缺乏进一步加剧了这种智力损伤。

2. 遗传与人格和气质

人格表现为个体具有的观念、情绪、习惯和行为模式，它具有跨时间和跨情境的一致性，影响个体对待自我和他人的方式；气质是指在情绪、活动和注意、反应性和自我控制方面的特征（Rothbart，Bates，1998）。阿尔伯特（Allport，1961）认为气质依赖于生理基础。常言说，"江山易改，秉性难易"，可能就意味着人的气质、性格和人格等与遗传因素有关。心理学家从发展的角度研究了婴幼儿、儿童和青少年以及成人的气质和人格结构，并为其发展建立了不同的模型。如荣格提出了气质的内倾-外倾理论模型，罗斯巴特和贝特斯（Rothbart，Bates，1998）提出了气质结构的五个维度，包括积极情绪和消极情绪、外倾性、适应和控制等。

3. 遗传与心理障碍

某些疾病是由遗传因素导致的，心理障碍（如精神分裂症）可能具有遗传学基础。研究认为，个体遗传可能是一种倾向性，而不是必然的结果。环境可以在遗传基础上影响某种心理障碍或行为的发生。人们探讨心理障碍和某些病态行为表现是否存在神经生物学基础，或者说，其中有多少比例是由遗传导致的，多少比例是由环境导致的。这种研究有助于人们理解一个罪犯的行为在多大程度上是由遗传基因导致的；也可以理解，为什么有些人在遭遇严重刺激事件后出现精神障碍，而另一些人在遇到同样事件时却可以调整自己的心理状态，走出心理困境。

再以反社会行为为例。研究表明，个体的反社会行为具有神经生物学基础。一项双生子研究发现，同卵双生子的反社会行为一致性达到35%～52%，而异卵双生子的一致性为13%～23%。领养研究发现，那些父母具有犯罪史的孩子，即便出生后立即被他人收养，其犯罪率也会比父母没有犯罪史的孩子高（Rhee，Waldman，2002；Caspi，McClay，Moffitt，et al，2002）。动物模型研究发现，位于第11号染色体上的多巴胺D2受体基因（DRD2）可能与攻击性和反社会行为有关，在人类身上也发现它与酗酒者的反社会行为有关。当然某种行为或人格障碍是否存在对应的基因和脑功能基础，还存在很多争议。如果完全承认这一点，那就等于说犯罪者是先天预定的。正确的看法是即使存在先天遗传基础，后天的环境可能会与遗传共同发挥作用，从而影响一个人的发展。

（二）遗传对发展的影响

1. 遗传提供了发展的物质基础

遗传提供了发展的物质基础包含以下三层意思：

第一，遗传为个体的发展提供了必要的物质基础。个体特征所依存的生命基础是最为重要和宝贵的，只有拥有了生命基础，才可能具有发展的条件。正常发展的视觉和听觉等功能，保证个体从出生就开始接触到周围环境丰富的信息，了解父母和同伴，学习各种认知和社会技能，掌握生活本领，学会生产和创造。有了正常的生命系统，个体才能拥有丰富的情感和心灵，学会体验人世的喜怒哀乐。总之，个体的感知觉、注意、记忆、思维和学习、情绪和情感、人格和气质等都是在生命物质基础上逐步展开的。

第二，遗传提供了发展的物质基础，限定了个体的某些特征和属性，是不可改变的。如血型和生物学意义上的性别。正常发展的个体，需要而且必须接受这种物质基础。因而性别角色意识和行为的发展，只有符合性别特征，其思想和行为才能为社会和他人所接受，否则可能带来自我统一性的混乱状态。

第三，遗传提供了发展的物质基础，每一个体都具有唯一性。即使是同卵双胞胎具有100%共同的遗传基因，但作为独立个体，各自具有独立的生命系统，同时也表现出人格和行为方面的某些差异。

2. 遗传在一定意义上限定了发展的最大程度

遗传提供了发展的物质基础，同时也决定了个体发展的可能性以及发展的程度。例如智力水平部分地受到先天遗传因素的影响，它在某种程度上制约了个体发展的最大空间。

有些心理特征的发展受遗传因素影响比较大，如果个体在该方面的遗传素质较差，则其发展的最大程度可能就存在较大的限制。例如遗传上体质羸弱的人，可能很难在体育方面得到更大的发展。有些人数学能力可能较好，而有些人的音乐素质可能较好，那么，相应特征的最大发展程度也是存在差异的，虽然这种差异可能通过后天的环境适当地改变，但最大发展空间很难得到根本性转变。另外，个体总体遗传素质和各个方面的遗传素质也是有区别的。总体遗传素质，例如各种低级和高级心理功能的总体差异，与遗传素质个别方面的差异，对发展的影响是不同的。

二、遗传与环境对心理发展的作用

(一) 区分遗传和环境及其作用

分析遗传和环境在心理发展中的作用，首先要明确区分遗传和环境的概念，以及哪些是遗传的作用，哪些是环境的作用。从研究的角度看，遗传就是来自于先天的基础和影响条件，遗传对发展的影响就是遗传成分对个体发展变异的影响效应或贡献大小。环境是个体出生前后非遗传的影响条件，环境的作用就是它可以解释个体发展变异的效应或贡献大小。

如果能够采用合适的方法把遗传和环境的作用完全区分开，讨论遗传和环境对心理发展所起作用，结果才是最理想的。不幸的是，要做到这一点是很难的。遗传学家采用的领养研究，假设出生前的环境是没有差异的，那么出生后所处的不同环境就可以解释个体差异，实际上，胎儿在出生前，母亲的营养和周围的环境已经对胎儿的大脑发育产生了不同的影响，在领养前的遗传和环境的作用已经发生了混淆，所以领养研究很难严格地把遗传和环境的效应决定性的区分开。但是，一定程度上，领养研究和双生子研究还是为研究环境对心理发展所起的作用提供了较好的办法。

能够分离出对人类行为产生影响的遗传作用唯一的决定性方法就是证明一个家族内的行为变异与基因特定位置上标记位点的等位基因是高度相关的。遗传学研究已经标记了一些对人类心理发展产生重大影响的基因，但有些基因是通过变异方式导致产生心理和行为障碍，所以正常发展中比较少见。

（二）大脑和行为的关系

人们过去认为大脑和行为之间是一种单向的关系，而目前动态的观点则认为，大脑影响人的行为，反过来，心理也会影响大脑的生理状态。一方面，大脑的神经化学特性影响气质差异，如罂粟碱（opioids）和促肾上腺皮质激素（CRH）的平衡影响大脑的兴奋和抑制平衡过程，从而决定个体的应激反应。与性情温和的儿童相比，行为表现易怒的 2 岁儿童在 5-羟色胺转运子基因的启动区有一个较短的等位基因（Auerbaqch，et al，1999），但是很难对一种行为找到对应的神经化学结构，因为遗传只能解释不到 10% 的复杂行为变化，而且行为本身可能伴随大量的神经化学结构及其变化。另一方面，心理也会影响大脑。在生理上遗传了冲动气质的儿童，可能在行为中会更多地表现出冲动行为，但儿童也可以通过学习和经验，改变心理结构和影响大脑的生理状态，从而获得对冲动行为的控制。

青少年的脑和神经系统的发育与行为存在密切联系。例如，由于青少年的额叶突触密度的变化，记忆效率和速度持续增强思维和解决问题的能力也显著提高。同时，青少年的冲动行为、逆反和反社会行为以及充满矛盾的现象可能与额叶发育不完全有关。青少年的冒险行为也与脑和神经系统发育有密切关系。例如过分自信、好斗和喜欢追求感官刺激是青少年一些典型行为特征，这可能与边缘系统、内侧眶额皮层后部脑区等的发育不完全有关，另外神经化学递质，如多巴胺和5-羟色胺的水平变化也影响青少年的情绪控制和对行为奖惩的反应。但是大脑和行为之间的关系也是复杂的。

关于大脑和行为关系的特异性理论认为，某种行为可能与大脑相应区域的特异性活动有关。如提取表征动作的词语的皮层部位与提取名词的皮层部位是不同的（Damasio，1994）。一个孩子对蜘蛛的恐惧可能与丘脑、杏仁核以及中脑灰质等共同形成的通路有关。目前采用脑电描记仪（EEG）、正电子发射断层成像（PET）和功能性磁共振技术（FMRI）使人们可以更清楚地了解与行为有关的相应大脑部位。

研究者采用动态分析的方法，试图建立发展过程中脑与行为之间的关系模型。脑和行为的许多特征发展曲线表现出很大的相似性，例如，大脑和最佳认知技能都显示出了非线性的动态成长。在发展中经常出现间歇，例如成长首先加速然后变慢，在成长模式中交替出现加速增长、高原期和下降等变化。

（三）遗传与环境的交互作用

关于遗传和环境在心理发展中的作用，现在几乎已经没有心理学家坚持认为遗传或后天环境在发展中具有决定作用，或者遗传的作用大于后天环境的作用。

人们倾向于认为二者共同影响个体心理的发展，相互支持和依赖，并且存在交互作用。而且，人们进一步把遗传和环境对个体发展的影响分别看作多层面的。例如行为遗传学家普罗明（Plomin，et al，1985）把环境区分为共享的环境和非共享的环境。共享的环境，是指住在一起的人们受到的影响一致的环境因素，使个体形成相似的经验；非共享的环境，是指虽然住在一起，但受到的影响不一致的环境因素，导致个体形成不同的经验。共享环境和非共享环境对心理发展的影响是不同的，例如，共享的环境对个体智商的影响属于中等程度，而非共享的环境对个体智商的影响程度较小。

社会环境中的各种影响因素，如电影和电视等媒体中的暴力场面会助长某些易感个体的攻击性行为发生的频率。有些受遗传影响程度很大的特质，由于环境的强烈作用，也可能会得到一定程度的改变。例如一个 IQ 测试分数不高的儿童，如果被具有良好教育条件的家庭抚养或在良好的学校教育环境中接受教育，那么其智力测量成绩可能会得到提高。对于某些带有精神分裂症易感因素的人，或者其他携带有某种遗传疾病基因的个体，如果没有可能诱发疾病的环境因素，或者良好的环境可以阻止疾病的发作，以及采用干预技术及时预防和治疗就有可能降低患病风险或患病程度。

第八章 动作与早期感知觉的发展

第一节 动作的发展

一、新生儿的反射活动

婴儿从"呱呱"坠地开始，就具有了某些行能力，如哭泣、吮吸、转头、蹬腿、眼睛追随物体等。这些动作从何而来？一般认为，初生婴儿具有的动作能力是与生俱来、不学而能的，称之为先天的无条件反射。这些先天的无条件反射有的在人类进化过程中对适应环境有重要的生物学意义，有的对新生儿具有保护性意义。新生儿所具备的先天无条件反射的数量很多，根据它们对个体生存和发展的意义可分为三类：第一类是对个体具有较为持久的生物学意义、生来就有而且毕生保持的反射，如角膜反射、瞳孔反射、吞咽反射、定向反射等，对人体组织具有一定的保护作用；第二类是对个体生存没有明显的生物学意义、多数在出生后半年内逐渐消失的反射，如探求反射、吮吸反射、抓握反射、踏步反射、游泳反射等，它们可能在人类进化过程中有过一定的生物适应意义；第三类为对临床诊断具有重大价值的反射，如巴宾斯基反射，它在新生儿期呈阳性反应，一般一年左右完全消失，但在睡眠和昏迷中仍可出现，如果清醒状态下继续存在，则可能预示出现脑性病变。

婴儿在先天的无条件反射动作基础上，逐渐产生自主控制的动作。

二、儿童早期的动作发展

儿童早期的动作发展主要分为大动作的发展和精细动作的发展。大动作的发展主要是指儿童对自己的身体动作的控制，儿童要学会在环境中移动自己的身体，如爬行、站立、走动等。精细动作的发展是指手臂和手指的动作，如抓握、伸手取物等。格塞尔（Gesell，1929）、麦克格罗（McGraw，1943）、雪莉（Shirley，1931）等人的经典研究都表明，婴儿的动作发展遵循一个相对固定的发展序列。目前研究界基本都认可这种发展序列，但不同儿童的发展通过这些序列的速度存在很大的个体差异。

（一）大动作的发展

大动作的发展涉及对身体躯干的控制，包括抬头、挺胸、坐、爬、站、走等。

1. 大动作发展的序列

婴儿大动作的发展从头颈部的控制开始。婴儿在出生后的第一个月末，就逐渐出现了自主控制的头颈部运动（Hottinger，1973），如俯卧时将头抬起一定角度，随着头颈部的自主控制越来越熟练躯干部的自主控制也逐渐显现，婴儿已能在俯卧时将胸部抬起一定的角度。身子靠着支撑物坐着，一般来说，6 个月左右婴儿就能够独自坐着，婴儿已不需要任何支撑物在床上稳稳地坐着。此时的婴儿甚至可以让自己的身体向特定的方向移动，这为接下来的爬行做好了准备。7 个月左右婴儿一般会出现爬行动作。9 个月时婴儿可以借助桌椅走路。到 1 岁时大约半数的婴儿会走了。3 岁时儿童可以沿着直线走或奔跑，但奔跑时还无法很自如地转弯或停止；他们可以双脚离地跳，但跳的时候只能越过很小的物体。4 岁儿童可以跳跃、单脚跳。5 岁的儿童动作更成熟，跑动可以像成人一样摆动胳膊，平衡能力也提高了许多，有些儿童还可以骑自行车。随着儿童年龄的增长，他们在跑、跳等动作技能方面会表现得更好。

2. 爬行动作的发展

婴儿在 7 个月左右出现爬行动作，这是最早的自主移位动作。当爬行出现后，婴儿的生活就发生了显著的变化，他们可以将自己移动到希望到达的地方。婴儿的爬行可以分为腹地爬行和手膝爬行两种。一般来说，婴儿初学爬行时表现出腹地爬行，即胸腹部着地，手伸向前方，利用手臂的力量拖动身体前进，腿几乎没有发挥作用。随着婴儿手腿力量的增加，他们逐渐由腹地爬行演变成手膝爬行，胸腹离开地面，依靠手和膝盖移动前行。大约 10 个月时，婴儿在爬行中能同时移动胳膊和腿，使二者形成对角线，以使身体保持平衡。这样就使婴儿爬行的效率提高了许多，婴儿能够更好地探索周围的世界。另外，从婴儿爬行动作的平衡协调来看，他们表现出了从同侧身体协调发展到对侧身体协调的现象。同侧身体协调的方式表现为婴儿爬行时身体同侧的肢体与对侧的肢体交替运动，也就是说，左手运动时左腿也在运动，然后换右手和右腿同时运动；对侧身体协调爬行是指身体一侧的上肢与对侧的下肢同时运动。二者相比，对侧身体协调的爬行效率更高。

3. 行走动作的发展

大约 1 岁，婴儿开始出现行走动作。此时婴儿的行走显得有些滑稽：步子很小，踉踉跄跄向前冲，两腿分得很开，全脚掌着地，手臂抬到较高的位置摆动。泰伦认为个体一出生其实就已经具备行走所需的基本运动模式，就是新生儿的踏步反射以及自发的踢腿动作。只是随着婴儿体重增加，腿变得太重，以致当婴儿处于直立姿势时抬不动双腿。

（二）精细动作的发展

精细动作是指个体主要凭借手以及手指等部位的小肌肉或小肌肉群的运动，在感知觉、注意等多方面心理活动的配合下完成特定的任务。精细动作在婴儿探索和适应环境中起了十分重要的作用。

1. 手的抓取和抓握

精细动作的发展中，最重要的是手的抓取和抓握。新生儿具有先天的抓握反射，这为其控制物体提供了基础。除了抓握反射，婴儿还表现出了抓取物体的倾向，他们会对眼前摇摆的物体作出挥动或摆动胳膊的动作，偶尔会碰到物体，但这种动作很不协调，他们常常错过这些物体，这种行为被称为前抓取行为，是非自主的抓取。但这表明婴儿已经在生理上具备了抓取物体的手眼协调。

随着抓握反射的消失，前抓取的频率逐渐下降，4~6 个月的婴儿出现了自主的尺骨抓握，表现为婴儿的手指对着手掌闭合，在抓握过程中，手掌和手指挤压在一起，像夹子似的，显得十分笨拙。到了约 1 岁时，这种尺骨抓握被钳形抓握取代，表现为婴儿使用拇指和食指进行抓握，例如捡豆子、拨电话号码、抓小虫、按按钮等。

1 岁以后的儿童在双手的灵活度上增加了许多。15 个月左右，婴儿能用笔涂鸦，2 岁末能画出简单的横线、竖线，能搭几块积木。我国学者李惠桐等（1988）对 3 岁前儿童的动作发展进行了调查，发现手的动作发展在出生后第一年和第三年发展较快，第二年发展较慢，形成发展的阶段性；第二年手的动作发展巩固了第一年已经掌握的拇指和食指配合活动的动作，并为第三年及以后手的动作的复杂化做准备。

2. 绘画与书写

绘画和书写都是用笔进行的活动。如果给年幼儿童提供一支笔、一张纸，他可以在纸上进行"创作"。他们的握笔从最初的"手掌向上的抓握"（Rosenbloom Hortor，1982）慢慢发展到"手掌向下的抓握"；从刚开始通过手臂和肘部运动调整笔的位置发展到用手指调整握笔姿势和笔的位置，握笔位置也逐渐靠近笔尖部位；从主要依靠肩关节活动进行绘画和书写发展到用肘部控制笔的运动，再到用手指来控制笔的运动。大约 5 岁时，多数儿童会使用成人的握笔姿势进行绘画和书写。

3. 其他自理动作

儿童 2 岁时可以穿脱简单的衣服；3 岁时系纽扣有些困难；4 岁时可以很好地使用汤匙自己吃饭；5 岁时能够系纽扣，还可以使用剪刀、用蜡笔进行书写；大约 6 岁时能够系鞋带等。

（三）早期动作发展的规律

个体动作的发展是从无条件反射动作、无意识动作发展到复杂、精确、有意识的动作技能，有四个发展原则：

第一，动作的发展有一定顺序，上部动作先于下部动作，大肌肉动作先于小肌肉动作。

第二，动作的发展具有系统性，它不是肌肉骨骼、关节的孤立发展，而是在与知觉、动机、情绪等系统相互作用中发展，并与知觉形成不可分离的连环。

第三，动作的发展过程是"分化—整合"，不断往复地螺旋式上升。

第四，动作发展的历程与时间在不同个体身上可能有不同的具体表现。

第二节　早期感觉的发展

一、早期视觉的发生与发展

视觉是人类最重要最复杂的感觉之一，但视觉的发生发展早在胎儿期就开始了。婴儿的视觉发展非常快，6个月婴儿的视觉功能在很多方面已接近成人。

（一）早期视觉的发生

研究表明，在胎儿第4周的时候，眼睛开始形成，视觉开始产生，在第8周时，视觉神经已经形成，它是大脑获取视觉信息的路径，视觉信息将通过它传到枕叶。胎儿在第4个月的时候眼睑就分开了，对光线非常敏感，母亲进行日光浴时，胎儿即可感受到光的刺激，如果光线太强的话，通常它会转过身避光。现代医学利用B超观察发现，用电光一闪一灭地照射孕妇腹部时，胎儿心搏数出现剧烈变化。近年的研究发现，当强光透过孕妇腹壁进入子宫内后，胎儿马上活动起来，要等几分钟的适应之后，胎动才会减弱下来。后来，实验者对实验进行了改进，以避免因强光的热效应刺激了孕妇腹部而引起的胎动反应，他们把白炽灯泡浸入装水的玻璃槽内，光线透过装水的玻璃照在孕妇腹壁，同样发现胎动增强（刘泽伦，1991）。如果这是一束有节奏的闪烁光，胎儿会安静下来，这似乎显示他们对于光线及其节奏变化具有敏感性。

新生儿一出生就已具有眨眼反射和瞳孔反射，这也表明他们已能进行某些视觉活动。有研究者发现，出生数小时的新生儿的眼球便能跟着慢慢移动的物体活动。海斯（Haith，1980）对出生24小时和96小时的新生儿进行了一系列视觉研究，发现新生儿的视觉活动存在如下规律：（1）当光线不太强，婴儿处于清醒状态时，会睁开眼睛；（2）在昏暗情况下，会对周围环境进行仔细的搜索；（3）如果所视对象没有形状，则寻找边缘、拐角等以区分图形与背景；（4）如果发现一条边，则将视线停留在边的附近，在线条上下移动。可见，新生儿已能寻求观察事物，但仍有较大的偶然性和无组织性。

（二）早期视觉的发展

1. 视觉集中的发展

新生儿出生不久便能追视物体，15天左右就能较长时间地注视活动的玩具，但由于新生儿最初2~3周内眼肌协调能力差，眼球运动不协调，双眼有时会像"斗鸡眼"一样对合在一起，直至新生儿期结束不协调现象才消失。随着婴儿的成长，视觉集中的时间和距离逐渐延长，3~5周的婴儿能对1~1.5米处的物体注视5秒钟。约2个月时，婴儿能注视距离较远的物体，注视时间增长，并且可以移视、追视。3个月时婴儿能对47米处的物体注视71分钟，视觉更为集中且灵活，能用眼睛搜寻附近的物体，并追随物体做圆周运动。从第五六个月起，婴儿能长时间注视远距离的物体，如飞机、太阳等。此后，视觉进一步发展，儿童开始对事物进行积极的观察。

2. 视敏度的发展

视敏度（visual acuity）是指精确地辨别细致物体或处于一定距离的物体的能力，即发觉一定对象在体积和形状上最小差异的能力，也就是通常所说的视力。由于婴儿的晶状体不能自动调节，因而投射到视网膜上的形象比成人模糊。新生儿最佳视距在20厘米左右，相当于母亲抱着孩子喂奶时两人脸与脸之间的距离。婴儿生命的头半年是视敏度迅速发展的关键期。对于婴儿视敏度的发展，不同的测查方法得出的结论有所不同。有研究发现，新生儿的视敏度值在20/200~20/600的范围之间，即有正常视力的成人在200英尺或600英尺处能看见的东西，新生儿在20英尺处才能看见，表明新生儿的视力范围是成人的1/10~1/30。对新生儿来说，这样的视力已经不错了。事实上，他们的视力与很多近视的成人不戴眼镜时有着同样的视敏度。而且婴儿的视力会越来越精确，采用视觉诱发电位测量法对婴儿的视敏度研究表明，4个星期的婴儿，其视力为20/60，即在20英尺处才能看见正常视力成人在60英尺处看见的东西；5~6个月的婴儿，视力可达20/20，相当于常用视力表的1.0，即成人的正常视力。

但有些研究得到不同的结果，视动眼球震颤法研究发现，出生后一天的新生儿具有大约相当于成人20/150的视力，大约一岁时可以达到成人的视力水平。

还有研究利用视觉偏爱法的原理设计视敏度测试，例如，同时呈现两个圆，一个圆是灰色的，另一个是有条纹的。如果婴儿的视敏度好的话，他就会长时间盯着那个有条纹的圆。范茨（Fantz）根据同样的原理设计了一幅幅黑白相间的线条图，每幅图的线条宽细不同，每幅线条图都配以一张同样大小的灰色正方形；每次给婴儿看一对图。他推断婴儿一直喜爱的最后那幅最细的线条图便是婴儿可以觉察到的线条宽度。利用这种方法发现新生儿能看到 10 英寸远的 1/8 英寸宽的线条，6 个月的婴儿能够在同样的距离上看到 1/64 英寸宽的线条。

3. 颜色视觉的发展

对婴儿颜色视觉的研究一般采用视觉偏爱法和习惯化法。有研究清楚地表明，15 天的新生儿就具有颜色辨别的能力，显示出对某些颜色的偏好，会长时间注视某种颜色。似乎可以确定的结论是，新生儿至少能够区分红色与白色，关于出生后最初几周的婴儿辨别其他颜色的证据比较不一致。然而 24 个月的婴儿的颜色视觉已经发展得很好，2 个月的婴儿能够区分视觉正常的成人所能区分的大多数颜色，4 个月时他们的颜色视觉的基本功能已接近成人。婴儿喜欢清晰鲜明的基本色，而不喜欢中间色。

二、早期听觉的发生与发展

婴儿的听觉什么时候开始发生，如何发展，婴儿能听到什么，婴儿对声音的空间定位能力如何？这是婴儿早期听觉研究所关心的内容。

（一）早期听觉的发生

早在出生前，胎儿的听觉系统就开始发挥很好的作用。妊娠 20 周的胎儿已经具备听觉能力。25 周的胎儿对声音刺激能作出身体运动反应，并伴随生理指标的变化。在 28 周时，对靠近母亲腹部的响亮的震动声音刺激表现出惊跳反射。研究者发现，不能作出这类反应的胎儿出生后往往有听觉问题。而且，新生儿的听觉能力与胎儿期有不可分割的联系。例如，有实验对 5 个月的胎儿进行听觉刺激，将 90 分贝的声音通过母腹上的扬声器连续发音 5 秒钟，发现胎儿心律突然加快。出生后，用同样的音响作用于新生儿，发现新生儿心律的反应与胎儿期的反应极其类似。

（二）早期听觉的发展

1. 检测

新生儿具有明显的听觉能力，他们能够对一些声音作出反应。比如他们会对喧闹的、突然的噪声表现出震惊，他们还表现出对某些声音很熟悉。比如，正在哭泣的新生儿如果听到周围新生儿的哭声，他们会继续哭泣；但是如果听到的是自己哭声的录音，他/她就会很快停止哭泣，好像认出这个熟悉的声音。

新生儿虽然一出生就能听见声音，但他们的听觉阈限较高，在最好的情况下也要比成人高 10~20 分贝，最差时要比成人高 40~50 分贝。随着年龄的增长，婴儿的听觉阈限越来越接近成人（Trehub, Schneider, 1983）。4~6 个月时，婴儿的听觉阈限可降至 40~50 分贝，7~12 个月时，可降至 25~40 分贝，这时，婴儿会注意室外的风声、雨声和动物叫声。

一方面，婴儿对某些极高频和极低频的声音比成人更敏感，这种敏感能力在2 岁之前逐渐增强；另一方面，最初婴儿对中等频率的声音不如成人敏感，但最终他们这方面的能力将得到提高（Werner，Marean，1996）。是什么导致婴儿对中频声音敏感性的提高还不是很清楚，可能与神经系统的成熟有关。更令人困惑的是，过了婴儿期，儿童对极高频和极低频的听觉能力却逐渐下降。一种可能的解释是处于高水平的噪声可能会损害这种听极端范围内声音的能力。

2. 定位

婴儿听到声音时会将头转向声源或者确定声音来自哪个位置。相对于成人，婴儿在精确的声音定位方面还有些欠缺，因为有效的声音定位需要在声音到达双耳时利用声音到达时间的细微差异来进行区分。右耳首先听到声音说明声源在我们右边。由于婴儿的头比成人小，所以同样的声音到达两只耳朵的时间差小于成人，因此他们在声音定位时存在困难。

尽管如此，婴儿的声音定位能力在出生时就已经相当好了。魏泰默（Wertheimer，1961）曾对出生几秒钟的新生儿做过确定声源方位的实验，即在新生儿的左边或右边放一个声源，结果是新生儿能正确地将头转向发声的一边。但 2~3个月时，婴儿的听觉定位能力却消失殆尽，直到 4~5 个月时才再次出现。在一项研究中，将 6~8 个月大的婴儿放在一个黑暗的房间里，把一些发声的物体分别放在他们可以触及和不能触及的地方，或者放在两耳中的左边和右边，婴儿可以正确地将自己的身体移动到发出声音的方向，同时会对那些听起来可以抓到的物体作出更努力的反应。在另外一项研究中，对 4~6 个月的婴儿施加以快速或慢速由远及近呈现的声音刺激，当声音呈现速度较快时，婴儿会采用防御策略，即向后倾斜来逃避预期的威胁，这说明婴儿能利用听觉信息推测物体的速度和距离。研究还发现，新生儿对高调声音的定位好于对低调声音的定位。

三、早期味觉的发生与发展

人的基本味觉大致可分为四种：酸、甜、苦、咸，其他味道都由这几种味觉混合而成。味觉器官在胎儿期已经形成，而且婴儿的味觉比成人还敏锐。

（一）早期味觉的发生

胎儿在第 8 周时味蕾开始发育，大约在第 14 周，味蕾的神经和成长中的大脑皮层的味觉功能区连接起来，胎儿可以津津有味地品尝羊水了。在 28~32 周时，胎儿味觉的神经束已髓鞘化，故婴儿出生时味觉已发育完善。妊娠期母亲的食物味道可能通过羊水成为胎儿对食物味道的一种初体验，进而影响新生儿对相应味道的接受力。

（二）早期味觉的发展

新生儿的味觉十分敏感，因为它具有保护生命的价值。新生儿能够区分甜、酸、苦和咸的味道。对酸、苦和咸的刺激，婴儿脸的上部和中部表现出消极表情，但脸的下部的表情会因刺激的不同而不同：对于酸味刺激，婴儿会作出噘嘴的表情；对于苦味刺激，婴儿会作出嘴张大的表情；对于咸味刺激，婴儿脸的下部观察不到什么表情。新生儿"偏好"甜味，在他们的舌头上放一点有甜味的液体，他们会微笑。一项有趣的研究结果显示，对出生2~5天的婴儿分别给以5%、10%、15%的蔗糖溶液，结果发现，给予15%的溶液的一组婴儿吸吮时间最长，吸吮速度明显放慢，吸吮间隔时间最短，似乎他们在品尝和享用这份糖水；给予5%溶液和10%溶液的一组婴儿吸吮时间最短。出生2~5天的婴儿对甜的溶液吞咽的频率与含糖量高度相关。婴儿还会基于在母亲子宫里时母亲的饮食而形成味觉偏好。例如，一项研究发现，在孕期常喝胡萝卜汁的孕妇，她们的婴儿对胡萝卜的味道有一定的偏好。

四、早期嗅觉的发生与发展

（一）早期嗅觉的发生

胎儿早在30天时，头部就生发出富含感知神经细胞的嗅上皮。第7周时嗅上皮已固定到鼻腔的最上部，其中的嗅细胞已经和嗅球及大脑皮层的嗅觉功能区建立了联系。6个月时随着胎儿鼻孔拓通，嗅觉系统开始发生作用。最近的研究表明，从6个月开始，胎儿就能闻到母亲吃的食物的气味。到7~8个月时，胎儿的嗅觉感受器已相当成熟并且具有了初步的嗅觉反应能力，已能区分几种不同的气味。

出生不到12小时的新生儿即表现出一定的嗅觉，对各种气味有不同的反应，当闻到臭味时会紧闭眼睛，扭转头，而对巧克力、蜂蜜等令人愉快的气味，新生儿面部肌肉放松，嘴角后缩，表情愉快，并伴以吸吮和舔唇活动。

（二）早期嗅觉的发展

波特（Porter）及其同事测查了出生12~18天的母乳喂养婴儿和人工喂养婴儿对母亲、父亲和陌生人的嗅觉认知。实验中，婴儿躺在摇篮里，将两块前一天晚上放在成人腋下的纱布衬垫放在婴儿头部的左右两侧，记录婴儿的头部从中线转向任一块垫子的次数。当婴儿的头部转动时，鼻子离其中的一块垫子就只有12cm，以此来测查婴儿的嗅觉偏好，测试的气味刺激包括母亲与另一位非分娩期女性（最近没有生孩子，也不哺乳的女性）；母亲与另一位陌生的分娩期但不泌乳的女性；父亲与另一位陌生成年男性。将各对刺激分别呈现给母乳喂养的婴儿和人工喂养的婴儿。母乳喂养的婴儿在前面两对刺激中均表现出对母亲的腋下气味有偏好，而对父亲的气味未表现出偏好；人工喂养的婴儿对所有的刺激均未表现出偏好。研究者对此提出两种可能的解释：一是哺乳期的母亲腋下气味可能更强烈，因此婴儿可能是对气味的强弱，而不是对气味的个体性质作出反应。另一种可能是，母乳喂养的婴儿相对于人工喂养的婴儿与母亲的肌肤接触更密切，因此他们更多地体验到母亲的体味。不论如何解释，结果均表明，新生婴儿可以辨别不同的气味并作出不同反应。

婴儿的嗅觉随着脑的成熟和经验的积累而不断发展，到 1 岁左右，婴儿的嗅觉能力已经和成人的大体相当。

五、早期触觉的发生与发展

皮肤是人体中面积最大的感觉器官，触觉在子宫里最早得到发展。

（一）早期触觉的发生

胎儿在第 49 天时就已经具有初步的触觉反应（朱智贤，1989）。对人工流产胎儿的研究发现，2 个月的胎儿即可对细而尖的刺激产生反应。胎龄 4~5 个月时，触及胎儿的上唇或舌头，就会产生嘴的开闭活动，好像在吸吮。用胎儿镜进行研究还发现，如果用一根小棍触碰胎儿的手心，他的手会握紧手指，碰他的脚板则会引起脚趾动或膝、髋屈曲。总之，国内外有关实验报告均表明胎儿在 4~5 个月时已初步建立了触觉反应。

婴儿出生时就有触觉反应，天生的无条件反射，其中就有触觉参与，如吸吮反射、防御反射、抓握反射、巴宾斯基反射等。

（二）早期触觉的发展

触觉是婴儿获取有关这个世界信息的一种方式。6 个月大的婴儿倾向于把任何东西都放到嘴里，通过该物体在嘴里的感觉反应来获取其结构信息（Ruff，1989）。此外，手的触觉也是婴儿认识外界的主要渠道之一。

1. 口腔触觉

新生儿的口腔触觉十分灵敏，科学实验经常以婴儿的吸吮反应作为建立条件作用和操作条件作用的指标。洛克贝特（Rocbat，1983）对 1~4 个月婴儿的口腔触觉进行了实验研究，结果表明，1 个月的婴儿已能凭口腔触觉辨别不同软硬程度的乳头，4 个月的婴儿能同时辨别不同形状和软硬程度的乳头。艾伦（Allen，1982）及其同事对 3~5 个月婴儿的口腔触觉进行研究，发现他们已能辨别物体的形状和质地，对熟悉的物体，吸吮的速度逐渐下降，出现习惯化现象；而对于新的物体，吸吮的速度和力度增加，即出现去习惯化。这表明婴儿此时能够通过口腔触觉辨别不同的物体。

2. 手的触觉

婴儿可以通过手的触觉识别、加工、记忆物体的形状。研究者采用习惯化、去习惯化技术对婴儿用手的触觉认识物体的能力进行了研究。具体方法如下：将婴儿安置在一张固定的椅子上，在他们的右手掌或左手掌中放一个小物体，用一个布屏防止他们看手中的物体，但婴儿可以自由地触摸探索物体。习惯化、去习惯化程序包含两个阶段。习惯化阶段包含一系列尝试：当婴儿握住物体时，即为一次尝试开始，当婴儿放开物体或者到达实验者规定的一段时间后，该次尝试结束。重复这一过程若干次。在这些尝试的过程中，可以观察到婴儿抓握时间在减少。当经过两次以上尝试证实新生儿已习惯于一个物体后，将一个新物体放在其手上，如果观察到一个新异反应或抓握时间增加，则推测婴儿注意到了两个物体间的差异。结果表明，新生儿（最小16小时大）左右手在抓握一个物体（棱柱体和圆柱体）一段时间后出现了习惯化（抓握时间减少）；当换成另一个物体后，抓握时间增加，说明婴儿都能检测出2个小物体的轮廓差异。这一结果说明新生儿能够通过手的触觉检测多个物体的异同。

第三节　早期知觉的发展

人类绝大多数的基本知觉能力都是在婴儿期出现的。婴儿期的知觉发展迅速，这有赖于婴儿动作的发展及其与感觉器官的协调。

一、视知觉的发展

视知觉的发展包括许多方面，本节重点介绍婴儿在二维图形知觉、深度知觉和物体知觉方面的发展特点。

（一）二维图形知觉的发展

当新生的婴儿注视着眼前的各种图形时，他能对不同的图形作出区分吗？他知道同心圆和圆形的笑脸图是不同的吗？他对所看到的不同图形是否有偏爱？

范茨首先采用视觉偏爱法对新生婴儿进行观察，发现出生仅2天的婴儿就能顺利辨认视觉图形，并且表现出了偏爱。

（二）深度知觉的发展

虽然视网膜是二维平面的，但仍能看到三维世界，这有赖于诸如重叠、熟悉物体的大小、运动视差、线条透视、阴影等单眼线索以及双眼视差、调节、辐合等双眼线索的支持。婴儿从什么时候开始具备这种观察三维世界的能力，即什么时候开始知觉到深度？

1. 深度知觉的产生与发展

在个体空间知觉的发展中，深度知觉是个备受关注的领域。深度知觉的研究关注个体如何获取物体和外观在三维空间环境中的位置和排列，吉布森和瓦尔克最早设计了著名的"视崖"实验对婴儿的深度知觉进行研究。

在实验中，将6~14个月的婴儿放在"浅滩"一侧，看看他们是否听从母亲的召唤爬过"视崖"。结果发现，当视觉深度大约为90cm或更多时，只有10%的婴儿会越过"悬崖"爬向母亲，多数婴儿不会爬过"悬崖"，说明此时婴儿已具有深度知觉。

坎布斯等人通过判断婴儿的心率来考察是否具有深度知觉。他们分别把婴儿置于视崖的"浅滩"与"深滩"，发现2个月大的婴儿在"深滩"一边与在"浅滩"一边相比，心跳变慢了。这说明2个月的婴儿对"深滩"产生好奇，已能觉察出"深滩"和"浅滩"的差异。一旦婴儿有了爬行经验，或者偶尔跌落几次，就会习得对"视崖"的害怕。

鲍尔等人还用"视觉逼近"来研究婴儿的距离（深度）知觉：向婴儿呈现以一定速度向其逐渐逼近的物体或其影像，观察婴儿对此的反应。结果发现，当真实物体逼近到距离婴儿20cm以内时，6~20天的新生儿会有明显的躲避反应，如眨眼、挥动手臂、哭泣等。这说明新生婴儿就已经出现了三维空间深度知觉的迹象。

2. 深度线索的使用

在深度知觉的发展过程中，深度线索的使用起了十分重要的作用。对于早期婴儿所使用的深度线索可以分为三类：一是经典的图片深度线索，即可以在平面二维图片上表现出来的图片深度线索；二是运动深度线索；三是双眼深度线索。

（1）经典的图片深度线索。这方面的研究首推杨纳斯等人，他们的实验发现，7个月以前的婴儿似乎对图片深度线索没有敏感性，大约7个月大的婴儿对所有的图片深度线索都敏感。在一项研究中，杨纳斯等人给婴儿看一幅倾斜窗户的图片，图片与婴儿所在平面呈45°夹角。图片中窗户的右侧看起来比左侧距离婴儿更近，如果婴儿能觉察到这样的深度线索，就会用手去触摸窗户的右侧；如果他们无法察觉这一线索，则触摸窗户左右侧的概率应该是一样的。实验结果发现，7个月大的婴儿伸手触摸窗户右侧的频率更高，而5个月的婴儿则没有表现出差异。

（2）运动深度线索。运动视差的深度线索可以为个体提供深度次序的信息。von Hofsten C(1992)对4个月大的婴儿进行了运动深度线索的研究。让婴儿来回移动，同时观察排成一排的3个竖直条杆，中间条杆的移动方向和婴儿坐的椅子的移动方向相同，给婴儿一种视觉上的位移。当婴儿对这样的排列产生习惯化后，采用两种呈现方式测试婴儿对运动深度线索的感知：一种是 3 个并排的静止的竖直条杆；第二种是中间条杆和两边的条杆相距 15cm（这与习惯化的排列一样会产生运动视差）。结果发现，移动中的婴儿看得更多的是 3 个并排的静止竖直条杆。这些结果支持了婴儿早期对运动视差线索的使用。

（3）双眼深度线索。双眼深度线索对个体的深度知觉的发展具有重要作用。个体的双眼线索在出生后不久就出现了。有研究给婴儿佩戴上特殊的眼镜，该眼镜就像看 3D 电影戴的眼镜一样，发现婴儿对双眼线索的敏感性在 2~3 个月间出现，且在最初半年内迅速提高。来自行为学方面的研究也表明，婴儿从 4 个月开始就产生立体的深度知觉了。

（三）物体知觉的发展

物体知觉包括了对物体本身的边界、形状、大小、整体性等方面的知觉，是对物体空间属性的反映，这是个体认识世界的基础。

1. 形状知觉

形状知觉是对物体各部分排列组合的反映，它依赖视觉、触觉、动觉等的协同。当个体从不同角度、不同位置观察某一物体时，尽管投射在视网膜上的物体的形状已经发生了变化，但个体对该物体形状的知觉也应保持相对的稳定，这就是形状恒常性，这是在考察形状知觉时要考虑的一个重要方面。Slater 和 Johnson（1999）通过习惯化和去习惯化范式研究发现，形状恒常性在个体出生后一周就已经具备了。

2. 大小知觉

人类似乎先天就具有观察一个物体的实际物理大小的能力。无论个体观察物体的距离如何发生变化、物体在视网膜上的影像大小如何改变，个体对物体大小的知觉保持不变。这就是大小恒常性。有研究发现，大小恒常性在婴儿出生后几天就已经存在。Slater、Mattock 等人（1990）通过一个设计精巧的实验考察婴儿是否能不受距离变化的影响而知觉实际物体的大小。他们将刚出生 2 天的新生儿分成两组，分别置于处于不同距离（23~69cm）的形状相同，但实际大小不同（边长 5.1cm 和边长 10.2cm）的两个立方体前，先让他们"熟悉"各自观察的在不同距离下出现的立方体。在进一步进行的实验中，每个婴儿都要观察大小 2 个立方体，大立方体放在 61cm 的远处，而小立方体放在 30.5cm 的近处。在这两种距离上，2 个立方体在婴儿视网膜上留下相同大小的视像。结果发现，几乎所有的婴儿都会更长时间地注视自己先前没有看到过的物理大小的立方体，而且注视新立方体的时间比例高达 84%。

3. 物体整体性知觉

婴儿具有不用学习就能组织不同物体的视觉能力。关于这个问题涉及几个方面：一是关于对象与背景的区分；二是关于将部分遮挡的物体视为一个整体；三是区分不同的知觉对象。

在关于对象与背景的区分研究中，斯珀克（Spelke）等人让 3 个月大的婴儿观看一个悬挂在蓝色背景前的橙色圆柱，使其习惯化；然后呈现两种刺激：一是蓝色背景静止，而整个圆柱向婴儿移动；二是圆柱分成两截，一截与背景一起向后运动。如果婴儿能够将圆柱视为与背景分开的独立实体，那么他看到圆柱折成两截且一截随背景移动时将感到惊奇或迷惑不解。实验结果发现，这些婴儿确实对第二种刺激表现出了惊奇或迷惑，这说明至少 3 个月大的婴儿就能够初步区分对象与背景。

4. 面孔知觉

早在 1961 年，范茨（Robert Fantz）在视觉偏爱实验中就发现了婴儿偏爱人的面孔。许多研究显示，新生儿偏爱自己母亲的面孔。一个月大的婴儿就能从不同的视角、平面图中识别熟悉的人脸，通常是他们的母亲。但这种认识是粗浅和有限的，并非基于面孔的细节，而是基于头型、发型等总体和外围的特征。帕斯科利斯等人改变了面孔偏爱的实验结果，让妇女用围巾遮住头发和前额部分，结果婴儿对自己母亲不再表现偏爱。

2 个月大的婴儿对于母亲面部特征的识别和喜欢程度超过了不熟悉的女性的面部特征。大约 3 个月的婴儿能够很好地区分不同面孔的特征。5 个月以后的婴儿才能根据不同情绪表达强度识别人脸。在实验中，让 5 个月的婴儿对各种不同程度的微笑产生习惯化，包括从嘴唇微微上翘的笑到露出满口牙齿的笑，这些笑容由 4 名女性模拟；然后，婴儿开始观察第 5 名女性模拟一个从未见过的中等程度的笑容和第 6 名女性模仿的一个害怕表情，结果发现，婴儿注视害怕表情的时间明显较长，这说明他们已经将微笑的面部表情作出了归类，并将新的微笑归入这一类。7~10 个月的婴儿开始把人的表情知觉归为一个有意义的整体。

婴儿除了可以对面孔进行识别外，还可以根据面孔的信息对人加以分类，在这种分类中，婴儿的经验起了很重要的作用。有研究者通过向婴儿呈现男性或女性的面孔，然后测试他们对同性别和异性别的陌生面孔的反应，发现 9 个月大的婴儿能够利用表面特征（头发长度和衣着）来协助完成性别分类，但是，习惯了男性面孔的婴儿随后对女性面孔的注视时间明显加长，而习惯了女性面孔的婴儿却没有这种表现。奎因等人考察三四个月大的婴儿对男性和女性面孔的偏好，发现这些婴儿对女性面孔表现出强烈的偏好。当奎因等人采用由男性照顾的婴儿做被试时，发现这些婴儿表现出了对男性面孔的偏好。

二、听知觉的发展

听知觉主要涉及对乐音和人类语音的知觉。婴儿听到了什么，喜欢听什么？

（一）乐音知觉

有研究表明，刚出生不久的婴儿就能辨别乐音与噪声，而且新生儿喜欢乐音，讨厌噪声；5个月的婴儿就能感知音乐旋律的变化。实验中，先让婴儿对一组八分音系列产生习惯化，然后将这组八分音重新组合后呈现，婴儿的心率都发生了明显的变化。4~7个月时，婴儿能够感知音乐片段，表现出对中间有停顿的莫扎特的《米奴哀舞曲》的偏爱。瓦尔克指出，6个月以前的婴儿已能辨别音乐中的旋律、音高、音色等，也初步具有了协调听觉与身体运动的能力。1岁时的婴儿能辨别两种仅有微小差异的旋律。

（二）语音知觉

婴儿一出生，就在语音听觉方面表现出了很强的能力：（1）将言语分割成更小的音素；（2）根据声音确认和辨别自己的抚养者。

1. 语音辨别

新生儿对语音的刺激非常敏感，不仅密切关注，而且能作出最基本的区分。爱默斯等对2~3个月大的婴儿进行了语音分辨实验。他们让婴儿一边听"pa"的音节一边吮吸橡皮奶嘴，直到产生习惯化。然后研究者同时给一组婴儿播放"pa"音节，给另一组婴儿播放与"pa"音节十分相似的音节，给第三组婴儿播放"ba"音节。结果发现，听到"ba"音节的婴儿产生了去习惯化反应（吮吸奶嘴的频率发生了变化），说明婴儿能够区分"pa"和"ba"。另一项研究甚至还发现，出生不到一周的婴儿就能区分字母a和i的音。

2. 语音偏爱

新生儿不仅能够对语音进行辨别，而且还表现出语音的偏好，如果在正常的说话声与音乐、混乱的声音中选择，他们更喜欢正常的说话声。Vouloumanos 和 Werker 对2~6个月婴儿的听觉偏好进行考察，结果发现，与复杂的非言语刺激相比，婴儿更偏爱言语刺激。婴儿对言语刺激的偏好，还表现在对所谓"妈妈语"（指的是一种语速缓慢、音调高而夸张的语言）的偏爱上。出生几天的婴儿就对"妈妈语"表现出更大的兴趣和关注，而且不论"妈妈语"的发出者是男性还是女性。

三、跨通道知觉

有研究发现，婴儿在出生的头6个月中，就表现出了大量的跨通道知觉。这些跨通道知觉主要表现为视-触跨通道、视-听跨通道以及视-动跨通道等方面。早期的跨通道知觉能够促进社会信息和语言的加工。随着年龄增长，个体逐渐学会运用多种形式来感知外界刺激，跨通道知觉逐渐发展起来。

（一）视-触跨通道知觉

出生 1 个月的婴儿似乎就具有了视-触跨通道知觉，能通过视觉来辨认他们吮吸过的物体。吉布森和瓦尔克（Gibson，Walker，1984）在研究中，让一组婴儿吮吸坚硬的圆棒，另一组吮吸柔软的海绵棒；然后，通过图片让婴儿明白坚硬的圆棒不能弯曲，而柔软的海绵棒能够弯曲。结果发现，吮吸过柔软的海绵棒的婴儿更喜欢盯着坚硬的圆棒看，而吮吸过坚硬的圆棒的婴儿更喜欢盯着柔软的海绵棒看，这说明这些婴儿认出了自己曾吮吸过的物体，而觉得这个物体不如其他新鲜玩意有趣。4~6 个月的婴儿能够把触摸到的与看到的物体进行匹配。

（二）视-听跨通道知觉

视听的跨通道知觉在早期也发展起来。三四个月的婴儿能够将个体的嘴唇运动与所听到的语音联系起来，能把发声个体的年龄及情绪与相应的面孔联系起来。例如，库尔和梅尔佐夫让婴儿同时观看两个成人重复发两种不同的读音，同步传声器重新传出其中一个读音，发现 4 个月的婴儿对嘴唇运动与所听到的读音相匹配的说话者注视的时间更长。在沃尔克的实验中给 5~7 个月的婴儿并排呈现两部影片，其中一部是某陌生人在高兴地自言自语，另一部是某陌生人在愤怒地自言自语，而他们的耳边只听到其中一部影片的话语。结果发现，婴儿对与所听到的声音相对应的电影片段的注视时间更长。4 个月时，婴儿能将反映距离的视觉线索与听觉线索联系起来。例如，婴儿听到火车声音越来越小时，更喜欢看火车开走的画面，而不是火车开过来的画面。8 个月的婴儿能够根据性别来匹配嗓音和面孔。

（三）视-动跨通道知觉

视-动跨通道知觉主要表现在婴儿的模仿行为上。梅尔佐夫和摩尔进行了巧妙的实验设计：用聚光灯照亮实验者的脸，使其成为婴儿突出的知觉对象。让婴儿半躺在一把婴儿椅上，其面孔与实验者相距 10 英寸左右。实验以 20 秒为一个时间单元，在第一个 20 秒内，实验者作出缓慢地开闭嘴巴的动作 4 次，然后停止 20 秒；在第二个 20 秒内，实验者作出缓慢地伸缩舌头的动作 4 次，再停止 20秒。这样经历了 12 次过程变换，这期间，红外感光摄像机记录下婴儿的脸部表现，发现新生婴儿能够很好地模仿实验者的嘴部动作。

第九章 认知的发展

第一节 个体认知发展的一般趋势

一、认知发展的阶段

(一) 感知运动阶段 (0~2 岁)

感知运动阶段是儿童智力发展的萌芽阶段在这个阶段，儿童主要凭借感知和动作获得动作经验，在这些活动中形成一些低级的行为图式，以此来适应外部环境，进一步探索外部环境。其中，手的抓取和嘴的吸吮是他们探索世界的主要手段。

感知运动阶段又可分为以下 6 个亚阶段。

1. 反射练习阶段 (0~1 月)

儿童出生后借助先天的无条件反射适应外界环境，进一步通过反射练习使先天的反射结构更加巩固，如吸吮奶头的动作变得更加熟练；原有的反射也得到扩展，从吸吮奶头扩展到吸吮拇指、脚趾或玩具等，并且逐渐有所分化。

2. 初级循环反应阶段 (1~4 月)

在先天反射基础上，儿童通过机体的整合作用，把单独的动作联结起来，形成一些新的习惯，如寻找声源，用眼睛追随运动的物体等。

3. 二级循环反应阶段 (4~8 月)

在视觉和抓握动作开始协调后，儿童就过渡到了这个阶段，开始抓弄所见到的一切身边的东西。如拉动风铃下的彩条，风铃发出悦耳的声响，引发了儿童的兴趣，促使他多次重复这个动作，于是，就在主体动作和动作结果之间出现了所谓的"循环反应"，最后渐渐使动作（手段）和动作结果（目的）产生分化，出现了为达到某一目的而进行的动作，智慧动作开始萌芽。

4. 二级反应协调阶段 (8~12 月)

在这一时期，目的与手段已经分化，智慧动作出现了，如儿童拉着父母的手指走向自己够不着的玩具或其他物品，或者要成人揭开盖着物体的布，表明儿童在作出这些动作前已经具有取得物体的意向。不过，这个阶段所用的都是熟悉的动作，只是运用已有的手段去应付新情况而已。这一阶段儿童还出现了"客体永久性"观念，即当客体从婴儿的视野中消失时，他能知道这并非是客体不存在了，而是被藏在了某个地方。客体永久性的获得是感知运动阶段中的一次质变。

5. 三级循环反应阶段（12~18 月）

在这一阶段，儿童偶然发现了新的方法，开始探索达到目的的新手段。例如将糖果放在毯子上婴儿拿不到的地方，婴儿用手抓试图取得糖果，经过一次次失败后，偶然地拉动了毯子一角，观察到了毯子的运动与糖果间的关系，于是一把拉过毯子，拿到了糖果。儿童用新发现的拉毯子的动作达到了目的，这是智慧动作发展的一大进步。但发现新动作纯属偶然，是在尝试错误的过程中实现的。

6. 表象思维开始阶段（18~24 月）

在这一阶段，婴儿具有了心理表征能力，他们可以对自己的行为和外在事物进行内部表征，开始了心理的内化。皮亚杰认识到，这个阶段的婴儿获得的心理表征能力具有两个明显的标志：（1）有时不用明显的外部尝试动作就能解决问题；（2）延迟模仿能力出现。

（二）前运算阶段（2~7 岁）

在这个阶段，儿童的各种感知运动图式开始内化为表象或形象模式，特别是语言的出现和发展，使儿童日益频繁地用表象符号来代替外界事物，但他们的语词或其他符号还不能代表抽象的概念，思维仍受具体直觉表象的束缚，难以从知觉中解放出来。按照皮亚杰的观点，前运算阶段又可分为两个阶段：前概念思维阶段和直觉思维阶段。

1. 前概念思维阶段（或象征性思维阶段）（2~4 岁）

前概念思维阶段的儿童开始运用象征性符号，出现了表征功能，或称象征性功能，儿童用信号物来代表被信号化的物体，比如用木棍当"枪"，用小手帕当"被子"等。因此，象征性游戏的产生是前概念思维开始的标志。

处于前概念阶段的儿童，其掌握的概念与成人所用概念不同，不是抽象的、富有逻辑的，而是具体的、动作的。儿童认识不到相似物体可能属于同一种类但它们仍是不同物体。如，当皮亚杰和儿子一起散步时孩子看到了一只蜗牛并指给父亲看；一会儿，他们又遇到了一只蜗牛，孩子声称那只蜗牛又到这儿了。由于未形成类概念，分不清个别与一般的关系，因此，他们还作不出合乎逻辑的推理，常常运用的是"转导推理"，即从一个特殊事例推导出另一个特殊事例的过程。

2. 直觉思维阶段（4~7 岁）

在直觉思维阶段，儿童的思维常常是直觉的、自我中心的、感知的以及伴随着分类上的错误。这个时期，儿童思维的主要特征是思维直接受知觉到的事物的特征左右。皮亚杰曾作了这样一个实验：给四五岁的儿童展示两个同样大小和形状的杯子，在儿童确认这两杯水一样多时，将两杯水分别倒入矮而宽的杯子和高而窄的杯子中，让其判断两个杯子中的水是否一样多，结果一部分儿童说前者多，一部分儿童说后者多。

前运算阶段的儿童还不能掌握守恒，是与其思维的特点有关。首先，他们的思维具有"中心化倾向"，即关注了刺激物的某一方面而忽略了其他方面；其次，儿童把水开始的状态和最终状态看成是没有关联的事件，忽略了两种状态的动态过程。而前运算思维最重要的特质就是它的不可逆性，即不能改变思维的方向，使之回到思维的起点。前运算思维的另一个特点就是自我中心思维。所谓自我中心，是指儿童倾向于从自己的立场、观点认识事物，而不能从客体事物本身的内在规律以及他人的角度认识事物。自我中心思维有两种形式：缺乏对他人从不同物理角度看待事物的意识，以及不能意识到他人或许持有和自己不同的想法、感受和观点。

（三）具体运算阶段（7~12岁）

7岁以后，儿童思维进入运算阶段。所谓运算是指在心理上进行操作，是外部动作内化为头脑内部的动作（操作）。运算具有四个特征：运算是一种能在心理上进行的、内化了的动作；运算是一种可逆的内化动作；运算具有守恒性；运算不是孤立存在的，它总是集合成系统，形成一个整合的整体结构。

具体运算阶段的儿童认知结构中已经具有了抽象概念，思维可以逆转，因而能够进行逻辑推理。这个阶段的儿童能凭借具体事物或从具体事物中获得的表象进行逻辑思维和群集运算，但思维仍需要具体事物的支持。

（四）形式运算阶段（12岁~成人）

形式运算阶段又称命题运算阶段，是思维发展的最高阶段，其最大特点是儿童思维已摆脱具体事物的束缚，能将心理运算运用于可能性和假设性情境，并通过假设和命题进行逻辑推理，监控和内省自己的思维活动。形式运算阶段具有两大特征。

1. 假设-演绎推理

具体运算思维是运算思维发展的第一步，直接与具体的事物相联系，在思维过程中具体形象成分仍然起主要作用，需要具体的、直观的、形象的、感性经验的支持；在面对问题时总是从情境中最明显的现实假设开始。而青少年则完全不同，他们开始能够进行假设-演绎推理。当面对问题时，他们首先考虑的是涵盖了可能影响结果的所有因素的普遍理论，然后从这种普遍理论中推导会发生什么的特定假设，并运用一定的方式对这些假设进行验证。皮亚杰和英海尔德

（Inhelder）用"单摆振动实验"说明了具体运算思维和形式运算思维的区别。

实验者给被试呈现一个单摆，即在一根线上悬挂一个重物（如砝码），让被试改变线的长度或悬挂物的重量以及振幅、推动力等因素，从而找出影响单摆振动频率的因素。实验中只有一个因素与单摆振动有关，被试必须懂得只有逐个隔离因素方能排除无关因素。

形式运算阶段的儿童总结了 4 个假设：（1）绳子的长度；（2）悬挂物的重量；（3）物体的起摆高度；（4）起摆时所受到的动力大小。然后，他们在每次实验中都控制 3 个变量，仅改变 1 个变量来进行研究，得出绳子的长度与单摆振动频率有关的正确结论。相反，具体运算阶段的儿童虽然能将绳的长度、悬挂物重量及物体的起振高度等按照一个大小序列来进行实验，但他们往往同时改变上述所有因素，故认为各种因素都影响单摆振动速度。

据我国心理学工作者对 23 个省市 4 万多名中学生的调查表明，我国中学生在初中一年级时形式逻辑思维已经开始占优势，到高中二年级时这一思维已基本成熟。

2. 命题思维

形式运算思维的另一个重要特征是命题思维能力。所谓命题思维是一种在缺失具体例子的情况下，使用抽象逻辑的推理形式。青少年能够不通过现实情景而对命题（言语表述）进行逻辑推论。相反，具体运算阶段的儿童只能通过现实世界中的实际例证，来推论言语表述之间的逻辑关系。

在一项关于命题推理的研究中，实验者向儿童提供了一堆卡片，设定了两种实验情形，然后问儿童关于卡片的叙述是正确的还是错误的。第一种情形是实验者在手中藏起一张卡片后对被试说："我手中的这张卡片要么是绿色的，要么不是绿色的。""我手中的卡片是绿色的，也不是绿色的。"第二种情形是，实验者在手中拿一张红色卡片或绿色卡片，但不藏起来，然后重复上述两句话。

结果发现，具体运算阶段的儿童关注卡片的具体特性。当卡片被藏时，他们对两句话都不确定；而卡片未被藏起来时且为绿色，他们认为两句话都是正确的；如果卡片是红色时，他们认为两句话就都是错误的。相反，形式运算阶段的儿童则能够分析句子的逻辑成分，他们知道无论卡片的颜色，"要么是要么是"的句式永远是正确的，而"也"的句式永远是错误的。

皮亚杰认为，儿童在经过上述连贯的发展阶段后，其智力水平就基本趋于成熟。

二、基本认知能力的发展

从直觉行动到具体形象，再到抽象逻辑，这一发展趋势贯穿于思维形式（概念、判断和推理）和思维活动（分析与归纳、分类、理解）的整个过程。下面就从分类、概念获得和问题解决等方面进一步描述儿童认知的发展历程，以加深对认知发展趋势的理解。

（一）分类能力的发展

客观世界中的事物具有众多的属性和特征，分类就是人脑通过比较，按照事物的异同程度在思想上加以分门别类的过程。

分类能力是人类的一种基本认知能力，分类活动几乎渗透到人的所有认知活动之中。心理学认为，形成概念或类别是表征知识的一种极为有效的方式，而考察概念或类别的形成，一般是通过考察人们如何对事物进行分类来展开的。

我国学者王宪钿用单一物体的图片对儿童的分类进行了实验研究，查明了儿童分类的不同类型与水平。儿童分类的发展可归纳为以下五类：

（1）不能分类。儿童将性质上毫无联系的图片，按原排列顺序或按数量平均地放入各个木格，不能说明分类原因；或任意将图片分为若干类，但不能说出原因。

（2）感知特点分类。依据颜色、形状大小或其他特点分类。例如，将桌子和椅子分为一类，因为都有四条腿等。

（3）生活情境分类。把日常生活情景中经常在一起的事物归为一类。例如，书包是放在桌子上的，所以把书包和桌子归为一类。

（4）功能分类。如桌、椅是写字用的，碗、筷是吃饭用的，车、船是运人的等。儿童只能说出物体的个别功能，而不能加以概括。

（5）概念分类。如按交通工具、玩具、家具等分类，并能给这些概念下定义，说明分类原因。

一般来说，4岁以下儿童基本上不能分类；5~6岁儿童开始发展初步的分类能力，但主要是依据物体的感知特点与情境进行分类；5岁半~6岁，儿童发生了从依靠外部特点向依靠内部隐蔽特点进行分类的转变；6岁以后，儿童能够按物体的功用及内在联系进行分类，说明儿童的概括水平发展到了一个新的阶段。我国学者吕静的研究结论与上述研究相似。

早期的学者认为分类能力是学龄儿童的认知成就，只有到了小学阶段儿童才能按照稳定的标准分类。但是，新近的研究发现幼儿阶段已经能够进行稳定的分类，但是分类的标准可能是具体的知觉特征或者是日常生活中常见的功能关系。其他领域如记忆，研究了幼儿按照类别关系组织物体的能力。利用推理或命名的实验也发现幼儿具有按照概念水平的标准进行分类的能力。我国学者的研究也表明，儿童依"类概念"（理论性）分类的能力是随年龄的增长而提高的，7~8岁是发展的突变期。

（二）概念的获得

概念是人类思维的一种重要形式，是抽象逻辑思维的细胞结构，是人类进行一切认知活动的基础。概念的发展水平在一定程度上决定和反映了思维的发展水平。概念在儿童的认知发展中具有非常重要的功能。它可以帮助儿童根据事物所具有的共同属性，将不同的事物组合在一起进行认识，并形成组织性记忆；还可以帮助儿童认识那些尚未实际感知过的事物和事件，能运用概念进行归纳推理，从已知导出未知。因此，概念是儿童认识事物的重要思维工具。

概念反映的是客观事物一般的、本质的特征。人类在认识事物的过程中，把某些事物所共同具有的本质特点抽取出来加以概括并用词标示出来，就形成了概念。因此，概括能力是儿童掌握概念的直接前提。儿童概括能力的发展经历了动作水平的概括、形象水平的概括、抽象水平的概括三级水平。

就个体而言，概念是在个体的发展过程中逐渐掌握的。儿童掌握概念并不是简单地、原封不动地接受，而是把成人传授的现成概念纳入自己的知识经验系统中，按照自己的方式加以改造。

儿童掌握概念的方式有两种。一种是通过实例获得。儿童在日常生活中经常接触各种事物，其中有些就被成人作为概念的实例（变式）而加以介绍，同时用词来称呼它。儿童就是通过词（概念的名称）和各种实例（概念的外延）的结合，逐渐理解和掌握概念的。另一种方式是通过语言理解获得，即成人用给概念下定义的方式，用讲解的方式帮助儿童掌握概念。在这种讲解中，把某概念归属到高一级的类或种属概念中，并突出它的本质特征。儿童以这种方式获得的概念，通常是科学概念而非日常概念。

（三）问题解决能力的发展

问题解决的首要条件是先要有问题。什么是问题？所谓问题是指需要解决的某种疑难，即当一个人希望达到某一个目标，但又没有可供使用的现成方法时，这个人就面临一个问题。问题包含了三个基本成分：一是给定条件，即问题起始状态；二是问题的目标状态，即问题的答案；三是障碍，即找到答案必须经历的思维活动。

问题解决（problem solving）是指个人应用一系列的认知操作，从问题的起始状态到达目标状态的过程。问题解决被看作是思维活动的最普遍形式，它突出地表明了人的心理活动的智慧性和创造性。对儿童来说，问题解决能力的发展尤为重要，它不仅是儿童发展认知的重要内容，而且通过问题解决儿童还可以发展许多其他方面的能力。

1. 儿童问题解决能力的发展

了解个体问题解决能力的发展状况，最好的方法之一就是观察不同年龄的个体在解决同一个问题时所表现出的能力。希格勒（Robert Siegler）进行的关于解决天平问题的实验研究，提供了了解这种发展变化的背景。研究发现，随着年龄增长，个体解决问题能力的发展非常显著，表现在对问题有关信息的正确编码、解决问题的具体策略以及从经验中受益的能力等方面。

2. 儿童问题解决策略的发展

问题解决策略的形成和发展是一个非常复杂的过程。国内外研究者们分别从对信息的编码、规则的发现、假设检验以及元认知等不同的角度研究儿童问题解决策略能力发展的年龄趋势及特点。

我国学者也对儿童问题解决策略的发展进行了研究。研究者以 5~13 岁的 250 名儿童为被试，采用图片、数字卡片和图形三种实验材料，要求被试解决三种任务。结果发现，儿童在解决三种任务时的策略水平呈基本一致的发展趋势，均呈现四级发展水平。

（1）0 级水平：无策略，儿童依据自己对某一刺激物的偏好或猜测而提出假设，对主试给予的反馈信息不进行反应，不能解决问题，大部分 5 岁儿童属于这一级水平。

（2）一级水平：虽然可以解决问题，但所应用的策略属低水平的保守扫描策略。被试顺次地对每张图片或每个数字加以提问，大部分 7 岁儿童处于这一级水平。

（3）二级水平：能初步运用分类策略提出假设，缩小答案的范围，大多数 9 岁儿童属于二级水平。

（4）三级水平：能运用高级的分类策略，能对信息从本质上进行编码，形成在概念系统中位于高层次的概念，所用策略带有聚集式，能迅速排除与答案无关的信息有效地解决问题。11 岁儿童达到了三级水平。

其次，不同年龄儿童在解决问题中使用策略水平的发展具体表现为：儿童运用策略的灵活性不断增强，即根据不同的实验任务，随时改变和调整策略；儿童提出的假设从单一维度发展到多维度，能更好地建立起关于问题的心理表征；儿童对反馈信息的敏感性增强，年长儿童通过逆转换的反向思维方式对负反馈信息进行深入加工，对解决问题的全过程表现出良好的监控和调节能力。

第二节　认知过程的发展：信息加工理论

一、信息加工速度的发展

（一）儿童在不同的任务中信息加工速度有差异

儿童完成一些任务的加工速度会明显快于完成另一些任务。在一项研究中，分别给 10 岁、12 岁、15 岁的儿童以及成人呈现速度不同（由最快到最慢）的四种任务：

（1）选择反应（如果刺激箭头指向左，就按左边的反应键；如果刺激箭头指向右，则按右边的反应键）；（2）字母匹配（如果刺激中的两个字母是不同的，则按左键；如果两个字母是相同的，则按右键）；（3）心理旋转（确定可能处于不同的空间方位的两面旗子上的星星是在左上角，就按左键；反之在右上角就按右键）；（4）抽象匹配（按两个反应键之一，确定在左边或右边的字母背景与屏幕的背景是否相同，背景可能在字母、字母数量或方位上不同）。研究结果显示：操作较慢的任务更复杂，其中包括了很多认知操作，不仅是简单的刺激反应。比森（Bisan）测量了名字的提取时间，任务是要求被试判断成对图画在形状和名字上是否相同。结果表明被试判断相同名字比判断相同形状慢。这种差异是由于被试需要花时间专门提取名字造成的。

（二）对任务的加工速度随年龄的增长而提高

许多研究表明在各种信息加工任务中儿童的加工速度比成人慢，儿童信息加工速度随年龄的增长而提高。如比森等测量了名字的提取时间，结果表明 8 岁儿童提取相同物体名字所用的时间是 282 毫秒，10 岁、12 岁、17 岁被试分别为 210 毫秒、142 毫秒、115 毫秒，成人为 113 毫秒。可见随着年龄的增长，完成任务所需的时间逐渐减少。但这种信息加工速度随年龄增长逐渐提高的趋势在不同的任务中是否相同呢？沃建中的研究表明，个体在发展过程中认知加工速度并不是同比例的增长，而是有不同的飞跃期。他以 7 岁、11 岁、13 岁、15 岁、17 岁、19 岁的儿童青少年为被试，以三种性质的任务（简单反应时、图形匹配、心理旋转）为内容，研究儿童信息加工速度的发展，结果发现在不同任务中信息加工所用时间下降的趋势不同：在简单反应时中，11 岁是一个转折点；在图形匹配任务中，13 岁是一个转折点；而在心理旋转任务中，17 岁才是一个转折点。而凯尔（Kail）将信息的加工速度看成是一个一般的、任务独立的结构体，童年时代很多不同任务执行速度发展表现出一致性。

（三）影响儿童信息加工速度发展的原因

许多研究表明儿童信息加工的速度和成人有差别，随着儿童年龄的增长，儿童信息加工的速度不断发展。研究者开始关注造成这种差异的原因，并进行了大量的研究，综合起来有三种不同的假设：经验说、元认知说、整体机能说。

经验说认为信息加工速度年龄差异的主要根源是个体的知识经验，即随着年龄的增长，个体知识经验愈丰富，其加工速度就愈快。持这种观点的人主要的实验依据是来自于在某些专业领域的加工任务中，专家的加工速度总是明显快于新手。这表明刺激任务的性质或刺激知识的熟悉程度影响了信息加工速度，知识差异在一定程度上影响了成人和儿童的加工速度，即信息加工速度的年龄差异是由于知识的差异造成的。元认知观点认为认知任务的完成是选择有效策略、合理分配能量、监控任务操作等一系列心理操作的过程，主体所使用策略的差异是造成这种差异的主要原因。如成人在心理旋转任务中，加工效率的比率与被试使用不同的策略相关。因此可以推测完成某项任务所需加工时间的变化是由于选择不同的策略引起的，个体监控能力水平是影响信息加工速度的重要因素。

整体机能说认为信息加工成分是以和谐的、同比率的速度在发展，加工速度中年龄差异的一致模式反映了整体性机理的发展变化，其整体机理限制了儿童在大多数任务上的加工速度。加工速度中的发展变化可以反映神经传递速率中的相关年龄变化。这种假设与凯尔（Kail，1991）的观点基本一致，认为加工资源（指心力或注意力）的绝对量是随年龄增长而增加的，控制加工要争夺资源，这样其效能对于这些资源的量是敏感的。为此，凯尔预测整个控制加工的效能同样受年龄影响，而自动加工的效能相对不受年龄的影响，因为它们不受资源的限制。

二、工作记忆的发展

工作记忆是巴德利（Baddeley，1974）等人在对短时记忆系统特征研究的基础上提出的一种对信息进行暂时性加工和储存的记忆系统，它超越了短时记忆简单的存储功能。工作记忆"实际上是一种执行系统，对于信息的编码和存储有计划监控等诸多作用"。20 世纪 90 年代以来，有关儿童工作记忆发展的探讨，成为目前认知心理学研究的一个热点。作为认知加工过程的一个最基本环节，工作记忆概念比短时记忆概念更具有解释力，这是它受到重视的一个重要原因。

（一）儿童工作记忆加工容量的发展

工作记忆广度的大小直接影响着人类完成高级认知活动的效率，"记忆广度提供了加工容量的估计值"。儿童工作记忆广度随年龄的增长而扩大。黑尔（Hale）等人研究了人一生中工作记忆的个体差异和年龄差异，在儿童的抽样调查中发现语言和空间工作记忆广度随年龄的增长而扩大，进一步分析表明有97%的工作记忆的年龄差异是由加工速度的年龄差异引起的。

帕斯夸尔-莱昂内（Pascual-Leone）认为，随着年龄增长，儿童的工作记忆中持有信息的能力也在增长。他称这种能力为 M 空间（记忆空间），并用实验检验了 M 空间随年龄增长而发展的假设。他要求不同年龄儿童学习对不同的视觉刺激作出不同的动作反应，例如，看到红颜色就拍手，看到大杯子就张嘴。一旦儿童学会了这些简单的联想，实验者就向他们同时呈现两种或更多的刺激，让儿童作出适当的反应。一个儿童的正确反应数与其在 M 空间中能综合的图式的最大数是一致的，而能正确完成的动作数在幼儿和学龄儿童中随年龄的增长而增加。

（二）儿童记忆策略的发展

1. 记忆策略的典型发展过程

策略是"为了完成一定的任务而有意采取的心理操控活动"。大部分有意识的思维都是在策略的指导下进行的，儿童认知活动的年龄差异也大多表现在策略使用的差异上。

记忆的策略有多种，下面以言语复述为例（结合表 9-1），阐述儿童记忆策略发展的一般过程。一开始（没有策略可供利用）儿童基本上或者完全缺乏构成言语复述行为的技能成分和技能整合。这些组成成分可能包括快速而准确地再认和默读刺激名称的能力，以流畅、快捷并得到很好控制的方式复述单词，以及在执行复述计划时持续跟踪当前状况和去向的能力。如果儿童完全不能够复述，则自然不会在记忆情境下表现出自发的复述行为，这个阶段即使费劲地对儿童进行复述训练，也不可能在儿童身上引发出一定量的有助于记忆的复述。

表 9-1　记忆策略的典型发展过程

策略发展的主要阶段	没有策略可供利用	产生缺失	利用缺失	成熟的策略
执行策略的基本能力	从缺乏到贫乏	从中等到良好	良好	从良好到很好
自发的策略使用	缺乏	缺乏	出现	出现
试图引发策略的使用	无效	有效	不必要或者效果微弱	不必要
策略使用对提取的影响		积极的	缺乏或者很小	积极的

第 3 列（产生缺失）是一个过渡栏，在特定的任务中，证明一年级的被试具有很好的复述能力，实验者也可以轻易地引发他们的复述，并且这种引发也的确有助于他们以后的提取。弗拉维尔（Flavell）对产生缺失（production deficiency）和中介缺失（mediational deficiency）进行了区分。产生缺失就是年幼儿童具有执行策略的基本能力，但却常常不能在具体的记忆情境中自发地运用策略。庞虹（1992）研究了小学儿童记忆中组织策略的发展，认为儿童对记忆手段和记忆目标之间的功能关系缺乏清晰的认识，不能清楚地认识策略的有效性，以及常运用自己熟悉的、简单的也相对无效的策略，较差的有关记忆材料的知识基础以及较低的认识发展水平是导致产生缺失的主要原因。中介缺失是指儿童记忆策略的使用并不能提高记忆成绩的现象。一般认为，记忆策略的使用会有助于个体提高回忆成绩。但在许多情况下，儿童策略的使用和成绩的改进并不同步，成绩的提高常常滞后于策略的使用。

第 4 列（利用缺失）描述的是一个奇妙的过渡阶段，出现于成熟的利用策略之前。这种缺失是指儿童开始自发产生策略，但这些策略对记忆没有帮助或很少有帮助，或者这种帮助小于年长儿童使用策略的作用。利用缺失不同于中介缺失，它只适用于儿童的策略产生表现出某种程度的自发性的时候。在相当长的一段时间里，儿童在范围相当广泛的一系列策略和任务中表现出利用缺失。

最右一列（成熟的策略）是不言而喻的，策略已经能自发出现，而不需要实验者的任何帮助，并且这种策略有助于记忆。

至此无法说出儿童在什么年龄产生缺失变化，什么年龄自发成熟地利用某一特定的策略，因为就同一个个体而言，随着评估使用策略的任务情景不同，这个年龄有很大的变化。

2. 复述策略的发展

当研究者（Oyen，Bebko）向 3 岁儿童呈现一组玩具并让他们记忆的时候，儿童会很仔细观察这些玩具，而有的还会对玩具进行标示，但是他们不会使用复述策略。年幼儿童在记忆时较少有效使用复述策略，但是可以教他们学会使用。如有些小学三年级学生每次复述较少，通过训练他们会主动复述更多，使记忆保持的量增加。小学三年级的学生虽然能使用更加成熟的复述模式，但需要指导和督促，他们在遇到新的问题时往往不会利用复杂的复述策略。凯勒斯等人（Kellas，McCarland，1975）曾经对儿童的大声复述有过研究，他向小学三年级、五年级、七年级的儿童出示写有 9 个单词的几张表，每次一张，把他们说话声用磁带录下来以评定他们的复述情况。结果显示，年龄大的儿童的复述多于年龄小的儿童。还有研究表明（Guttentag，Ornstein，Sieaman）年长儿童的复述和年幼儿童的复述也不一样。如果让儿童记忆呈现给他们的一组单词，5~8 岁的儿童通常会按原来的顺序每次复述一个单词，而 12 岁儿童则会成组地复述单词，也就是每次复述前面连续的一组单词，结果表明，12 岁儿童记住的单词要多于 5~8 岁儿童。

第三节　认知发展的新领域：心理理论

一、心理理论的特殊意义

（一）心理理论的起源与发展

儿童心理知识发展的研究经历了三个主要浪潮：第一个浪潮直接或间接地源于皮亚杰的理论和研究，皮亚杰认为儿童对人心理的认知是由自我中心到脱离自我中心逐渐发展的。第二个浪潮始于 20 世纪 70 年代，是关于儿童元认知发展方面的理论及研究。第三个浪潮始于 20 世纪 80 年代《theory of mind》的研究。"心理理论"的研究是近十几年来认知发展研究的焦点，正如著名心理与教育学家加迪厄（Gardeer，1991）指出的，在过去的十几年里发展心理学中最重要的研究是有关儿童"心理理论"方面的研究。

最早使用"心理理论"一词的是两位心理学家普雷麦克和伍德鲁夫（Premack，Woodruff，1978），他们在《黑猩猩有心理理论吗?》这一先驱性论文中就灵长目的"元表征"能力进行了研究。研究表明，黑猩猩有预测人类行为的能力。他们的研究激起了发展心理学家们的极大兴趣，1983 年韦默等人（Wimmer，Perner）开始从发展心理学的角度探讨这个问题，并首创了著名的"错误-信念"的研究范式，用以考察儿童是否获得了心理理论。心理理论是指个体凭借一定的知识系统对他人的心理状态进行推测，并据此对他人的行为作出因果性的预测和解释的能力。

关于错误信念任务的研究发现，3 岁儿童通常给出错误回答，而 4 岁儿童则能正确回答。为什么 3 岁儿童不能正确地推测他人的行为和想法呢? 这就要从错误信念任务测查的心理成分谈起。错误信念任务是以儿童的信念特别是错误信念为基础的。信念是指心理对现实世界的反映，它包括知晓、确信、假定、想法和意见。信念可以分为真实信念和错误信念（false belief）。前者是指自己或他人与现实一致的信念，后者是指自己或他人与现实不一致的信念。年幼儿童固执于信念真实地反映现实世界，他们只能对现实信息进行复制；年长儿童则能理解心理是可以积极、主动地解释某人知觉到的经验，这些经验可以用来推测他人的信念和预测他人的行为。如果儿童能正确完成错误信念任务，就表明他们能够以不同的方式表征同一客体或事件。一般认为，儿童在 4 岁时就获得了"心理理论"能力，即 4 岁儿童已经可以根据一个人的愿望、信念等来理解他人的行为。

"心理理论"的发展对儿童具有重要的作用，它是儿童有效的社会认知工具。儿童社会行为的最基本的两个方面是合作和竞争。在竞争中，儿童必须了解对方的意图、策略等，选择最佳战术以取胜；在合作中，也要求儿童能了解他人愿望、想法，与其他人共享某种情感、信念、态度，需要了解自己的言行将会给他人带来什么影响。如果能帮助儿童更快更好地发展"心理理论"，就能使儿童更好地适应社会生活。儿童"心理理论"的获得与其元认知特别是元表征能力的发展密切相关。元表征是主体对自己和他人对现实的表征，是主体对表征过程的主动监控。在错误信念任务中，3 岁以下儿童不能正确地对"错误-信念"作出判断，其原因是错将自己的视觉信息当成别人行为的依据。因此，"心理理论"的发展是以元表征能力为基础的，同时也促进元表征的发展。

（二）心理理论的研究进展

早期有关儿童心理理论的研究主要集中于获得"心理理论"的年龄以及不

同任务带来结果差异的探讨上。近期，研究的焦点逐渐转移到对儿童"心理理论"及其影响因素的研究。具体地说，研究者沿着以下几个方向拓展了心理研究的领域。

（1）通过错误信念任务的不同变式，确定儿童获得错误信念的年龄和机制。一般认为，儿童在4岁可获得错误信念，但新近的研究发现3岁甚至更小的儿童在非语言状态下的错误信念任务情景中能作出正确反映，表明3岁儿童具有内隐的错误信念。

（2）除了对信念的研究外，研究者还对意图情绪、愿望、假装等的理解进行了深入研究，拓展了儿童"心理理论"的研究范畴。如弗拉斯伯格（Flusberg）提出了心理理论的两成分模型，其中社会认知成分是传统心理理论研究中的信念，社会知觉成分是指对情绪、意图的理解，与知觉密切相关。

（3）纵向研究儿童心理理论的发展规律和横向研究心理理论各成分之间的联系。如研究者发现，继4岁儿童获得了错误信念理解能力（一级错误信念）后，6岁儿童能理解和运用二级错误信念；在4岁儿童理解一级错误信念以前，3岁儿童就掌握了信念指导行为这一原则。

（4）探讨儿童心理理论获得和发展的影响因素。研究者感兴趣的是儿童心理理论发展的个体差异，并从执行功能、语言等质的因素，以及家庭背景、假装游戏等量化的因素对影响儿童心理理论发展的因素进行了分析。

（5）解释心理理论的获得。儿童获得了哪些心理知识，这些心理知识是如何获得的，又是如何得到发展的，针对这些问题，心理学家们提出了不同的解释性理论模型，主要有理论论（theory theory）、模拟论（simulation theory）、模块论（modularity theory）、匹配理论（matching theory）等，这些模式为后来的实证研究提供了理论框架。

（6）运用FMRI、PET、ERG等认知神经科学的研究手段，探查心理理论的脑机制。

二、儿童心理理论的发展

迄今为止，研究者们对心理理论的各个方面的发展做了大量的研究，如错误看法、假装、意向、情绪等，取得了令人瞩目的成绩。

（一）儿童的愿望、信念及相关表征

心理理论的代表人物威尔曼（Wellman）认为心理理论是基于信念-愿望的推理，解释、预测个体的行为都是基于对他人愿望和信念的理解，即推测他人的想法、愿望、目的、观念、知识等。

大约2岁，儿童开始获得了愿望心理（psychology）。这种愿望心理包含愿

望、知觉、情绪、行为和结果之间简单的因果关系。这个阶段，儿童最主要的特点是对自己及别人的心理几乎都是以愿望为评定标准的。

3 岁时儿童开始进入愿望-信念心理（desire-believe psychology）阶段。此时，儿童开始自发地谈及信念、思想和愿望，也能掌握一些运用信念来推测行为的基本原则，如 3 岁儿童知道自己和别人可能会有不同的信念，行为是由信念指导的。尽管如何，他们对自己及别人的行为仍以愿望而非信念为标准来解释。4 岁儿童获得了类似成人的信念-愿望心理（believe-desire psychology）他们能够综合信念和愿望等因素对自己和别人的行为进行推断。4 岁儿童不仅能完成错误-信念任务，也能完成外表-真实任务。这表明儿童获得了某种心理表征理论，认识到事物可能以不同的方式加以表征。这一突破性发展对儿童获得心理理论领域中的其他能力，如假装理解、意图理解、欺骗等具有重要意义。

（二）儿童的假装理解

年幼儿童很早就开始了"过家家""当医生"之类的游戏，他们将布娃娃当作自己的孩子，将自己假扮成娃娃的妈妈，这些现象表明他们已经能够作出假装行为了。研究发现，2~4 岁儿童能够辨认假装，能够自发地作出假装行为。

对假装的研究最早始于莱斯利（Leslie），他提出假装可能是儿童心理理论发展的起源。莱斯利认为假装的本质是元表征的，儿童在 2 岁左右就具有元表征能力，能理解自己和他人的假装心理。而有些研究者提出了不同的观点，认为 4 岁以后的儿童才能对假装心理进行表征。

研究结论的差异，可能是由对假装心理的含义理解不同造成的。假装理解的含义可以分为：理解假装行为；理解假装是主观的、心理的；理解假装是具有心理表征的。前面的事例说明，从 2 岁起，儿童就能理解假装行为，而 3 岁儿童能够理解假装是心理的、主观的。比如，给儿童呈现这样一个假装情景：一个人假定一个空杯子里有巧克力奶，然后离开，这时实验者和儿童假定这个杯子里装着橘子汁，当那个人回来时问儿童，杯子里是什么？结果表明，78%的 3 岁儿童能够给出正确回应："是巧克力奶。"5 岁甚至更大的儿童才能理解假装具有心理表征，这方面最有力的证据是利拉德（Lillard）的 Moe 任务。实验中告诉儿童，Moe 是一个来自遥远的地方的玩偶，它对小鸟一无所知，却能像小鸟一样挥动双臂飞起来。然后问儿童："Moe 是否在假装成小鸟？"大多数儿童都给予了错误的回答："Moe 是在假装成小鸟。"在这个研究范式中，给儿童呈现了一个心理状态与外部行为相冲突的情景，结果表明，儿童根据外部行为来判断 Moe 是否在假装。

我国学者王桂琴、方格也对儿童的欺骗进行了实验研究，结果发现，大部分 3 岁儿童能辨认假装，但是对假装心理的推断到 5 岁才逐步形成。

（三）儿童的意图理解

对意图理解的研究始于皮亚杰对儿童道德判断的研究。研究发现，当一个行为受到谴责时，年幼儿童会把原因归结于错误行为而不是行动者的意图。比如，他们会认为故意摔破和不小心碰碎花瓶都应该受到惩罚，对此研究者的解释是，八九岁以下的儿童不能意识到意图，也不能以此为依据进行道德判断。

新近的研究则认为，儿童能够更早地理解自己和他人的意图，但研究所显示的年龄并不一致。舒尔茨（Schultz, et al, 1980）的研究发现，儿童在3岁左右就能够辨别哪些事情的发生是无意图的，但是在辨别膝跳反射是否有意图时却存在困难。弗拉维尔（1999）的研究认为，儿童在3~5岁之间能达到对意图的理解。我国学者谬渝、李红等人的研究则显示，中国儿童4岁时已经能够正确判断膝跳反射不是由意图产生的。

（四）儿童的欺骗能力

欺骗是人类的一项重要技能。自人类掌握了欺骗技能后，对欺骗的研究就开始了。20世纪80年代，随着心理理论的出现，发展心理学家开始从心理理论的视角探讨儿童欺骗的发生发展，并从信念的层面对欺骗重新界定，认为欺骗是指个体有意地培养他人的错误信念，以致他人产生错误的行为或进入某一误区。儿童欺骗行为的研究成为任务模式改变的一个新的趋势，而这方面的研究也成为儿童心理理论研究中的一个特殊领域。由于这方面的研究刚起步，关于儿童的欺骗行为与心理理论的关系还无法得出明确的结论。一种观点认为，儿童的欺骗发生在4岁之间，即使二三岁这样的年幼儿童也能出现欺骗行为。Lewis（1989）运用"抵制诱惑情景"研究了儿童的说谎行为，并对幼儿的非言语行为进行分析后发现，3岁儿童能够说谎，而且能够隐瞒情绪表现，以此瞒住成人。但La Freniere在研究中运用竞争游戏"藏与找"并没有获得相同结果。Chandler等人分析了前二者的差异，认为主要原因是儿童对竞争游戏不太熟悉。为了证明这一点，他们也运用了相似的"藏与找"的游戏，但研究却没有证实当初的假设：所有年龄组的大多数儿童都会运用各种相同的欺骗性策略。对于研究结果的差异，心理学家认为并不矛盾。有的研究证明2岁儿童就会欺骗，有的研究认为4岁儿童才会欺骗成功，这表明技能上的进步，也恰恰反映了儿童心理理论的发展。

我国学者刘秀丽对260名学前儿童的欺骗能力进行了研究，结果发现：

（1）3岁儿童不能拥有隐藏意图的欺骗能力，4岁开始儿童拥有隐藏意图的欺骗能力。

（2）3岁儿童能说谎，但假装无知的欺骗直到6岁才出现。

（3）错误-信念理解能力与欺骗能力存在一定相关；错误-信念理解与隐藏意图的欺骗存在相关，但与说谎和假装无知不相关。

（五）儿童对情绪的理解

心理学家发现，儿童情绪认知的发展是以其"心理理论"的发展为基础的。在 2 岁甚至更小时，儿童就能识别面部表情。面部表情是人们情绪的外在表现，对面部表情的识别反映了儿童能通过成人的表情推测他们的内部心理状态，但这只是一种简单事件对应的关系，而不涉及其他复杂的心理活动。

随着儿童心理概念的丰富，他们能对自己和他人情绪产生的原因和线索作出判断，从而预测别人的情绪状态，指导自己作出正确的行为反映。2~3 岁起，儿童能够明白愿望与情绪的关系，知道愿望得到满足使人高兴，得不到满足使人难过。4 岁儿童开始逐渐明白信念与情绪的关系，这种能力到 6 岁基本成熟。这一阶段的儿童知道，人们的行为是为了达到他们的目标，但如果他们对目标的信念是错的，他们就会到错误方向去寻求目标；而且人们感到高兴或悲伤是依赖于他们对能否获得想要客体的预期，不管预期是否符合现实的情境。

在理解错误信念后，儿童明白同一事物可以有不同的表征，这也就促进了他们对冲突情绪的理解。冲突情绪的理解是指儿童知道同一个客体可能会引发两种矛盾的情绪反应（积极的和消极的），或者引发不同的情绪，这取决于他们的愿望、期待等内部心理状态。6 岁以后甚至更晚，儿童才能明白同一客体可以引发两种及以上的混合情绪。例如，当要和父母外出游行时，面对即将开始的旅途的向往和与抚养他的奶奶的短暂分别，会同时产生兴奋和难过的情绪体验。

第十章　智力的发展

第一节　智力发展的基本研究取向

一、心理测量学的研究取向

自 1905 年法国心理学家比纳（Binet）及其助手西蒙（Simon）编制出世界上第一个智力量表以来，智力研究的心理测量取向就成为经典的研究范式。尽管 20 世纪 60 年代以后信息加工取向与情境主义取向力量逐渐增强，但心理测量学的研究取向一直很活跃，其具体的测量技术也被广泛使用。心理测量学对智力发展的研究主要有三方面的贡献：（1）通过因素分析技术界定智力的本质；（2）对不同年龄群体的智力进行评估以描绘智力的发展趋势；（3）编制适用于不同年龄段的诸多智力测验，以智商 IQ（intelligent quotient）来表达个体的智力水平。

（一）对智力本质的理解

首先，大多数心理测量学家认为诸多智力测验分数背后只有少数几个核心因素可以构成智力的实质，即一般智力，即因素基于这种还原论（reductionism）假设，心理测量学家借助因素分析的统计技术尝试找到所谓的核心因素。例如，早期斯皮尔曼（Spearman）提出了二因素说，瑟斯顿（Thurstone）提出了群因素说，后来弗农（Vernon）和卡特尔（Cattell）分别提出了智力层次结构模型等。其次，心理测量学范式的智力研究者还倾向于认为智力是超情境的，他们不考虑情境因素对智力测量分数的影响。以瑟斯顿提出的七种基本心理能力（primary-mental ability）为例（竺培梁，2006），这七种能力包括：

（1）言语理解（V）（verbal comprehension）：阅读理解、言语类推、句子排列、言语推理、言语配对之类测验中的主要因素。使用词汇测验来测量该因素最为适当。

（2）语词流畅（W）（word fluency）：字谜游戏、押韵、列举某种类型的单词（例如男孩的名字、以 T 开头的单词等）之类测验中所得出的因素。

（3）数字（N）（number）：简单算术四则运算的速度和准确性。

（4）空间（S）（space）：该因素可能表示两种不同的因素：一种是直觉固

定的空间关系或几何关系；另一种是操作性想象，想象经过变化的位置或变换。

（5）联想记忆（M）（associative memory）：在配对联想中要求机械记忆测验中所找到的因素。该因素反映利用记忆支撑物的程度。一些研究人员还提出了时间顺序记忆和空间位置记忆等其他范围有限的记忆因素。

（6）归纳推理或一般推理（I 或 R）（induction or general reasoning）：该因素的鉴定最为模糊。瑟斯顿最初提出归纳因素和演绎因素。归纳因素用数字序列完成测验进行测查最为适当（叙述不甚清晰），要求个体先找出某种规则然后用这个规则完成序列。演绎因素用三段论推理测验进行测查最为适当。其他研究人员还提出一般推理因素，这种因素用算术推理测验加以测量最为适当。

（7）知觉速度（P）（perceptual speed）：迅速而准确地掌握视觉细节、相同性和不同性。

瑟斯顿认为人在不同领域、不同情境中的智力活动，或多或少离不开上述七种基本心理能力。换句话说，这七种基本心理能力是适用于不同情境、不同领域的智力活动的，可以使用相同的测验去测量一位航天员的智力与测量一位教师的智力。

（二）对智力发展的理解

对于智力的发展，心理测量学家的兴趣是随年龄的增长个体的智力水平或者IQ 分数是上升还是降低这个问题。需要指明的是，这种关注点的背后隐含了一个有关智力发展的重要基本假设：智力的发展变化是基于量变方式的。同时，还需要对"变化"进行明确的界定，才能回答这个问题。至少可以从两个角度界定"变化"：一是随年龄增长，个体与自己前一个年龄段相比智力水平是上升还是下降；二是随年龄增加，与前一个年龄段比，个体的智力水平在同龄人中所处的位置是上升还是下降。对于后一种情况，心理测量学范式的研究者一致认为：个体在同龄人群体中的智力地位是保持稳定的，小时候比多数人聪明的孩子，及至成人也仍然属于智力上乘者。对于前一种情况，心理测量学家的结论也大致相同，即智力从出生到青年期呈增长的趋势，成年期相对平稳，老年期有所衰退。

但是，研究者们在有些问题上也存在一些分歧，如达到智力顶峰的具体年龄以及曲线的分解问题。后一个争论对于毕生发展理论的建构具有突出意义，其中最具代表性的是霍恩和卡特尔（Horn，Cattell，1970）的工作。他们不仅提出了智力的层级模型，即一般智力包括流体智力（fluid intelligence）和晶体智力（crystallized intelligence），而且还描绘出两种智力的毕生发展趋势。

流体智力相对来说不受文化经验影响，它主要指依赖神经生理素质在适应新情境时表现的能力，如知觉速度、归纳推理和空间定向等基本成分等；晶体智力是通过经验积累或接受教育获得的能力，也是个体文化知识水平的反映，如语词能力和数字能力等基本成分（许淑莲，申继亮，2006）。流体智力的发展趋势与神经系统功能的发展相吻合，这种智力在成年早期可达到顶峰，随后便衰退；而晶体智力的发展趋势与个体的经验、文化积累过程吻合，它从儿童青少年期到成年期，甚至老年期均呈不断上升的趋势。一般智力曲线在分解为流体智力和晶体智力两条曲线之后，可呈现出不同的发展模式，后来经过修正变为流传更广的智力发展曲线。

从一条发展曲线到两条甚至多条发展曲线，这一进展的最大意义莫过于改变了以往对成人期特别是老年期智力变化的消极看法，为毕生发展理论提供了支持性的经验证据。正如巴尔特斯（Baltes，1990；1997）的毕生发展观所指出的那样：发展是获得（gain）与丧失（loss）的平衡，发展是贯穿终生的，发展具有多向性（multi-direction）和多维性（multi-dimension）。智力的发展不仅仅是儿童和青少年期的任务，也是个体后半生发展的重要组成部分。

二、皮亚杰主义的研究取向

总体而言，心理测量学取向的研究者致力于评估个体的智力，并描述智力水平如何随年龄变化，这就意味着他们将智力视为一种静态的表现水平，即分数。而皮亚杰及其后来的研究者则致力于解释智力高低差异的原因以及个体的智力随年龄的变化出现差异的原因。

（一）皮亚杰主义对智力本质的理解

之所以称某一类研究范式为皮亚杰主义，其原因至少有三点：第一，研究者承认皮亚杰理论中的一些基本过程，如同化、顺应、平衡与不平衡、结构、组织等，并沿用这些概念解释个体智力的发生与发展。第二，这些研究者认同皮亚杰对智力本质的理解，即智力是个体通过主客体交互作用适应环境的过程。第三，也是最关键的一点，皮亚杰主义旗帜下的研究者认为智力是结构性的，个体智力的发展就是不断形成新的智力结构的过程，因而伴随年龄的增长，个体的智力发展呈现阶段式特征。如同心理测量学取向一样，皮亚杰主义的智力结构也是跨情境、跨领域的。

皮亚杰之后，智力发展理论不断遭到诟病，按照批评者的研究领域可以将这些诟病分成两类［即两种新皮亚杰主义（Neo-Piagetian）］。首先是来自儿童心理学家的批评，他们主要批评皮亚杰阶段论的普遍性以及对儿童达到特定阶段的年龄的低估（Labouvie-Vief，1992）；其次是来自成人心理学家的批评，他们主要批评皮亚杰认为形式运算是人类智慧的最高水平的观点。

（二）新皮亚杰主义：从形式运算到后形式运算

按照皮亚杰的观点，人类智力的发展到青少年期就达到顶峰，即达到形式运算水平。个体进入成人期之后是否就不再有新的智力结构出现了呢？20世纪60年代末~90年代初，不少心理学家集中讨论了这个问题，并给予了否定的回答。佩里（Perry）和科尔伯格（Kohlberg）的研究对其他从事后形式运算研究的学者产生了非常重要的影响，特别是佩里的研究引发了学者们深入的持续性研究。佩里（Perry，1970）对哈佛大学十几名本科生进行了考察，探讨他们对日常学业问题的看法。例如老师是否应该留作业让学生自己找答案。他把学生的看法进行了分析归类，进而发现本科生的思维存在三种水平：

水平1：绝对二元论。总认为知识含有正确的答案，听课即听老师讲解那个答案。

水平2：相对二元论。与水平1的学生一样，也认为知识含有正确的答案。但不同之处是，处于该水平的学生认为教师有时不需要给出答案，可以让学生自己去找到正确答案，让学生找答案是很公平的游戏。

水平3：相对情境主义。答案是否正确要依据上下文；上下文或参照架构不同，则可能存在不同的答案。

佩里认为处于水平1的学生认为知识具有非对即错的二元属性。处于水平2与水平3的学生逐渐显现出不同的思维结构，即知识的对错是相对的，具有约定性；水平2与水平3显然是超越形式运算阶段的心智思维。据此，佩里对皮亚杰所谓的形式运算即为智力最高水平的观点进行了批评。

沿着佩里的足迹，其他研究者从两方面延伸了他的研究，并深入探讨了后形式运算的特点。一个方面是对其思维阶段性结论的深入研究，即成人思维可以划分成几个阶段。其中，最具批判性的当属拉鲍维维夫（Labouvie-Vief）的研究。她的工作也是对皮亚杰智力发展阶段理论的最彻底批判，她认为新皮亚杰主义的研究目的不仅仅是在形式运算阶段后面补充若干新的阶段，而是抛开皮亚杰的4个阶段，借用皮亚杰的方法重新寻求并建立一个可以描绘毕生发展的智力发展阶段理论。她重拾皮亚杰早期提出但后来又丢掉的一些观点和概念，例如"情绪与认知是发展这枚硬币的两个面，相依相生，认知提供发展的结构，情绪提供发展的能量"（Labouvie-Vief，1992）。因此，拉鲍维维夫认为个体的情绪调整过程就蕴涵了其认知复杂性的高低。这种观点反过来也成立，即认知复杂性高低决定个体情绪调整的成熟度。在一项研究（Adams，Labouvie-Vief，1986）中，研究者给10~40岁的被试设定问题情境，请被试对故事人物的行为作出推断并说明理由，进而提出认知-情感复杂性理论，分为以下四个方面：

前系统水平（presystem level）：个体不能将自己的经验组合到一个抽象的系统之内，完全以自我的需要和利益为中心，缺乏自我反省，想法和行为具有简单、冲动和极端化的倾向。

系统内水平（intrasystem level）：个体只在社会认定的规范和准则这个单一

的系统之内来理解事件，并以此调节自己的情绪与活动，具有刻板和绝对化的倾向，容易将冲突的原因单纯归结为一方。

系统间水平（intersystem level）：个体可以同时考虑多个抽象的系统，诸如自我内部的经验和社会规范等，能够接受和容忍两个或多个系统（如理智与情感、自我与他人、精神与肉体等）之间的冲突，认识到自我和他人的差异性以及处理冲突的多种可能性，但不能将多重系统整合为一体，从根本上化解冲突与矛盾。

整合水平（integrated level）：个体可以有机地协调和整合多种系统，能够汇聚多方面的信息来调整自己的行为与情绪，并发展出一套由自我把握的既灵活又开放的处世原则，能富有建设性地化解矛盾和冲突。

佩里研究的另一个方面也得到继续发展，即人类对知识获得的理解和认识。凯钦纳（Kitchener，1983）将人类的认知加工划分成三个水平：（1）认知（ognition），即注意、记忆、思维等具体的信息加工过程；（2）元认知（meta-cognition），包括对自己或他人作为加工者的了解，对具体认知任务的了解以及元认知体验；（3）认识论认知（epistemic cognition），包括对知识的有限性、知识的确定性、知识的标准的理解。他还独具匠心地对最高层次的认知认识论-认知的发展进行了深入研究并提出了反省判断模型（reflective judgment model），说明从青少年到成年人对知识获得的认识过程可以分为七个阶段：

阶段1：以具体单一的信念系统为特征，即自己眼见为实的就是正确的。

阶段2：相信存在正确的知识，并且肯定这种知识能够被掌握，但不一定每个人都能掌握。

阶段3：承认在某些领域内暂时看不到真相，因为知识不可能总是即刻获得的。

阶段4：相信由于情境原因会导致知识是不确定的（会出现极具个人风格的答案）。

阶段5：相信知识必须放在某个情境下来理解，被试时常把这种信念称为"相对论"。

阶段6：相信尽管知识必须根据情境和证据来理解，但某些判断或信念可能比其他的要好一些。

阶段7：相信尽管知识绝不是"既定的"，但可以从论点是否反映了对问题本质的理解来判断，看该论点的立场是否经过深思熟虑，经由何种推理得出，是否有信服的证据，以及与其他论点的异同等。

三、信息加工的研究取向

虽然皮亚杰及其后来者对智力随年龄而变化的原因给予了解释，但他们的解释在信息加工取向的研究者看来仍比较模糊，他们认为智力的发展阶段理论并不能告诉人们个体的认知过程，如知觉、注意、表征、记忆、推理等在各个阶段会达到怎样的水平。信息加工范式的研究者致力于回答智力活动的基本过程有哪些，这些成分的年龄发展特征是怎样的，对这些问题的解答也有助于弥补心理测量学研究取向的不足。因为后者对智力的定义不过是基于个体的表现给出了一个或几个测验分数而已，而测验分数并不能真正说明智力是什么。

（一）对智力本质的理解

信息加工理论的发展受益于 20 世纪计算机技术的长足进展，这就不难理解其关于人脑的信息处理的基本假设：人脑如电脑。基于这一隐喻，信息加工取向的研究者对于智力以及智力的发展持这样的观点：（1）智力活动可以分解为一系列基本的信息加工成分，智力水平的高低与这些具体成分有关。（2）不同年龄的个体，其智力的结构或者认知结构是一致的，这就如同不论高性能还是低性能的计算机，其工作原理是一样的。因此，成人与儿童的智力差异不是智力结构上的差异，而是信息加工水平上的差异。（3）从儿童到成人，智力的发展是逐渐积累的量变过程。智力的发展不仅依赖于"硬件"（如加工速度、工作记忆等）的发展，也依赖于"软件"（如元认知、知识基础等）的发展。

（二）加工速度与智力的关系

在众多的信息加工能力中，加工速度是一颗耀眼明星，从 20 世纪后半叶开始就一直受人瞩目。大量研究发现，无论儿童、青少年、成人还是老年人，其信息加工速度均与智力水平存在密切关系。因此，以下就加工速度与智力发展之间的关系作详细阐述。

加工速度对智力的影响，已经体现在很多心理学家的理论建构中。卡罗尔（J. B. Carroll）提出的智力层级理论就是一例。该理论以卡罗尔的层级模型为基础保留"一般智力""流体智力"和"晶体智力"这些元素。

四、情境主义的研究取向

这里所说的情境主义（contextualism）是一个很宽泛的概念，凡在定义智力以及描绘智力的发展时把情境考虑进来的研究都可以算作情境主义的研究取向。实际上，考虑情境的作用已然成为一种主流趋势。在这样宽泛的含义上，很难给情境主义取向一个准确界定。大致说，情境主义不倾向于承认存在某种普适性的智力结构或稳定不变的智力表现，它倾向于强调主体与环境或情境的交互作用；情境主义或多或少带有机能主义色彩，倾向于认为智力具有对情境的适应性功能。下面从几个角度介绍一些带有情境主义色彩的智力发展观点。

（一）情境对智力发展的限制

最宏观的情境莫过于"社会文化"这一十分抽象的概念。发展心理学家巴尔特斯（Baltes，1939~2006）认为，人类的心理发展受两方面力量的制约，即生物性和文化。这两方面力量的动力关系决定了个体的发展。生物性即进化性选择，年轻人是这股力量的更大受益者；文化则泛指所有心理的、社会的、物质的和象征性（以知识为基础的）人类历代积累的资源。老年人相对于年轻人对文化的需求更大，遗憾的是，由于生物性优势的减弱，他们对文化的利用效率却更低。从发展的角度看，在人的生命历程中有三种来自社会文化的制约（Heckhausen、Schultz，1995）：（1）剩余生命长短的限制；（2）与年龄变化有关的限制；（3）年龄序列模式的限制。首先生命剩余时间会限制个体以后的发展目标和生活计划。例如，老年人很难像年轻人一样花大量时间尝试或学习多种新鲜的事物。其次，人类生命历程中存在一定的年龄等级结构，这样的结构界定了重要生活事件和转折事件发生的标准年龄。例如，接受九年义务教育的年龄一般是6~15岁，女性生育能力在中年开始衰退。最后是年龄序列限制，典型的例子是业务的专业化。它使得个体在所选领域的专业化水平越来越高，同时也使个体放弃了其他的领域。俗话说"隔行如隔山"，当在某一行业工作多年之后，想换行是相当困难的。

具体到智力，巴尔特斯（1997）认为智力的目的就是适应环境，适应生物性与文化之间的动力关系。发展的程度取决于个体机能的获得与丧失之间的比例。获得与丧失贯穿个体一生，智力在毕生发展中承担三种功能：（1）成长（growth），即逐渐增强适应的能力；（2）保持与恢复（maintenance and resilience），即维持已有的适应能力与恢复曾失去过的适应能力；（3）对丧失的调适（regulation of loss），即在某些适应能力丧失时作出相应的调整。随着年龄的增长，个体智力的成长功能越来越弱，但保持与恢复及对丧失的调适功能越来越强。

（二）情境作为智力的成分

情境作为界定智力的成分，其代表性观点是斯滕伯格（Sternberg）的三元智力理论（the triarchic theory），他用三个亚理论解释智力的构成（Sternberg，2000）：（1）智力的情境亚理论（the contextual subthoery of intelligence），主要强调适应环境、选择环境和塑造环境在个体对生活环境适应过程中的作用。该亚理论明确了在特定社会文化环境中所理解和测量的智力行为是什么。（2）智力的经验亚理论（the experiential subtheory of intelligence），主要强调个体对任务或情境的经验对理解智力在人与任务或情境交流中的作用有很大关系。该亚理论说明了解决新问题的能力和自动化加工信息能力之间的关系。（3）智力的成分亚理论（the componential subtheory of intelligence），主要强调元成分、操作成分和知识获得成分是智力行为的基本过程。该亚理论说明了个体适应环境的主要过程。这三个亚理论分别对应三种智力，即实践性智力、创新性智力和分析性智力。

斯滕伯格（2001）认为实践性智力与分析性智力的基本信息加工过程是相同的，它们都包括界定问题、运用策略、推断关系等。那为什么还要区分出这两种智力呢？他认为不同情境和任务需要两种智力在具体的情境中，两种智力的相关可能很微弱甚至可能为负相关，而且在一种情境中运用得很好的信息加工过程不一定适用于另一种情境。在一项关于肯尼亚儿童的实践性智力的研究中，研究者得到了支持性的证据。这项研究考查了儿童掌握用草药医治寄生虫的知识（tacit knowledge）以及这种实践性智力与学术智力（钻研学术的能力，包括在阅读、写作、数学、科学、历史等各方面的能力，其含义与抽象智力很相近，即了解和应用文字或数学符号的能力）。在控制了社会经济地位水平的影响后，两类智力之间呈显著负相关，与英语学习成绩呈边缘显著负相关，与数学学习成绩呈零相关。

（三）情境作为智力的表现领域

情境还可以理解为具体的活动领域，加德纳（Gardner，1934）的多元智力理论充分展示了领域性智力的观点。他认为智力是个人在特定的文化背景下或社会中解决问题或制造产品的能力。在不同领域内，问题的提出有不同的方式，解决问题的目的各不相同，解决的途径也可能不一致。因此，有必要根据领域区分不同的智力。根据他的多元智力理论，人类的智力可以分为以下八种：

（1）言语智力（linguistic intelligence）：用文字思考、用语言表达和欣赏语言深奥意义的能力。如作家、诗人、记者、演说家、新闻播报员等都展现出了高度的言语智力。

（2）逻辑-数学智力（logical-mathematical intelligence）：使人能够计算、量化及考虑命题和假设，而且能够进行复杂的数学运算。如科学家、数学家、会计师、工程师和电脑程式设计师等都展现了很强的逻辑-数学智力。

（3）空间智力（spatial intelligence）：让人有能力以三维空间的方式来思考，这种智慧使人知觉到外在和内在的影像，也能重现、转变或修饰心像，不但自己可以在空间中从容地游走，还可以随心所欲地操弄物件的位置，以产生或解读图形的讯息。如航海家、飞行员、雕塑家、画家和建筑师等所表现的一样。

（4）肢体-动觉智力（bodily-kinesthetic intelligence）：使人能巧妙处理物体和调整身体的技能。在西方社会，虽然动作技能不像认知技能那么受重视，但是对于许多令人尊重的人而言，善于支配自己身体的能力是他们不可或缺的条件，运动员、舞者、外科医生和手工艺者都是例证。

（5）音乐智力（musical intelligence）：对于音准、旋律、节奏和音质等很敏感以及通过作曲、演奏、歌唱等表达音乐的能力。有这种智慧的人包括作曲家、指挥、乐师、乐评人、乐器制造者等，还包括善于感知的观众。

（6）人际智力（interpersonal intelligence）：就是能够善解人意，能与人进行有效交往的才能。正因为近来西方文化已经开始认识心智与身体间的联结，所以也开始重视精通人际行为的价值。成功的教师、社会工作者或政治家就是最佳的例证。

（7）自知（内省）智力（intrapersonal intelligence）：是有关如何建构正确自我知觉的能力，并能善用这些知识来计划和导引自己的人生。神学家、心理学家和哲学家就是最佳的例证。

（8）自然观察者智力（nature observator intelligence）：能够高度辨识动植物，对自然界分门别类，并能运用这些能力从事生产活动的智力。自然观察者擅长于确认某个团体或种族的成员，分辨成员或种族间的差异，并能察觉不同种族间的关系，包括农夫、植物学家、猎人、生态学家和庭园设计师等。

传统的智力测验侧重评估语言和逻辑-数学智力，但忽视了其他领域的智力。加德纳的多元智力理论对于教育领域具有启发意义，他的观点再次警醒教育者们，培养学生的目标不是一元人才，而是多元人才。

情境主义色彩的智力观点还可以包括情绪智力、内隐智力等，这些理论可以看作极端的情境主义例子。其实，无论哪种取向都不是完全相互排斥的，有些智力理论兼有多种取向的特点。比如斯滕伯格的三元智力理论，既有明显的信息加工取向，又带有显著的情境主义特点，同时在具体研究中他也会用到心理测量学的方法和统计技术。

第二节　智力的发展与评估

一、婴幼儿智力的发展与评估

（一）婴幼儿智力的发展

俗语"三岁看小，七岁看老"的背后隐含着两层心理学含义：其一，个体在年幼的时候就在各方面存在差异；其二，早期的差异可以稳定地保持至成年。这是否也适用于解释智力的早期发展和稳定性呢？心理学家如何测查婴幼儿的智力是很吸引人的事情。因为，学龄前特别是婴儿期的小宝宝不可能像儿童或青少年，更不可能像成年人那样对典型的智力测验任务进行操作或回答。在此方面，发展心理学家格赛尔（A. Gesell，1880~1961）的贡献卓著，他提出了最早的测量婴幼儿智力的方法，即从适应行为、动作行为、语言行为和个人-社会行为四个方面来评估。

婴幼儿的智力差异是否可以稳定地预测他们以后的智力状况呢？贝利（Bayley）采用追踪研究方法考察了婴幼儿智力测验分数的预测性。结果发现：（1）婴儿期（出生后至 12 个月）的智力测验成绩对后期的智力测验分数没有任何预测性；（2）初次测验与再测成绩的相关随测验间隔的延长而下降；（3）在初次测验与再测间隔时间相等的情况下，两次测验成绩的相关随初测年龄的增大而提高。这些结果说明婴儿期的智力测验分数具有较低的预测性，1 岁时智力不佳的孩子并不一定在 5 岁、10 岁或者 20 岁时也发展落后。

为什么婴儿期智力测验的结果预测性比较低呢？原因可能有四个：第一，婴儿智力发展尚不稳定，导致预测性较低；第二，婴儿期测量的智力内容与儿童期或成年期测量的智力内容是不一样的；第三，婴儿的运动能力同后来智力测验结果之间不一定只存在正相关；第四，在生命的最初几个月里，个体差异表现得比较小。

（二）婴幼儿智力的评估

受格赛尔思想和方法的影响，贝利发展出一套应用最广泛的婴儿智力评估工具——贝利婴儿发展量表（Bayley scales of infant developmet）。该工具适用于评估 2~42 个月的婴儿，测查的领域包括婴儿心理能力和动作能力两个方面。贝利利用发展商数计算婴儿的智力水平，DQ = 100 为平均水平。

国内也有一些较好的评估婴幼儿智力发展的工具，例如，龚耀先主持编制的《中国幼儿智力量表》适用于 3~6 岁的幼儿。该量表总共包括 10 个分测验，其中 8 个基本测验和 2 个附加测验（用于替换）。8 个基本测验不仅可以构成两个基本量表（言语理解/概括分量表和空间知觉/推理分量表），还可以形成流体智力与晶体智力两个附加量表。

二、儿童青少年智力的发展与评估

（一）儿童青少年智力的发展

与婴幼儿相比，儿童青少年的智力水平不仅有显著提升，而且还趋于稳定，对他们成长后期的智力分数预测性更好。我国研究者收集了多个纵向研究的证据，研究出了不同年龄智力分数与成熟期智力分数的相关性（陈帼眉，冯晓霞，1991），随年龄增长，先期的智力分数与成熟期智力分数的相关程度逐渐上升，如儿童在 3 岁时的智力分数与成熟期智力分数的相关系数仅为约 0.40，11 岁以后均保持在 0.7~0.9 之间。

（二）儿童青少年智力的评估

最早的智力测验比纳-西蒙智力量表（Binet-Simon intelligence scale，1905）就是针对学龄期的儿童和青少年编制的。后来斯坦福大学的推孟（L. M. Terman）对该量表进行了修订，即斯坦福比纳量表（Stanford-Binet scale）。在该量表中推孟利用智力商数（intelligence quotient，智力商数智力年龄/实足年龄×100）作为智力指标。而目前运用最广泛的儿童智力测验非韦氏智力量表莫属。在该量表中，韦克斯勒（Wechesler）对智力的评估采用离差智商作为指标。离差智商表示个体的智力测验分数与同龄标准化样本的平均值相距多远离差为正表示高于平均值，离差为负表示低于平均值。

韦氏儿童智力量表适用的范围是 6~16 岁，1991 发表了第 3 版。这一版测验包括 12 项分测验，用以测量 4 种智力因素。

第三节　智力发展的影响因素及其预测作用

一、影响智力发展的因素

人与人之间的智力差异是先天的还是后天环境造成的？关于智力的先天和后天争论旷日持久，及至今日仍难以分出胜负。确切地讲，大多数心理学家认同这样的观点：智力是遗传与环境因素共同作用的结果。但是，对这个问题感兴趣的读者是不会满意这个答案的，他们会不断追问到底遗传的影响有多大，环境的影响又有多大？有些人甚至会追问，一个智商为 130 的孩子其测验分数中有多少分属于遗传，有多少分属于环境？而且，对于环境因素，他们更想知道哪些会对智力的发展产生影响，对这些疑问，目前为止，科学家所能做的就是把两方证据摆出来，尚难以作出最后的评判。

（一）遗传因素的证据

智力的遗传因素证据主要来自双生子研究和领养研究。这两类研究的结论都显示，遗传基因关系越近的个体，他们之间的智商相关也就越高（本书第七章对"遗传与智力"有专门的介绍）。

（二）环境因素的证据

对于教育实践者而言，他们最关心的是有没有可能以及如何提高个体的智力水平。影响智力的环境因素方面的证据会给他们提供更有价值的帮助。下面从时代与社会环境因素、家庭环境因素与教育因素三个方面进行总结。

1. 时代与社会环境因素：弗林效应

以心理学家弗林（Flynn）命名的"弗林效应"表明了社会时代变迁会给个体带来智商分数的提高。弗林研究发现：从 1940 年开始，每过 10 年各国公民的智商平均增长 3 分，这便是著名的弗林效应。其他研究者的结果也证实了这一现象。以西雅图追踪研究为例，沙伊对同辈效应（cohort effect）进行了专门的分析讨论，基于 1956～1991 年每间隔 7 年测查一次的追踪数据，沙伊绘制出了同辈效应曲线（Schaie），从沙伊的研究结果可以看到当对各种基本心理能力进行时代差异的检验时，不同的能力会呈现不同的变化模式。在归纳推理和语言记忆能力方面，1907 年的同辈到 1966 年的同辈之间呈现线性递增趋势，最晚一代比最早一代的能力分数高约 1.5 个标准差；在空间能力方面，也有小幅度的代际递增；而在知觉速度、数字能力和语言能力方面，这些能力的代际变化呈曲折形，20 世纪的前 25 年出生的代际间是上升趋势，而 20 年代末大萧条时期及以后出生的代际间差异不大，呈现平稳趋势。

2. 家庭环境因素

家庭环境因素包括的内容很广，如父母的智商、职业、抚养方式、家庭规模、家庭社会经济地位等。萨摩奥夫列出了 10 项风险因素对 4 岁儿童智商的影响程度，经历过风险因素的 4 岁儿童的平均智商低于未经历风险因素的儿童；而且，这些因素中很多还可以预测儿童 13 岁时的智商。

国内研究者在 20 世纪 90 年代也纷纷开展了有关家庭因素与儿童智力之间关系的研究。例如，武桂英等人对上海 2109 名 8～11 岁的小学生进行瑞文智力测验，然后从中抽取智商大于 130 和小于 90 的儿童各 50 名，另外选取来自离婚家庭、个体户家庭、寄读家庭的儿童各 50 名，随机抽取 50 名儿童为对照组进行比较。结果发现，父母素质、教育方式、家庭气氛等因素对儿童智力发展有重要影响。曾有调查研究结果显示父母职业及母亲文化水平与儿童的智力高度关联。吴凤岗等（1990）考察了民俗风格的"沙袋育儿"方式对智力的影响，结果发现，沙袋养育的孩子智商显著低于对照组。

3. 教育因素

大量的证据表明学校教育对儿童智商有显著影响。塞西（Ceci，2009）非常详尽地总结了 20 世纪研究者们得到的有关学校教育不同侧面的研究证据。这些证据几乎都一致表明：接受学校教育越多，儿童的智商分数越高；反之，缺乏学校教育的程度越高，则智商分数越低。

二、智力的发展对其他因素的预测性

既然人与人在智力方面存在差异，那么这种差异是否也可以解释其他方面的个体差异呢？比如，具有高智商的人是不是就更成功、更健康、更幸福呢？这不仅是普通人想知道的事情，也是研究者们力图解答的问题。

（一）智力对学业成就的预测

对儿童青少年而言，与智力最紧密的一个话题就是学业成绩。因此，不断涌现大量的讨论。学校教育对智力有重要的影响，那么反过来，智力是否可以影响学业表现呢？大量的证据似乎给予了肯定的回答。例如，吴万森、钱福永（1988）利用比纳量表对某小学 2~6 年级 1110 名学生的智力与学习成绩进行了相关分析。就总体样本而言，智力与学习成绩二者的相关系数为 0.45（$P<0.01$）；从年级分析可见，随年级升高，二者的相关系数也明显提高。但陶云、左梦兰对云南的汉、傣、纳西三个民族的初中生进行研究，发现初中二年级学生智商与学习成绩的相关低于初中一年级，而不同民族之间的相关系数不存在显著差异。最近，英国一份追踪 5 年的研究报告也发现智力与学业成绩之间存在显著正相关。该研究对英国 70000 多名 11 岁儿童的智力测验分数和 25 个科目的学习成绩进行测查，并追踪到儿童 16 岁。结果发现，一般智力因素的潜变量与学业成绩的潜变量之间相关，高达 0.81。另一份来自英国的研究显示，通过对 250 名小学生进行分析发现智力差异可以解释学业成绩总体变异的 20%。

（二）智力对成功与幸福的预测

如果说智力与儿童学业成绩的相关还算得到多数研究者认可的话，那么智力与成年人社会生活的成功，或者说与幸福感的关系就比较复杂了，其结论也是扑朔迷离。

支持二者之间呈正向关系的典型证据当属推孟的天才儿童研究。1921 年，推孟选择了 1528 名高智商（IQ 介于 135~196 之间）儿童作为研究对象，探讨 IQ 的预测力。他的研究及结论受到很多人的追捧，例如被筛选的这组被试（高智商者）在随后生活中取得的成就不论以何种标准来评定都是卓越非凡的。1959 年，有 70 位被列入《美国男性科学家名录》，3 位进入享有最高荣誉的"国家科学院"。此外，有 31 位入选《美国名人录》，10 位出现在《美国学者名录》中。他们中间有无数极其成功的商人以及各行各业的佼佼者。

（三）智力对健康（长寿）的预测

最近的研究证据表明，智力测验分数对个人生活情况的预测力超乎了想象，它甚至可以预测个体生理上的健康与长寿。有研究者指出，从积极角度来看，高智商者身体更健康、更倾向于摄入低糖低脂肪的食物以及会更长寿；从消极角度来看，低智商者更有可能酗酒、吸烟、肥胖以及有更高的婴儿死亡率。在一项澳大利亚老兵的健康研究中，研究者用 IQ 以及 56 项其他的心理、行为、健康和人口学变量去预测 2309 名老兵在 40 岁时的死亡率（这个死亡率排除了由于战争原因所造成的死亡），结果发现，在控制了其他变量之后，个体 IQ 每增加 1 分，他们的死亡风险将会减少 1%。另外，在机动车事故中（造成死亡的最主要原因），IQ 是最强的预测，指标智商在 85~100 的人群中死亡率是 100~115 的人群的 2 倍，而智商在 80~85 的人群的死亡率是 100~115 的人群的 3 倍。

第四节　创造力的发展

人类的发展史也是一部人类的创造史，没有创造，便没有人类的文明与进步。创造力的心理学研究历史可以追溯到高尔顿时期。100 多年来，各国政府和社会越来越重视创造力的研究和创造性人才的培养。

再回到智力的预测水平问题：高智商的儿童是否也具有高水平的创造力，高智商的孩子长大后是否就是高创造力的人才呢？既然智力与创造力的名称不同，那么它们的含义就应该不同。研究者如何定义创造力，创造力与智力什么关系，创造力的发展有何特点等这些问题将在本节进行讨论。

一、创造力的概念

由于研究重点、理论依据、研究方法的不同，研究者对创造力的定义也不尽相同。比较有代表性的观点为吉尔福德（Guilford，1967）的发散思维，他认为发散思维是创造力的主导成分，发散思维表现为流畅性、独特性和变通性。斯滕伯格则将创造力作为其成功智力的重要组成部分，他认为创造力体现在 3 个维度：（1）不寻常且恰当地应用智力；（2）独特的认知方式；（3）特殊的人格特征。纵观众多创造力的定义，多数研究者同意两种观点：第一，认为创造力是一种或多种心理过程；第二，认为创造力是一种产物（胡卫平，2003）。国内比较公认的是林崇德（1999）的创造力定义，即创造力是根据一定目的，运用一切已知信息，在独特地、新颖地且有价值地（或恰当地）生产某种产品的过程中表现出来的智能品质或能力。

二、创造力的发展

如果仅在大创造力层面谈创造力的发展，恐怕只能集中在成人期，但如果把微创造力和小创造力涵盖进来，则创造力的发展在儿童和青少年期就表现出一定的特征。了解儿童和青少年创造力的发展特征及其相关影响因素有助于教育者们对他们的创造力更好地实施培养。

（一）儿童创造力的发展

对于智力而言，儿童和青少年期的智力随年龄增长而提高，相比之下，创造力与年龄的关系则相对复杂。托兰斯（Torrance）描绘了提问测验中儿童提问题的个数随年龄变化的发展曲线，儿童和青少年的创造力随年龄增长呈波浪形上升趋势，在四年级、七年级、十二年级有比较明显的下降。同时，在四年级以后直到十二年级，女生的提问能力高于男生。胡卫平对中英两国 12～15 岁青少年的科学创造力进行了评估和比较，其中一项指标为创造性问题的提出能力。在这个指标上，中英两国青少年有大致相同的发展趋势，即随着年龄的增长，该能力水平越来越高，但并未发现明显的性别差异。英国青少年的得分显著高于中国，不过随着年龄增长，两国之间的差异有减少的趋势。因此，儿童和青少年创造力的发展特点可能随时代变迁出现一些改变，也会因文化不同而出现差异，更可能因为测量指标不同而呈现不同结论。例如，在胡卫平的研究中，其他指标（例如创造性的物体应用能力、创造性想象能力）上的年龄特征、性别差异和文化间差异不同于问题提出的指标。

（二）成人期的创造力

对于成人的创造力，研究者关注的是成果方面的发展趋势。有调查数据显示每隔 10 年杰出人物创造性成果数量的变化，创造性成果数量的高峰期会因学科门类不同有所差异，艺术类（包括建筑学家、音乐家、剧作家、诗人等）的创造成果集中在 30～40 岁，之后就呈迅速下降趋势；科学类（包括物理科学家、发明家以及数学家等）的创造高峰期从 30 岁开始持续到 60 岁，之后也表现出明显衰退；而学者类（包括历史学家和哲学家等）的创造成果高峰持续时间与科学类相似，不同的是，学者们即使在 60～70 岁还保持高产。

第十一章　自我的发展

第一节　自我的产生

一、自我的内涵

（一）自我的界定

自我（self）是个体生理与心理特征的总和，是指个体独特的、持久的同一性身份。自我可以被看作是个体人格的重要组成部分，或是个体关于自己的观念。心理学上认为，在人的观念系统中个体对自身能力的认识、体验与调控，主要是通过思想意识、理想化、观念冲突及自尊体验四个主要环节来实现的。

　1. 思想意识

所谓思想意识是指人的观念系统。观念系统就是人对世界的认识，包括信念与理想两部分。在这两个部分中，意识的作用是不同的。信念指向人们对世界理解后而产生的思维倾向或态度认同，而理想则指向人们对未来的追求。心理学家布兰登（Nathaniel Branden）认为，生命之初，人就在内部世界中构建了一个能正确理解世界的信念，即人有一种先天的观念：我是"万能的"（I am right, I am always right）这种观念促使人产生了理想化。

　2. 理想化

所谓理想化就是指个体超越现实的一种观念倾向。由于人对自我的"万能"认识，个体喜欢间接或直接地通过生活经验（记忆与想象）的正向引导来积极、乐观地对待自己的未来。记忆是个体对过去经历过的人、事、物的保持、再现与回忆。而想象是将过去经历过的人、事、物有机地连接起来，形成关于事物的新形象。在这个过程中，记忆的内容是复杂的，有好坏之分，有喜忧之别。想象的画面也会由于记忆内容的不同时而变得万种风情、色彩斑斓，时而变得扑朔迷离、黯淡无光。这种差异有时会使人陷入诸多反思当中："真实的我"与"理想的我"一致吗？我的能力与别人的能力相同吗？我的能力能胜任未来的要求吗？当人开始反问自己时，自我怀疑也就随之到来。例如，我的能力是不是很有限，我能像别人一样做得很优秀吗，为什么自己的努力与理想总存在差距？……诸如此类的问题，使人的理想化开始遭受打击，出现了观念冲突。

3. 观念冲突

观念冲突是指两种或两种以上的不同认识在人头脑中的交织与错融，使人的思维处于混乱状态。如上所说，由于人的记忆与想象的复杂性，使人的观念出现了矛盾。如为什么我不是全能型人才，为什么我想做好而实际却没有做好，我的实际能力与客观要求到底存在多大差距……这些疑问或困惑已经表明人的认识已经开始在观念与能力之间矛盾徘徊。随着儿童的发展，这种徘徊在认识力量推动下，在能力标准要求下，逐渐使人能够将自己区分为"真实自我"与"理想自我"。从能力角度讲，它已经提醒人们，人从来就没有被证实过是"万能的"或完美无缺的，只是证实了人是依靠某种能力进行思维、判断并知道自己的行为是否是正确的；人只要坚持不懈地努力，能力不仅会提高，而且还会达到一个新的水平，从而获得成功、赢得尊重、产生自信、体验自尊等。

4. 自尊体验

自尊体验是指人除了在意识系统引导下依靠能力生存，赢得胜任感及满足自尊外，还要在意识系统指导下获得生存的有价值、有意义的感受。这就涉及人是有目的、有选择地趋向生存目标，即在社会价值标准选择面前，人要依从社会规则与价值标准来指导自己的行为。在儿童早期，当儿童能够自己去作出行动选择时，他们就产生了像成人一样去做正确事情的欲望，其表现就是努力去做他自己认为是正确的或受成人喜欢的事情，而尽量避免做他自己认为是不好或成人不喜欢的事情。但此时，儿童还不明白这个问题与生活的成功或失败有联系，他们只知道它与快乐或不快乐相关。儿童认识到为了获得快乐，就必须按照成人的要求做正确的、做好的事情，否则，他们就很难得到成人的喜欢。没有成人的喜欢，他们就没有快乐。因为成人的喜欢不仅代表了社会的承认与接纳，更代表了社会价值标准的认可与满意。所以，儿童的快乐感从社会价值标准选择开始，就与自豪感、归属感、受尊重等高级情感相关。正因为如此，人不能脱离社会的价值要求及价值判断而活着，即无论人对自己的判断是有意识的，还是无意识的；无论是理性的，还是非理性的；无论是一致的，还是不一致的；无论是自我改进的，还是消极被动的，他们都要依据社会价值标准去行事。个体一旦背离了自己生活中的社会价值标准（或道德信仰），就会发生价值感欠缺的危机，他们就会逃避社会价值标准的要求，趋向他自己（有限的正确或错误）的价值判断，从而迷失自我前行的方向，丢失自尊。

（二）自我的独特性

自我是否是人类所独有的，这是在区分人与动物时经常提到的问题。为解答这一问题，首先要确定判断标准。吉利汉（Gillihan，2005）认为自我独特性的判断标准有三个：一是脑区定位，即自我类信息与其他信息的加工脑区不同或联合脑区不同。吉尔施（Kircher，2000）等进行了一项关于自我相关判断的实验，要求参与者比较自我描述词和非自我描述词，结果显示：大脑右侧边缘系统和左侧前额皮层（prefrontal cortex，PFC）对自我相关的描述词较为敏感。这说明无论自我相关的信息加工深度如何，它们都存在着相对应的功能脑区。二是功能独特性和自主性，即信息在一个系统内得到加工的方式，且自我表征系统的运行不依赖于另一个表征系统。普拉提克的研究分别证实了自我相关特质词具有右半球加工优势效应。自我参照效应（self-references effect），是指个体加工自我相关材料时记忆增强，能够较好地体现自我的功能独特性和自主性。三是物种独特性，是指自我系统为人类所属种群所特有的心理现象。研究发现，1.5 岁的婴儿就能和成年大猩猩一样能够通过点红实验任务（Kircher，2000）。虽然大猩猩能够通过镜像识别任务，但是它们对自己的行为缺乏认识，即没有中介经验（agency）。因此，如达马西奥（Antonio Damasio，2007）所言，大猩猩所表现出的自我只是原始自我（这种"自我"只是一系列相互联系、暂时一致的神经模式，每时每刻表征着有机体的状态但不能被意识），缺乏意识性。而只有人类具有有意识的核心自我，并能够在此基础上将自我在时空上连接起来。因此，自我是具有物种独特性的。

二、自我的解说

一个多世纪以来，自我的性质一直困扰和吸引着多学科领域的学者们。在心理学领域，心理学家们对此也展开了深入的探讨，形成了关于自我的各种理论观点。

（一）"二元"自我观

詹姆斯将自我分为主体我与客体我之后，又将客体我分为物质自我、社会自我和精神自我。物质自我（material me）包括身体自我和自己的所有物，也可以认为是身体自我和身体外自我。身体自我就是对个人的五官、四肢、手脚等身体组成部分的感知。而自己的所有物是指对于孩子、财产、劳动成果等所有物的感知，并不是这些物理实体成了物质自我，而是指拥有它们的感受成为了物质自我的一部分。例如，一个人有一件她非常喜爱的衣服，衣服本身并不是她自我的一部分，而"我最喜爱的衣服"表达了一种占有感，使"我的衣服"成为物质自我的一部分。

社会自我（social me）是指自己被其他人认可的那些特征的总和，也就是我们如何被他人看待与认可的。从这一点来说，如何看待自己在很大程度上取决于所扮演的社会角色。在不同的社会情境中，自我是不同的。例如，很多年轻人在他们的父母和老师面前是非常严肃认真的，但在朋友面前却是无拘无束的。他人观点具有多样性，詹姆斯总结说："一个人有很多社会自我，就像很多认识他的人在其各自的心里都创设出对他的印象。"这种社会自我的多重性可能是不和谐的，如一个将军对他的孩子是温柔的，但对他的士兵却是严厉的；也可能是冲突的，就像只在固定情境或角色中出现的人出现在其他场合或以其他角色出现时常常会令人们感到惊讶一样，如在校外（如娱乐场所）遇到老师的学生往往会感到慌乱，因为他们很少看到老师以另一种角色出现，而老师不同的社会自我此时可能也会发生冲突。人们在不同的社会背景下表现出自我的不同侧面，这不禁使人们陷入思考：是否存在一个超越这些社会角色的稳定的、核心的自我呢？目前心理学家们对此还没有形成统一的结论，一种观点认为自我由各种社会角色构成，并不存在一个独立于社会角色外的真实自我（Gergen，1982；Sorokin，1947）；而另一种观点认为在这些不同的社会特性中还存在一种普遍的自我（James，1890）。詹姆斯认为，社会自我只是自我的一个重要方面，并不是自我唯一的方面。总之，社会自我包括各种社会地位和扮演的各种社会角色。

精神自我（spiritual me）是一个人的内部自我或心理自我，由一个人的思想、性格、道德判断等自我中较持久的方面组成。感知到的能力、态度、情绪、兴趣、动机、意见、特质、愿望等都是精神自我的组成部分。简言之，精神自我就是感知到的内部心理品质，它代表了自己的主观体验。

（二）"交互作用"自我观

交互作用自我观主要来自符号交互论者关于自我的观点。符号交互论（也称符号交互作用理论）有两位代表人物：库利和米德。

1. 库利的"镜像自我"观点

库利（Cooley）提出了"镜像自我（looking-glass self）"的概念，他以镜子中的自我形象为比喻，指出自我是从外界（客观、他人）得到的关于自己的印象。"镜像自我"包括他人对自己外表、形象的认识和他人对自己行为举止、人格等方面的评价。库利被誉为符号交互作用理论的先驱者，他扩展了社会环境中自我发展与他人联系的观点，强调自我的概念或观点不能与社会影响分离，并表明自我是通过反映他人对自己持有的观点形成的。库利认为，人们对自己的感觉通过观点采择过程（perspective-taking process）得到发展，人们观察到他人如何评论自己，然后把这些观点融入到自我概念中；在镜像自我的建构中涉及三个过程：

（1）一个人想象自己要如何出现在别人面前。

（2）想象他人如何判断或评价自己。

（3）对想象中的他人评价产生一些情感反应，如自豪或羞愧等。

当然在这个过程中，一些人的评价可能比另一些人更重要。例如，关系密切的人或对自己重要的人可能会比陌生人对镜像自我的产生有着更大的影响。那么，对于儿童来说，父母、教师等一些与儿童关系亲近或在儿童心中具有权威的人就会对其镜像自我的形成产生重要影响。

2. 米德的"符号交互作用"理论观点

社会学家米德（Mead）在库利工作的基础上，极大地扩展了镜像自我的观点，创建了符号交互作用理论（theory of symbolic interaction）。该理论强调个体在与他人的社会交互作用过程中塑造了自我，因此，米德认为自我是社会的，个体脱离他人就不可能形成自我。自我的产生是个体在群体内部与他人交互作用的结果，而人们在人际交互作用中所使用的符号对自我形成具有重要意义。所谓符号是指在一定程度上具有象征意义的事物。在"镜像自我"这一概念的基础上，米德提出了"概括化他人（generalized other）"的概念。认为人们在镜像自我的形成中，不仅受到某些重要他人观点的影响，也会受到整个社会群体总体评价的影响。也就是说，个体逐渐将整个社会群体对他的看法概括化，并融入到自我结构中，形成一种社会化的自我。

第二节　自我的发展

一、自我认识的发展

（一）自我感知的发展

1. 主体我的形成与发展

马勒（Mahler，1968）最初观察到婴儿与母亲分离时的反应，如悲伤、抓住母亲离开的门，这表明婴儿能区分出自己和母亲，感到自己不再与母亲是一体的，而是一个独立的人。马勒认为这代表了分离个体化过程（也即自我分化）的开始。分离主要指自我与客体区分的过程，个体化是指婴儿逐渐认识到自己是一个独立的、自主的整体。自我分化带来的能动感，使婴儿发展出了对自身与外界的掌控能力。

所谓掌控能力就是婴儿对自己身体的控制，即由自身动作与其产生的感觉之间建立起来的即时联系，它使婴儿认识到自己感觉的变化是由动作产生的，而动作又是由自己这个主体所发出的，从而认识到自己的力量，认识到自己是活动的、积极的主体。这方面的早期研究来自刘易斯和布鲁克斯·甘恩，他们利用视觉识别范式，根据相倚线索（contingency clues），即镜像行为动作与婴儿的行为动作保持一致，观察到婴儿能意识到自己身体的运动会引起镜子中视觉图像的移动，进而把自身推断为一种积极的能动力量。斯特恩（Stern，1985）将其描述为自我能动性（self-agency），它是一种支配自身产生行为的意志感，即"我自己能作出行动"。

掌控能力的进一步发展表现为对外部环境和他人反应的控制。当婴儿学会伸手够或用手抓物体并使物体发生移动时，他们会感到"我能使物体运动"，即自己是外界事物运动的起源或动因，班杜拉（Bandura，1990）称其为"自我效能感"（self-efficacy）的先兆（forerunner），他认为当婴儿意识到自己能控制特定的环境事件，特别是当敏感的照顾者在这个过程中给予婴儿帮助时，他们就会获得一种个体能动感。凯斯（Case）观察到，当婴儿显示出对物体的控制时，例如作出一种移动，他们就特别喜欢展示自己有劲的行动，表现出一种愉悦感。

2. 客体我的出现与发展

当婴儿到了 15 个月左右，婴儿的自我觉察能力开始出现，他们能够把自己作为客体来对待。也就是说，婴儿的客体我开始萌芽。对这方面，阿姆斯特丹（B Amsterdam，1972）在研究方法上取得了突破，他运用镜像自我识别的实验来考察婴儿的自我识别，即婴儿能否认出镜子中反射出来的人物就是自己，从而使婴儿自我认识的起点得到了确认的标准。阿姆斯特丹借用盖洛普（Gallup，1971）研究黑猩猩自我再认的方法，在婴儿鼻尖上涂了一个红点，并假设：如果婴儿表现出意识到自己鼻尖上红点的自我指向行为（如去摸自己的鼻子），就表明婴儿具有了自我认知的能力，能够把自己的某种特征当作客体去认识。阿姆斯特丹的实验结果表明，只有到了 15~24 个月时，婴儿才能显示出稳定的对自我特征的认识，他们会对着镜子去触摸自己的鼻子和观看自己的身体。

（二）自我概念与自我评价的发展

自我概念是个体对自己的印象，包括对自己存在的认识和对自己身体、性格、态度、能力等方面的认识；自我评价是个体在对自己身心特征了解的基础上对自我作出的判断。这二者是自我认识中的两个主要成分，能够反映个体自我认识的发展状态与水平。自我概念与自我评价是随着个体认知水平的发展而发展起来的，同时又是在社会生活中通过实践和交往逐渐形成并发展起来的。

1. 学龄前期（2~6 岁）

随着婴幼儿自我感知的发展，学龄前期儿童出现了类别自我（categorical self）。所谓类别自我就是他们能够注意到人与人之间的某些差别。类别自我的出现是在意识层面中自我认识的开始。

类别自我是自我发展过程中，从自我感知到自我概念、自我评价的一个过渡阶段。当儿童越来越多地认识到自己的不同特征，并能对这些特征予以正面或负面的判断时，就出现了自我概念和自我评价。自我概念与自我评价作为自我认识的主要成分，从幼儿早期形成到青春后期成熟一直处于发展中状态。

自我评价伴随幼儿自我概念的出现而出现。我国学者认为，自我评价开始出现的年龄是在 3.5 岁到 4 岁之间，大多数 5 岁儿童已经能够进行自我评价总体而言，幼儿期儿童的自我评价能力还很低，其个性发展在很大程度上会受到成人评价的影响，但幼儿的自我评价仍然表现出 4 个明显特点：（1）比较信赖他人的评价。如要幼儿评价他自己是个好孩子时，他会说："妈妈说我是个好孩子。"或者说："老师说我乖。"其实这种自我评价不能算是真正的自我评价，只能算作"前自我评价"。（2）主要对自己的外部行为进行评价。如儿童在回答自己是好孩子的理由时，一般都倾向于依靠外部行为标准。因为"我不骂人"或"我听老师的话"，所以我是个好孩子。这种评价是对自己外部行为的评价而不是对自己内心品质的评价。因此严格地说，这也不是真正意义上的自我评价。（3）评价比较笼统，大多数幼儿只从某个方面或局部对自己进行评价。如让幼儿评价自己是否是好孩子时，大多数幼儿都认为自己是好孩子，其评价标准仅仅是因为"我吃饭吃得好，睡觉好"或者"上课坐得好，不乱说话"等。（4）评价带有比较明显的主观情绪性。幼儿自我评价往往不从具体事实出发，而是从情绪出发，带有主观片面性。如要幼儿对自己的作品和小朋友的作品进行比较时，即便明显可以看出即使是其他小朋友的好，他们也总会评价自己的作品好。这里不排除有单纯所有权效应（mere ownership），即对自己拥有的物品有较高评价，但是一般情况下，幼儿总倾向于过高评价自己。随着年龄的增长，幼儿对自己的过高评价逐渐趋于隐藏，自我评价也趋于客观。

2. 学龄初期（7~11 岁）

自我概念和自我评价的许多变化出现在学龄期。其中，小学阶段的儿童对外部事物和他人的认识逐渐趋向抽象化和概念化，他们对自我的认识也逐步呈现这种趋势。这一时期，儿童对自我的描述从以身体和外部特征为主逐渐转向稳定的内部特征，如性格、价值观、人生信仰等。如他们会说"我努力使自己变得对人更友好""我做事不太专心""我很孤独"等。他们的自我概念也变得更为概括，不再用特定的行为来看待自己，开始运用含义更为广泛的词汇来描述自己，如我喜欢运动、喜欢唱歌等。也就是说，这个年龄的儿童能够使用一些心理学术语来定义自己和他人的特质。这些特质中很多是重要的社会特征，如好看、可爱或友好等。在这些变化中，很多现象都可以用认知成熟来解释。这个时期的儿童处于皮亚杰认知发展阶段理论中的具体运算阶段。在这个阶段，儿童获得了逻辑思考的能力，能够通过归纳推理来进行思考。这些能力使他们得以建构起关于自己的更为一般的观点。另外，这个年龄的儿童也获得了采纳他人观点的能力，以及从他人眼中看待自己的能力。他们的社会比较过程也变得更有影响力，儿童能对自己与他人进行比较，并从中得出和自我相关的结论，如我比他更聪明。

小学儿童的自我评价能力在幼儿的基础上有了进一步发展，其表现在：（1）从顺从他人的评价发展到有一定独立见解的评价，随着年级的升高，自我评价的独立性增强；（2）从比较笼统的评价发展到对自己个别方面或多方面行为的优缺点进行评价；（3）开始出现对内心品质进行评价的初步倾向；（4）对自我的抽象概括性评价和对内心世界的评价能力都处于迅速发展期；（5）自我评价的稳定性逐渐加强。

3. 青少年期（12~18 岁）

根据艾里克森（Erikson，1902~1994）的理论，进入初高中阶段儿童面临的最为重要的发展任务就是同一性获得。同一性的获得是一个冲突增长的过程。儿童必须通过建立个体同一性，以避免同一性混乱状态。也就是说，儿童需要有效地评估自己的优点和缺点，学会如何对诸如"我是谁"等问题获得清楚的认识。如果此时儿童尚未获得同一性，那么就会遭遇自我怀疑和角色混乱等问题。

对于初高中阶段的青少年来说，自我概念出现了另一种转变。这一阶段的青少年用偏重于他们所知觉到的内部情绪和心理特点的抽象特征来定义自己。例如，一个青少年很可能会说他自己很忧郁或不可靠。这样的认识不仅反映了个体自我定义时更为复杂和更具分析性的取向，也体现了更不为人知的一面。

初中生的自我评价能力处于发展关键期。他们自我评价的独立性、抽象概括性和稳定性仍在不断增强。但初中生的自我评价能力还落后于对他人评价的能力，他们对自我评价的客观性和全面性不足，还表现出一些主观偏执性。到高中阶段，随着抽象逻辑思维的进一步发展和社会阅历、知识经验的不断丰富，高中生逐渐能够较全面、客观和辩证地分析和评价自己。他们不但能够对自身某一方面的行为和心理特点进行评价，而且能够对自我的整体心理面貌和稳定的心理品质给予较适当的评价。高中生自我评价趋于成熟，这对于他们自我调节和自我控制能力的发展是有积极作用的。

二、自我体验的发展

（一）自尊是自我体验的核心

1. 自尊的概念

人最在意的是什么？心理学研究认为，没有什么比对自我价值的评价（简称自我评价）更让人在意的事情了。也就是说，在心理发展中，人都十分重视他人对自我价值的评价。这是因为，这个评价通常能被人体验到，即自我体验。人对自我的体验不仅表现在意识形式、语言判断等方面，而且还表现在他经常体验到且难以分离与区分的情感上：评价影响人的情感，进而影响人的情感反应。

自尊是个体对自我能力和自我价值是否得到他人、社会承认和认可的情感体验，属于自我系统中的情感成分，具有评价意义。

2. 自尊的本质

自尊的本质是人的生存需要与价值需要的有机结合。自尊两因素理论指出，自尊由两个相互联系的方面组成：胜任感（能力感）及价值感。人都要面对并应对生活中的各种挑战，可现实生活中人的能力是有差异的，能力强的人能够应对生活中的各种挑战且获得胜任感（perceived competence），产生自信心；而能力弱的人经常因为做事情不成功，产生无力感，从而丧失自信心。另外，当人有能力去应对生活挑战时，人的能力的发挥还必须同时符合社会的价值标准。人的行为符合社会要求，就会得到社会的承认与认可，进而产生价值感（perceived worthiness），得到他人与社会的尊重及产生受尊重的感觉；反之则相反。因为这种感受是在符合或不符合社会规则评价时产生的，因而带有社会性。这两种感觉也可以归纳为自我信任与自我尊重。自我信任表达的是人需要有能力生存，即要有胜任感；自我尊重表达的是人要生存的有价值，即要有价值感。

（二）自尊的发展

1. 自尊的形成与发展过程

（1）学龄前期自尊的形成。正如自尊两因素理论中所述，能力和价值是自尊的成分，它们在自尊的形成与发展过程中也是很重要的。自尊的形成是一个社会化过程，它包括能力感和价值感的形成。首先，随着儿童认知能力的日益发展，他们逐渐开始对自身拥有的能力特征和品质进行认识和评价，并在成功和失败的经历中产生不同的情绪体验，形成能力感。其次，随着儿童生活范围的逐渐扩大，儿童的社会化程度逐渐加深，交往方式由与父母等人的简单交往转向与老师、同伴等多人较广泛的社会交往，他们进而习得了是非对错等社会评价标准，并在外界反馈中获得价值感，自尊也就形成了。

初步形成的能力感表现出了很多幼儿期特征：1）这种感觉是不稳定的，随着不同情境表现而发生变化，即具有很强的情境性和可变性，没有形成某个领域稳定的能力感。2）这一阶段能力感大多源于外在行为层面，以具体活动对象为载体，还没有形成概括能力。3）这时的能力感往往是偏高的，因为此时儿童还不能客观地认识自己，具有自我中心性并常常依赖成人对自己能力过高的评价。

（2）学龄期自尊的发展。刚刚进入学龄期的儿童虽然已经形成自尊，但由于其自我评价仍会不切实际的积极化，因而常常会表现出高于客观条件的自尊水平。但随着儿童认知能力的发展，他们开始基于外界的反馈和社会比较来进行自我评价，进而形成一种更加平衡化的和精确化的自我观点，包括他们的学业能力、社会技能、人际吸引力及其他个人特征。随后，儿童的自尊水平也开始发生变化。

到学龄后期，也即青春期，儿童的自尊水平继续下降。研究者们将这一时期自尊水平的下降归因于身体形象及其他与青春期有关的问题。例如，该时期的青少年开始产生抽象思维能力，他们开始从更高的认知层面来思考自我和未来，也考虑到自己曾经错过的机会和无法成功的期望或无力实现的理想。此外，从小学到初中、高中的转变，也伴随着更多的学业挑战和更加复杂的社会背景，这些都会令他们的自我评价消极化，因而降低了自尊水平。虽然自尊在儿童期（包括学龄前期与学龄期）的发展看起来有些易于波动，但到学龄期结束之前，儿童的自尊水平和类型已经基本形成，会拥有较为稳定的能力感和价值感。

纵观自尊在整个儿童期的发展，容易出现三类问题：1）儿童可能在早期能力或价值发展中遇到了问题或障碍。例如，学龄前期的行为问题、学龄期的学习困难、非支持性的或虐待性的教养方式等都会影响自尊的早期发展，妨碍自尊向积极的方向进展；2）儿童先天的能力可能与特定环境所要求的技能不对应，或者发展这些技能的机会受到了限制，又或者在可以创造的情境中儿童失败的机率超过了成功；3）发展中的儿童可能会遇到价值冲突。那些内在的或已经内化的价值对于自尊的发展是有帮助的，但是一些偶然性价值或外在的价值却相反。所以，当儿童面对这些价值或价值选择的冲突时，他们就容易处于自尊发展的危险之中。

2. 自尊获得与保持的条件

（1）自我感觉的参与作用。每个人都知道在没长大之前有些问题是弄不清楚的，这是很自然的事情，问题出在儿童的自我感觉上。儿童早期经常感觉到自己失败的时候多于成功，然而作为个体，他又需要自己有成功的感觉。结果，儿童就会对自己产生不满意感，这种感觉会与儿童的意志努力产生矛盾。因此，儿童要承受一些来自成人世界的要求与压力。例如，一个孩子生活在一个不良的环境里但其心理上又要求生存，他必须与成人规定好的成长规则做斗争，可斗争结果往往是失败的，由此，他会感到自己与周围的世界关系不和谐。但经过自我的合理调节，这种不和谐感就会减低，因此，他也就不会感到自己是无能的人。可见，这种自我感觉的参与，使儿童获得并保持了自尊。

（2）自我验证的认知作用。自尊的获得与保持还需要自我验证的认知作用。自我验证（self-verification）是指人们为了获得对外界的控制感和预测感，会不断地寻求或引发与其自我概念相一致的反馈，从而保持并强化他们原有的自我概念。自我验证的认知作用表达了个体对思想、判断及控制行为的主张。简言之，人要勇敢地去消除自我观念中的权威神秘感，去认识自己的能力，去信奉自己的感受。如果对他人的思想与意识既不能判断也不能防御，则最后只能伤害自己的自尊。人为了生存，必须有意识地控制自己的情绪。

因为情绪是被动的，属于反应性要素，它在某些特定的情况下，受潜意识所控制，因此它不一定能恰当地反映现实。所以，去判断情绪反应的恰当与否或有效性是人理性特点之一。如果人的理性泯灭了，他放纵自己的情绪，在现实中他就会失去控制感。因此，控制人的情绪，就要进行健康的自我调节。健康的自我调节是将情绪作为价值判断的有效结果，即明确在特殊的环境下这些判断的本质及有效性的程度。人只有这样做，才能不断地去获得并保持自尊。

三、自我调节的发展

自我调节作为自我系统中意志的表现形式，是各种心理机能发挥作用的动力因素，它是指个体有目的、有策略地对自身认知、情绪、动机和行为进行激活、控制、调整和维持的过程。佛贺斯（Vohs）和鲍迈斯特（Baumeister）曾指出，自我调节是人的动物性向社会文化性转变的必要因素。从心理发展角度来看，这一转变正是个体实现社会化的过程，可见自我调节在儿童社会化过程中发挥着重要的作用。自我调节能力是随着儿童年龄的增长，借助与环境的互动，逐渐发展起来的。自我调节在儿童期主要以努力控制（effortful control）的形式表现出来。努力控制是执行功能发展的产物，是为了实现激活非优势反应计划和侦测错误的目的，而抑制优势反应的能力，它包括觉察有计划行为、对有意控制的主观感受性、计划新行为、纠错、解决冲突等围绕抑制能力展开的相关能力。一般认为，自我调节是学龄前期的一个关键性、标志性的发展成就。随后的时间里，自我调节的能力在不断成熟，但是仍旧不稳定。

由于前注意系统在儿童2岁前发展极为缓慢，因此努力控制能力要到3岁以后的学龄前期才开始快速发展，且发展能够持续到成年阶段。具体来说，在1岁左右，儿童已经能通过协调手的动作和视觉完成抓取远处物体的动作，这说明儿童此时已经能够有效控制动作，具备了一定的抑制能力。到30个月左右，儿童Stroop类任务的准确率显著提高，且注意转移能力也发生明显的变化。寇卡斯卡（Kochanska）设计的努力控制测试系列任务，是测量两三岁儿童的经典任务，其中包括延迟、努力注意、低语和信号激停任务，其结果也表明，努力控制在22~33个月有大幅度提高。Gerardi Caulton发现，努力控制能力在24~36个月有了显著的改善，而波斯纳（Posner，1998）和罗斯巴特（Rothbart，1998）的研究进一步发现，努力控制能力到4岁就已经发展得很好了。寇卡斯卡的研究提供了努力控制发展稳定性的证据，他还进一步指出，努力控制是一种稳定的气质特质。

第三节　自我发展的影响因素

一、影响自我发展的神经解剖学因素

神经心理学和脑成像研究认为自我是由一些既相互独立又相互联系的子成

分、过程和结构组成的一个复杂系统，它们通过研究自我不同子成分的神经基础来促进人们对自我本质的理解。目前，自我的神经心理学研究主要集中在自我参照加工和自我面孔再认这两方面。

麦克雷（Macrae）使用自我参照范式进行的有关自我的脑成像研究表明，当和他人参照比较时，自我参照无一例外地激活了内侧前额叶（medial prefrontal cortex，MPFC）；当和语义加工比较时自我参照也激活了 MPFC。另外，斯塔斯（Stuss，2002）综述了脑损伤病人的研究，提出额叶特别是右额叶与自我有密切的关系。临床实验研究发现额叶受损的病人，特别是眶额叶皮层（orbitofrontal cortex）受损的病人，其自我反思和自我的元认知机能受到严重破坏，但他们对自我人格特质的判断能力正常。

基南（Keenan）综述了许多自我面孔再认的研究，提出前额叶与自我面孔再认有密切的关系；并且他认为右前额叶比左前额叶对自我面孔再认的作用更强。基南等人（2001）的研究发现，分别麻醉病人的大脑左右半球，再让这两类病人看自我和好莱坞明星面孔，使用 morphing 技术（一种图片渐变技术，从一张图片转变为另一张图片过程中的每张图片包含图片的比率成分不同）合成的照片，并要求病人记忆，当病人从麻醉中恢复后再回忆自己刚才见到了谁。结果发现，麻醉右半球的 5 个病人中有 4 个报告见到了好莱坞明星，麻醉左半球的 5 个病人却报告刚才见到了自己，这反映了大脑右半球与自我面孔再认有密切的关系。

神经心理学家达马西奥对自我的神经机制进行了较为系统的研究。他认为自我包括原始自我、核心自我和自传式自我。原始自我是一系列相互联系、暂时一致的神经模式，每时每刻表征着有机体的状态，不能被意识。核心自我是被改变的原始自我的二级映射表征，每当一个客体改变原始自我的时候，这种叙述就会出现，能够被意识。自传式自我是以自传式记忆为基础的，自传式记忆是由包含许多实例的内隐记忆构成的，这些实例就是个体对过去和可以预见的未来的经验。实际上，一个人的一生中那些不变的方面都是自传式记忆的基础。达马西奥认为，在没有意识的原始自我和有意识的核心自我之间是可以转换的，决定转换的因素是由核心意识的机制控制的。比如，对重复出现的核心意识经验的实例的记忆会形成自传式记忆，而对核心意识的持续动向和自传式记忆的持续激活则形成自传式自我。

（一）原始自我

执行原始自我的脑结构分为三类：（1）调节身体状态和映射身体信号的一些脑干神经核团；（2）下丘脑和基底前脑，对内环境的状态进行表征；（3）脑岛皮层以及内侧顶叶皮层（位于胼胝体的后面），它们都是躯体感觉皮层的一部分。在人类身上，这些皮层的功能是不对称的。

（二）核心自我

核心自我的心理学基础就是在被改变的原始自我的二级映射中的表征。通过有机体与任一客体的相互作用而使最初的原始自我发生改变。在许多神经结构中，作为原因的客体和原始自我发生的变化是分别表征的，在这些神经结构之外至少还有一个结构，这个结构对它们短暂关系中的原始自我和客体都进行了重新表征，因而能够表征在有机体身上实际发生的事情：在最初那一瞬间的原始自我；进入感觉表征的客体；使最初的原始自我转变为被客体所改变的原始自我。在人脑中有几种结构，都能产生重新表征最初所发生的事物的二级神经模式。二级神经模式把对有机体与客体关系所作的非言语表象的说明包括在内，这种神经模式可能是建立在几个"二级"结构中的复杂的交叉发送信号基础上的。

（三）自传式自我

引入自传式自我的神经解剖学基础解决心理表象与脑之间关系的理论框架这个问题。这个框架假定了一个表象空间，在这个空间中所有感觉类型的表象都能清晰地表现出来，包括让我们认识核心意识的外显心理内容。这个空间还假设了一个痕迹空间，在痕迹空间中，痕迹性记忆包含着对内隐知识的记录。在此基础上这些表象可以在记忆中构建、运动并得以产生，表象的加工过程也能得到促进。这些痕迹能够保持对先前知觉到的某个表象的记忆，并且能够有助于从这种记忆中重构一个类似的表象；也有助于对当前所知觉到的表象进行加工。例如，根据与这种表象相一致的注意程度以及根据其随后所提升的程度对表象进行加工。表象空间和痕迹空间都存在相应的神经对应物。各种不同通道的早期感觉皮层的结构对那些很可能是心理表象基础的神经模式提供支持。而高级皮层和各种不同的皮层下神经核保持着能够产生表象和动作的倾向，而不是把这些清晰的模式保持住或使之外显地表现出来。

二、影响自我发展的社会因素

影响自我发展的社会因素非常多，其中父母与社会文化因素的影响是比较明显的。

（一）父母的影响

父母对儿童自我发展的影响的主要表现为两点：一是父母教养方式和自我发展的关系；二是亲子依恋和自我发展的关系。

1. 父母教养方式对自我发展的影响

父母作为儿童生活中的重要他人，不仅为子女提供身体发育的物质基础，还教给子女社会行为规范，他们在子女发展过程中所起的作用是深刻而久远的。父母教养方式是父母在教育、抚养子女的日常生活中表现出来的一种行为倾向，是其教育观念和教育行为的综合体现。它相对稳定，不随情境的改变而变化，反映了亲子交往的实质。父母教养方式对儿童自尊发展影响的研究发现，父母的教养方式对少年儿童自尊发展具有显著的影响。父母对少年儿童采取"温暖与理解"的教养方式会促进儿童自尊的发展，提高儿童的自尊水平；相反，父母对少年儿童采取"惩罚与严厉""过分干涉""拒绝与否认""过度保护"等教养方式会不同程度地阻碍儿童自尊的发展，降低儿童的自尊水平。此外，父母教养方式对儿童自我效能感和良好情绪的培养具有一定的作用。国内外研究发现，在家庭影响因素中，父母教养方式极大地影响着儿童的自我体验、自我评价和自我调控等能力，影响儿童的挫折承受力和健康观，是儿童自我意识发展至关重要的因素。

2. 依恋对自我发展的影响

依恋一般指两个人之间亲密的、持久的情感联结，这些情感联结提供给个体情绪支持、亲密感和连续感。在面对生活中的重要转变时，它能为个体探索自己和外部世界提供安全感和自信心，对个体一生的发展都具有积极的影响。安全依恋的儿童社会化发展很好，他们较少存在敌意，表现出更多的适应性，愿意探索新的活动和经验。也就是说，亲子安全依恋与同伴竞争相关，而这种相关将在积极的同伴自我概念中反映出来。由此可见，同伴自我概念主要由同伴关系决定，并且间接地由依恋决定。例如，儿童的自我概念被视为由学校中的成功经验决定，也是由依恋的安全程度决定的，它可以提高儿童对新环境的适应性；同时促进儿童安全依恋的父母也倾向于支持儿童的学业能力。

（二）社会文化的影响

西方文化强调个体的独立性，强调培养独立型的自我，自我与非自我的边界是个体与任何其他人；东方文化强调人们之间的依赖关系，强调培养互倚型的自我，自我与非自我的界限是父母、亲人、好朋友等自家人与外人的区别。

朱滢等人在自我参照效应的研究中发现，中国人的自我参照效应并不比母亲参照的记忆结果好，二者处于同等水平但均优于他人参照。多次观察发现，这一结果与西方被试的结果——自我参照效应显著优于母亲参照形成鲜明对照。马库斯（Markus，1991）的自我图式理论解释了东西方文化下自我参照效应的差异：东方人的自我结构中母亲与自我有交叉，母亲是自我的一部分，因此母亲参照可以利用自我独特性的认知结构，导致母亲参照的记忆类似于自我参照；西方人的自我结构中母亲与自我分离，母亲不是自我的一部分，因此母亲参照无法利用自我独特的认知结构，导致母亲参照的记忆显著差于自我参照。西方被试有关自我的脑成像研究结果表明，自我参照编码激活了内侧前额叶（medial prefrontal cortex，MPFC），而张力（2004）等人有关中国被试的脑成像研究表明，母亲参照编码时也观察到 MPFC 的激活。

根据对中国文化的简述，不难看出，社会的秩序与和谐一定要由其中的个人开始。中国人的"自己"与"社会"的关系可以说是"包含"与"合一"的关系，而非"个人"与"总和"的关系，这就要靠个人"内转"的功夫，使"自己"超越"个己"，与"社会"融为一体。那时，个人的"个己"已不复存在，或已被"非集中化"。就中国文化层次来探讨中国人的"自己"时发现有以下几个特色：

（1）中国人的"自己"是非常受重视的，它不但是个人行为的原动力，也是达成理想社会的工具。中国人的"自己"也极注重自主性，但是这个自主性要表现在"克己复礼"的道德实践上。

（2）中国价值体系中的"自己"，不像在西方价值体系中的"自己"那样以表达、表现及实现"个己"为主，而是通过实践、克制及超越转化的途径，使"自己"与"社会"结合。中国主流哲学思想以强调个人的"至善"的道德修养为维系社会和谐的基础。如果说西方是"自恋"的文化，那么中国可谓是"自制"的文化。

（3）中国哲学理念对"自己"发展的构想是与个人道德的修养分不开的。中国哲学对"自己"的讨论多以如何达到"道德自己"为主，因此对于人应该发展成为什么样的人有一个比较确定的看法。如此，对中国人的"自己"而言，学习"要怎么做"比学习"要做什么"重要得多。"自己"被看成是一个不断向前进步、走向道德至善的过程。

（4）在"自己"的修养过程中，"自己"的界线逐渐地由"个己"超越转化成包括许多其他人的非个体性的"自己"。因个人道德修养的高低不同，"自己"的界线也因而有所不同。

第十二章 人格的发展

第一节 人格发展的实质

一、人格发展的一般问题

（一）人格发展的内涵

1. 人格的定义及其特征

人格（personality）与平常所说的"个性"含义接近，具有个人内在品质与外在行为特征集合的含义。人的复杂性决定了人具有极其丰富的内涵。不同心理学家对人格进行界定时各有侧重，一般是从人格的某个侧面对人格系统进行描述。根据大多数定义的基本要点，可将众多定义分为三种类型：第一种强调个体差异的重要性。例如，佩尔斯（Pares）认为人格是一个人区别于另一个人并保持恒定的具有特征性的思想、情感和行为模式。第二种强调内外环境对人格的影响作用。例如，艾森克（Hans Eysenck）认为人格是个体由遗传和环境所决定的、实际的和潜在的行为模式的总和。第三种是将人格假定为一种内在的结构与组织。例如，桑福德（Sanford）将人格定义为一个由各部分或元素（子系统）组成的有机整体（系统），因其内部活动以某种方式进行而从环境中分离开来。

我国心理学家黄希庭对人格所下的定义较具综合性，他认为人格是"个体在行为上的内部倾向，它表现为个体适应环境时在能力、情绪需要、动机、兴趣、态度、价值观、气质、性格和体质等方面的整合，是具有动力一致性和连续性的自我，是个体在社会化过程中形成的给人以特色的心身组织"。

心理学家们对人格的界定虽然侧重不同、表述各异，但人们对人格所具有的基本特征已经形成了一定的共识：

第一，结构性。强调人格是一种动态的组织是多种成分在不同层次上的构成。如能力、气质、性格、情感、意志、认知、需要、动机、态度、价值观及行为习惯等成分在生理与心理、潜意识与意识等不同层面上形成相互联系的结构组织。

第二，整体性。人格是个体的心理和行为的综合。整体各成分之间通过密切联系、协调一致的统一活动来决定行为。就像是一个交响乐团，在统一的指挥下演奏一支交响乐。其中，自我充当着乐团指挥的角色，在人格中起协调和监控作用。发展良好的人格整体性较强，而发展出现障碍的人格往往整体性较差，显露出心理行为各方面相互冲突和分裂、人际交往不协调等表现。

第三，稳定性。人格是持久而稳定的行为模式，表现在跨时间的持续性和跨情境的一致性方面。例如，一个外倾的人，在童年时表现出不认生、喜欢和同龄人一起游戏的特点，到了成年时期也是一个喜欢交往、善于言谈的人，无论在陌生的环境中还是熟悉的环境中，都表现出合群倾向。个体的遗传特征、持续的自我是人格保持稳定的重要因素。

第四，独特性。个体的遗传基础各不相同，所处的环境千变万化，因此，在这二者的相互作用下所形成的适应环境的模式必定都是独特的，所谓千人千面。

第五，社会性。人格主要通过后天的人际交往经历在社会化活动中形成，是在与他人交往中掌握社会经验和行为规范获得自我的过程，即使是像满足吃饭、睡觉这样人类最原始的本能和需要的行为都不能脱离所处的社会环境的影响和约束。

2. 人格发展的趋势

人格发展（personality development）是指在从出生至死亡的整个生命历程中，个体的人格特征随着年龄增长和习得经验的积累而逐渐改变的过程。人格特征形成是一个人在内外部诸多因素的影响下，通过逐渐形成的自我的调节作用实现对过去经验、当前现状和未来目标的构建过程。各种因素的影响力、自我的调节作用的大小在不同的时间阶段中发生着变化，这决定了人生各阶段人格发展的状态。

首先，童年期是人格塑造的重要阶段。早期经验在最初的人格塑造中具有重要意义。幼年时个体神经系统迅速成长，他所接触到的环境因素对神经系统的发展和塑造起到重要的影响作用。其原因主要源于两方面：一是，此时个体对外界刺激十分敏感，因而刺激引起个体强烈的反应，阻碍其他不相容行为反应的习得；二是，幼儿的语言发展还不完善、认知发展水平较低，更易受情绪因素的左右，不能理性地对经验进行加工和筛选，因此，外界的各种影响会在记忆中形成鲜明和稳定的印象，并对今后个体的行为和心理产生长远的影响。例如，一个幼年时被狗惊吓过的人，在他成年后即使知道狗不能对自己造成伤害，他还是无法克服对狗的恐惧感。

其次，青少年期是人格形成的关键期。这一时期个体的人格特征既受早期经历的影响，又受未来指向和探索的影响。个体在成长过程中形成评价自己和他人的认知模式，尤其是自我意识对个体心理和行为起着重要的引导作用。自我意识是指个体对自己以及自己与周围事物的关系，尤其是人我关系的认识。自我意识的水平既是人格发展水平的标志，也是推动人格发展的重要因素。从青春发育期开始到青年后期是自我意识迅速发展并走向成熟的时期。在青少年期的人格发展和自我发展问题上，艾里克森指出，自我同一性的确立和防止同一性混乱是该时期的主要任务。青少年身心的成熟以及面临对未来成人角色的选择都促使他们进行同一性探索，并确定自己内在世界中存在着的"本来"的、"本质"的自我。自我同一性的形成使他们能有目的、有计划地改造自我、塑造自我，能更全面地认识、评价和看待自我，能有意识地协调自己的心理与行为。由于自我认识水平的提高、自我体验程度的加深、自我调控能力的增强，青年人的人格形成趋于成熟和稳定。

最后，成人期个体的人格仍然存在着进一步的发展。20 世纪 60 年代以前，大部分经典人格理论认为人格的发展到成人期或更早就已经完成。从 20 世纪 60 年代开始，人们对成年人的人格发展进行了一系列的研究，发现随着年龄增长个体人格表现虽然日趋一致，但仍保持着变化的潜力。赫尔森和温克（Helson，Wink）对一组妇女从 43~52 岁进行追踪研究后发现，在这 10 年间她们的责任感、自我控制都有所增加。罗伯特（Roberts）发现职业经历与中年人外向型及责任感测量成绩的变化有关。麦克雷（McCrae）等人对 9 个国家 12000 多名被试的年龄与大五人格关系进行了研究，结果发现年龄的增加与责任性和宜人性呈正相关，而与外向性、开放性和神经质呈负相关。

3. 人格发展研究

人格发展的研究虽然主要采用实证的方法，但对人格发展的全面考察要求具有更综合的视角，因此，从哲学、教育学角度进行的思考是必不可少的。在实证研究方面亦要求综合采用多种方法。首先，由于影响发展过程的主要因素一般是在人际情境中被发现的，所以，人格发展的研究也是社会关系的研究。在这类研究中，主要使用自然观察法和调查法在不同的时间点进行研究，同时也需要通过对个体差异的总体特征和社会交互作用进行测量，来记录行为模式的产生和发展趋势。其次，将个体差异研究与遗传学、神经科学研究方法相结合有助于更深入地了解人格特质的内在生理与心理机制。

在所有实证研究方法中，人格发展研究更注重使用通过设计、编制问卷或量表进行测量的方法。量表测量取向以个体为中心。不同时间测量个体不同的行为特征，比较各种行为特征跨时间的测量分数，以观察个体的各种人格特征变化情况。这种研究取向获得的数据来自于儿童和青少年人格结构的发展性研究，以及成人人格结构的跨文化研究。另一种取向是着重对多被试的相同变量进行的比较研究。在不同时间测量统一变量或特征，比较跨时间的测量分数，以考察这一变量或特征的变化情况。

（二）人格发展的稳定性和变化性

在个体发展过程中，人格随时间的增长既具有稳定性也存在着变化。人格的稳定性包括纵向的连续性和横向的一致性。纵向的连续性指个体的人格特点是否长期稳定，当数周或数年之后再做测量时，个体在人格特征上的得分是否相同；横向的一致性指在不同环境下个体行为表现出的相同程度。人格的变化性的表现也是多侧面的，表现为相对自身的绝对变化和相对于群体的相对变化、人格特质的变化和可观察层面行为表现的变化、在时间上连续性的变化和非连续性的变化等。随着人格纵向研究资料的不断积累，人们从纵向研究中观察到连续性和变化的三种类型：差异连续性与变化、平均水平的连续性与变化、自比连续性与变化。

1. 结构的连续性与变化性

结构的连续性是指个体在某个特定的人格特质上的相对次序随时间而保持稳定性的程度。人格特质的不同成分在连续性上的程度不同，其中气质、智力的连续性最高，大五人格特质次之（具体人格特质），而一个人的政治态度等价值因素稳定性最低。例如，一个人从一个国家移民到另一个国家一段时间后，会出现价值观与当地文化融合的趋势。导致人格不同结构连续性区别的原因可能有：（1）由于能力测验要求表现出个体最高的成绩，而态度等其他因素量表所测量的是个体有代表性的典型行为，因此前者具有更高的连续性；（2）由于认知活动更多地依赖内部反馈系统，而社会行为的一致性则需要环境的支持，因此，人格和态度更容易受社会文化背景变化的影响；（3）气质和智力比人格特质的其他因素尤其是态度具有更强的遗传性。

2. 平均水平的连续性与变化

平均水平的连续性是指在群体中某种人格特质水平的稳定程度，即某个群体在某种人格特质上增强或减弱的程度。罗伯茨（Roberts）等人从五因素模型的角度，对87项10~101岁的纵向研究数据进行元分析。结果发现从青春期到成人期，多数人心理上会变得更成熟。就开放性来说，人们对经验的开放性不再逐渐增加，接近老年时属于经验开放性的特质会表现出下降的趋势；在情绪稳定性、责任感和宜人性特质所包含的因素里，如计划性、慎重、决断力、体贴、同情心等成分的程度提高。那些基本特质成熟较早的个体，在自己的爱情、工作和健康上都发展得更好。

3. 自比连续性与变化

自比连续性是指某一个体的各种人格变量在时间发展历程中的连续性，也称个体中心连续性。随着时间的变化，人格结构中的成分及关系会不断发生变化。例如，人们会经历一些共性的生物性和社会性的事件，如青春期、结婚、工作等，在个体跨越人生中重要的角色转变时（如成为父母），自我概念上的巨大变化，会导致人格结构共性变化。就个体水平上来说，相同的生物社会因素对个体人格发展的影响存在很大的个体差异，同样的事件并非对所有的个体都有同样的影响。心理和社会背景的差异塑造了个体各自经验的不同，使其对同样的机遇做出了不同的解释，从而形成了人格结构变化的个体差异。

布洛克（Block）研究发现，总体人群的连续性，往往掩盖了个体差异。例如，有关童年期至青少年期人格连续和变化的研究结果发现，从童年到青少年，个体自身在人格连续性或变化上有非常大的差异，个体内的连续性也存在个体差异。布洛克最先提出，与人格出现变化的个体相比，那些从青少年到成人期人格保持不变者，在青少年时智力更高、情绪更稳定、社会表现更成功，对其适应性的测量结果也说明他们的适应能力更强。对此，研究者们尚须进一步作更系统、更深入的探讨。

二、影响人格发展稳定性与可变性的因素

是什么原因导致了人格的稳定与变化？这个问题与主体因素和环境因素密切相连。

（一）主体因素的作用

主体的遗传因素对人格的稳定存在影响。基因规定了个体生理结构和机能特点及发展进程。研究发现，婴儿期至青春期的同卵双生子比异卵双生子更具共变性。但到青春晚期和成年期，大部分的人格变化则是由环境因素引起的。

主体对自我的内省是导致人格变化的重要因素。随着年龄的增长，自我顿悟逐渐成为人格改变的重要条件。在心理治疗中，心理学家通过引导病人洞察自身行为的不当，及认识自身能力和责任来激发他们改变原有的行为模式的愿望，并通过建立新的认知图式取代原有的错误思想，从而促进个体以新的行为模式应对环境。

（二）环境因素的作用

人类的许多人格特征是多种基因组合发挥作用的结果，但遗传并非作为独立因素决定人格发展的蓝图，环境因素和行为经验对基因表达存在着重要的影响。环境的稳定性是人格呈现跨时间稳定性的一个重要原因。如果在个体发展的不同时期，父母的要求、教师的期望、同伴与配偶的影响比较一致，则这些环境因素会促进人格的稳定性。

显而易见，环境因素同样也是引起人格变化的重要原因。第一，特定的环境事件往往通过改变个体的行为来影响人格的发展。例如，个体承担的管理者的角色要求其行为应表现出聪明、勤奋、严谨、公正和理性等特点，因此个体会有意或无意地用此标准来要求自己，经过一段时间，角色要求逐渐内化为个体自我概念时，人格也随之发生改变。第二，环境中他人的影响。人格形成也是社会化的

过程，社会化的主要途径是通过他人的影响来实现的，一个人从小到大接受父母的养育、家庭成员的熏陶，教师的引导、学校的教育，同伴的影响等。社会的要求潜移默化地渗透到他的观念和行为之中，确定了自己的角色行为，从而发展了人格。第三，历史上及个人生活中的重大事件的影响。战争、结婚、参军、工作等会在一定程度上引起个体人格的变化。

（三）遗传与环境的交互作用

个体发展的每个阶段既受环境的影响，同时这种影响的效果又受个体生物遗传特点的制约。从人格的成分来看，气质、能力、认知等受生物因素的影响可能更大些，而态度、价值观、行为习惯等成分的特点更多地受环境因素制约。从作用方式来看，遗传与环境的交互作用有多种方式，如基因型和环境效应（genotype-environment effect）的三种类型，即被动式交互作用关系、唤起式交互作用关系和主动式交互作用关系。

被动式交互作用（reactive interaction）是指面对同样的环境，不同的个体会以不同的方式感受、体验、解释并对其进行反应。个体拥有的不同遗传素质和已存在的心理建构会使个体形成某种预期态度，这种预期态度使个体能够对新的社会关系和情境作出特殊的解释，而解释过程本身又反过来强化了人格的稳定性。在这种交互作用中，个体是环境事件的被动接受者。例如，不同的遗传素质会影响个体的学习机制，包括正负强化、惩罚、辨别学习和消退等。外倾性个体对潜在奖赏更加敏感，神经质对潜在威胁比较敏感，而这种差异也能预测个体在知觉、记忆和注意方面的偏差。

唤起式交互作用（evocative interaction）指个体已有的遗传特征和已有的人格特征唤起了来自环境的不同反应，而环境的反馈又唤起了个体新的特殊行为。例如，具有交感神经系统高敏感性的孩子，对家长或教师的惩罚反应更强烈，因此，促使其对该情景更加躲避。此外不同的教养方式也与儿童的人格特质和行为有关，儿童已有的人格特征也在影响着父母的教养方式，而这种教养方式又反过来塑造了个体的人格。例如，活泼的个体比沉默寡言的个体会得到更多的关爱，温顺的儿童比惹是生非的儿童会受到较少的管束和训斥。

主动式交互作用（proactive interaction）指具有不同遗传结构的个体会主动地选择、改变和建构自己所偏好的环境，形成相应的人格特质，这种人格特质还会进一步促使个体选择不同的环境和生活事件，强化人格特质的结构。随着年龄的增长，儿童的自我调节能力不断发展，个体开始选择、强化和维持自己的个性特征。从儿童期到成人期，环境选择的过程对个体越来越重要。年幼儿童自身的遗传气质影响成年人为其选择的环境。进入儿童中期后，儿童有更多的自由去选择自己所处的环境。随着青春期的到来，自我概念开始确立，更为复杂的自我调节功能发展，个体开始改变和操控周围的环境，并在这一过程中发现自我，学会如何调节自己的行为，并更好地理解他人行为的原因。个体的人格会决定他们与同伴的关系类型和质量、参与活动和休闲的方式，并在各自环境中不断改变自己所追求的目标，这些都可能影响儿童改变环境的方式。在成年期，个体会根据自己的人格特点来选择自己所受的教育、职业和亲密关系，这些选择构成了个体的日常生活环境。个体对环境的选择和创造是其人格表达中最具个性化和最普遍的部分。

总之，个体既是环境影响的相对被动的接受者又可通过自己的唤起反应在环境中起作用，还可以在选择和创造环境中发挥积极的作用。每一种情况都有遗传和环境的交互作用。在人格发展的过程中，上述三种遗传与环境交互作用方式在不同阶段的表现强度各不相同。

第二节　气质的发展

一、气质的本质

刚出生婴儿的心理并非是人们可以任意描画的白纸，从是否爱哭、哭声大小到动作的活跃水平、睡眠规律等都表现各异，气质正是个体出生后就显现出来的明显而稳定的人格特征。不同的气质特点会导致婴儿以特定的方式去反应和行动。

气质对人格发展具有不可忽视的重要作用，它既是未来人格发展的出发点也是人格的生长点。就个体内部而言，气质会影响婴儿对外界环境刺激的注意程度、诱发或抑制某些反应的可能性、在问题解决任务中的参与性等；就个体之间而言，气质能够揭示出婴儿在环境中影响他人、与他人相互作用及其交往行为差异的原因。例如父亲、母亲对不同气质的孩子会有不同的态度和行为，而这些态度和行为又决定了婴儿对待他们的父母的方式，并进一步强化父母对其作出不同的反应。

（一）气质的定义与特点

1. 气质的定义

气质与人们经常说的"脾气"或"禀性"近似，例如有些人动作迅速、情绪易起伏，而有些人行动从容、情绪平稳。不同学者对气质的界定虽各有侧重，但概括地讲，气质是指人生来具有的心理活动的动力特点，表现为心理过程和行为在速度、强度、灵活性方面的动力倾向。气质是具有生物遗传型的个体特征，并以遗传、自然成熟和经验共同决定的生理结构为基础。

2. 气质的特点

（1）情绪性。情绪是气质的主要特征。它包括对情绪刺激的敏感性、习惯的反应强度和速度、个体主导心境的品质及心境波动和强度方面的所有特性。气质特征还表现在行为方式上，即如何进行反应：或快或慢、或轻松或紧张、或粗心或精心等。注意特征上表现为注意力的分散程度、注意的广度与持久性等。

（2）反应与调节性。气质是反应性和自我调节特点的表现。反应性是指个体对内外环境变化的反应，反应的测量指标包括动作、情绪和注意等方面的反应潜伏期、持续时间和强度（Rothbart，Derryberry，1981）。自我调节代表的是调节反应性的过程，包括抑制优势反应的能力、激活非优势反应的能力、计划能力以及察觉错误的能力。个体早期在情绪、活动性水平和注意上的差异是在儿童的反应性和自我调节基础上产生的。

（3）遗传性。气质的生物基础具有遗传性。从新生儿身上可以发现在运动的敏捷性、情绪的稳定性等方面存在显著的差异。研究表明，遗传对气质具有重要的作用。罗威（Rowe）的研究发现，气质特质的个体差异有部分是由遗传变量决定的。林崇德研究了不同类型双生子的气质差异，结果发现，双生子的遗传因素越接近，在气质的表现上也越相似，其中双生子间在气质上相关系数的次序为：同卵双生子>异卵同性双生子>异卵异性双生子。

（二）气质与人格发展

具有不同气质的个体在面对环境时，表现出相应的适应倾向。例如有的气质特征表现出活跃、顽皮，有的表现出沉稳、安静；有的表现出勇敢，有的表现出怯懦。这些不同的倾向会影响人格特征形成的难易和快慢程度。其原因在于具有一定气质特点的个体，在出生后面对特定刺激或情境时，思维、情绪和行为的习惯化激活容易产生，而成为人格特质。这种变化可能涉及以下过程。

第一，气质会影响儿童学习过程中经典和操作条件反射形成的难易和模式。气质的差异将导致个体学习机制的差异，从而使不同气质的个体形成相应的学习模式。例如，外倾性个体对潜在的奖赏更加敏感，而神经质个体对潜在威胁比较敏感。抑郁质的人容易自爱也容易胆怯，更易学习社会规则、遵纪守法，但也更容易受挫。具有高开放性气质的儿童，更愿意把复杂、新奇的刺激看作一种强化。畏惧型儿童在做错事时，内心的痛苦体验更易使其产生内疚感，因此母亲温和的教养方式会促进其道德的发展；相反母亲温和的教养方式对非畏惧型儿童道德发展的影响却无法预测。

第二，气质的差异诱发儿童对环境的不同反应，转而影响他人对儿童的典型反应方式。例如，气质特质会影响家庭环境特别是母亲、父亲或者其他养育者的行为。儿童对父母的影响最主要体现在儿童消极情感的个体差异上。许多研究发现，与随和型婴儿的母亲相比，困难型婴儿的母亲表现出较低的自信、自我效能和较多的沮丧；儿童的易激惹性也会诱发父亲的消极情绪，并更广泛地影响到整个家庭系统。表现出积极情感的儿童更容易获得同伴喜欢，被教师评价为友好的、合作的。因此，儿童气质对形成人际经验十分重要，这种人际经验不仅引发他人的反应，也会影响他人对儿童的期望，进而可能被内化为儿童自我概念的一部分，影响儿童对自我的评价与期望。

第三，气质影响儿童调整、改变、操控环境的方式。儿童的气质会部分地影响成人为其选择的环境，随着儿童年龄的增长，他们拥有更多的自由选择所处的环境。例如，高责任感的儿童更喜欢有挑战性的活动。个体选择和塑造环境的方式可能与自我调节密切相关。个体会根据当时的情绪体验来调节自己的行为，也会根据自己对潜在情境的预期及目标的选择来决定应对环境、调节自己和他人的行为。例如，高外倾性的儿童会积极地说服其他儿童推选自己作为群体的领导者。

第四，气质影响儿童对环境体验的认知建构方式，并形成较固定的认知建构。随着儿童价值系统和期望的形成，气质通过情绪影响个体的认知建构。气质影响认知的最主要的原因在于气质的情感特征，情感过程又会影响认知的发展。雷蒙瑞斯、阿塞尼奥（Lemerise，Arsenio，2000）认为，儿童在神经质和情绪调节方面的个体差异可以影响社会信息加工过程。例如，在积极情感和消极情感上存在的个体差异将影响他们对环境中线索的注意、主要目标的确定以及潜在反应类型的形成。成人的神经质与许多认知偏差相关。在实验室条件下，压力情景可预测高水平焦虑，这表明神经质与适应不良之间具有一定关系。

气质还会影响个体自我和同一性的发展。不同气质的儿童在与他人的社会比较和与自己不同时期比较过程中，体验到不同的情绪，进而建立对自己的评价。儿童较高水平的焦虑和抑郁水平可以预测其消极的自我认识和对自己能力的低估。

二、气质的结构及其发展

以往有关气质结构的解释，主要从环境因素（天气、饮食和社会经验等）和机体内部因素（体液、产前事件、基因等）两方面来阐述。不断发展的神经科学和遗传学充实了对气质结构的认识。下述气质结构模型既有来自对婴儿和学步早期儿童的发展性研究，也有来自神经科学在成人身上所作的研究。

（一）儿童的气质结构模型

1. 九维度气质结构模型

20 世纪 60 年代后，托马斯和切斯（Thomas，Chess，1977）为预测儿童适应的潜在问题，领导纽约纵向研究计划（NYLS）进行了持续 30 年的追踪研究，其中一项研究内容就是气质。该研究依据日常行为观察法和父母问卷调查法，结合丰富的临床经验，了解婴幼儿在各种情景下的行为表现及发生背景，并将婴幼儿的情绪和行为分离出 9 个相对稳定的气质维度，具体包括活动水平、生理节律性、注意分散度、接近-退缩、适应性、注意广度和持久性、反应强度、反应阈限、心境。

托马斯和切斯后来又将 9 个维度合并成 5 个维度，包括生物节律性和可预测性、对新异刺激的趋避性、对新的经历和常规改变的适应性、情绪反应强度、典型心境。他们据此进一步将婴儿的气质划分三种类型：

（1）容易型。该类型约占全部研究对象的 40%。这类婴儿的吃、喝、睡等生理机能有规律，节奏明显，容易适应新环境，也容易接受新事物和不熟悉的人。他们情绪一般积极、愉快、爱玩，对成人的交往行为反应积极。由于他们生活规律、情绪愉快，且对成人的抚养活动提供大量的积极反馈（强化），因而容易受到成人最大的关怀和喜爱。

（2）困难型。该类型约占全部研究对象的 10%。他们突出的特点是时常大声哭闹，烦躁易怒，爱发脾气，在饮食、睡眠等生理机能活动方面缺乏规律，对新事物、新环境接受很慢。他们的情绪总是不好，在游戏中不愉快。成人需要费很大的力气才能使他们接受抚爱，很难得到他们的正面反馈。由于这种孩子对父母来说是一个较大的麻烦，因而在养育过程中容易使亲子关系疏远，因此需要成人极大的耐心和宽容。

（3）迟缓型。该类型约占全部研究对象的 15%。他们的活动水平很低，行为反应强度很弱，情绪总是消极而不甚愉快，但也不像困难型婴儿那样总是大声哭闹，而是常常安静地退缩，情绪低落；逃避新事物新刺激，对外界环境和事物的变化适应较慢。但在没有压力的情况下，他们也会对新刺激缓慢地发生兴趣，在新环境中能逐渐地活动起来。这一类儿童随着年龄的增长，随成人抚爱和教育情况不同而发生分化。以上三种类型只涵盖了约 65% 的婴儿，另有 35% 的婴儿不能简单地归到上述任何一种气质类型中去。他们往往具有上述两种或三种气质类型的混合特点，属于上述类型的中间型或过渡（交叉）型。

2. 两维度气质结构模型

许多关于个体早期气质的研究关注狭义的低级特质成分。罗斯巴特（M K Rothbart）和她的同事（1989）经过多年对气质的研究，发现了婴儿和学步儿高阶层的气质结构，提出了气质的两个维度反应性和自我调节。

（1）反应性代表个体在动力唤醒、情绪性和指向性上的差异。凯根（Kagan）的研究发现，注意的反应性与婴儿注视的比率保持一致。在 8～13 个月之间和 13～27 个月之间，注意指向对象保持稳定，但在 8～27 个月之间却没发现这种稳定性。这可能是由于儿童 1 岁时执行注意开始出现，注意控制和计划能力加强，因而提供了更多的途径来调节反应倾向。

（2）自我调节代表的是调节这种活动性的过程。接近或躲避（或行为抑制）、定向及努力控制，均为个体的自我调节过程。努力控制反应执行注意的效率，包括抑制优势反应的能力、激活非优势反应的能力、计划能力及察觉错误的能力。努力控制的发展与儿童持续注意的维持紧密联系。

（二）气质的神经模型

在以成人为对象的气质神经科学研究中，人们获得了大量的成果，加深了对气质结构内在生理机制的了解。

1. 气质结构与气质的发展

英国心理学家艾森克（Hans Eysenck）对气质的生物学模型进行了开创性的研究，将气质分成神经质、内外倾性和精神质三个维度。

（1）神经质/负情绪：反映个体将世界知觉为有威胁、不能预知、使人痛苦程度的个体差异。高神经质的人比较情绪化，即情绪不稳定，表现为有些人过分担心某事物、害怕某些人或地点，还有些人表现出一些无法摆脱的冲动症状。艾森克认为神经质的控制部位在边缘系统，包括海马回、杏仁核、扣带回、中隔及下丘脑。这些部位都和人的先天能力有关。神经质水平高的个体，边缘系统活动阈限较低，交感神经系统的敏感度较高，因此，他们对任何较弱的刺激都会产生过度的反应。在压力情形下，经历的恐惧和焦虑水平都较高。

（2）内外倾性：涉及个体试图控制环境的意愿。艾森克将内外倾的原因归因为脑干中上行网状激活系统（ARAS）的活动水平。ARAS具有唤醒大脑皮层的作用，是个体保持清醒、精力充沛和充满警觉的条件。内倾者的皮层唤醒水平高于外倾者，因而他们对刺激更为敏感，在行为上表现出对环境中强烈刺激的回避现象，而外倾者则相反。

（3）精神质：反映了个体一种固执倔强粗暴强横、铁石心肠和冲动的特点，具体表现为攻击性的、自我中心的、有创造力的、冲动的、缺乏同理心等特征。心理测量研究表明，男性的精神质得分显著高于女性，罪犯和精神病患者的分数也比较高，这些人中男性较多。因此，艾森克推测精神质可能与男性生物特征，特别是雄性激素的分泌密切相关，但目前还没有实证研究材料支持这一推测。

2. 气质的强化敏感理论

格雷（Gray）在神经科学研究的基础上提出了气质的强化敏感理论。他将气质分成冲动性和焦虑性有关的两个维度这两个维度的生理机制是脑系统中的"行为抑制系统"（BIS，与焦虑有关）和"行为激活系统"（BAS）。BIS一般由新异刺激及代表惩罚或挫折性刺激所激活，是一个停止系统，抑制正在进行的行为并对环境信息作进一步的加工。BAS则由代表奖赏或惩罚消除性刺激所激活，是一个发动系统，激发起趋向行为。这两个系统彼此竞争即实现对行为的控制。高行为激活系统反应性的个体常表现出大量的冒险、感觉寻求行为。儿童的一些行为失调（如伴有多动症状的注意缺陷以及操行失调等）在部分程度上是行为激活系统功能失常造成的。高行为抑制系统反应性的个体则倾向于躲避风险。

第三节　人格结构的发展

一、人格结构的内涵

人格结构（personality structure）是人格心理学家用来解释个体差异的假设性概念，但他们对构成人格的单元及其结构的理解和阐述却不尽相同。许多人格心理学家将特质视为人格的基本单元。

对人格特质概念的理解可以区分为描述性、倾向性和解释性三个层面（Zuroff）。从描述概念的角度讲，特质指个体过去行为中可观察到的一致性。在这个层面上特质结构常被描绘成静止的、非发展的人格概念。从倾向性的角度讲，特质代表在特定情境下个体以特定方式行事的倾向。与描述性概念不同，倾向性概念强调情境诱发对特质预测行为发生的重要性。解释性概念将特质看作内部心理结构的标志或指示器，人们可以通过人格特质出现时各部分的发展联系而对其了解，正是在这个层次上研究者可以将特质融入过程理论中，使得对人格特质发展的早期条件及其心理和生理基础的研究成为可能。

人格五因素模型（five-factor model of personality）正是从解释层面对人格特质进行分类的因果模型。该模型是目前较受关注，且在人格结构发展方面研究较多的一种人格结构理论。

二、人格五因素结构的发展

（一）五因素模型概述

麦克雷和科斯塔（McCrae，Costa）通过大量研究发现了人格五因素模型（FFM），它涵盖了人际关系、工作行为、控制力、情绪性以及能力等多方面的表现，是对人格特质共变的实证概括。五因素模型包括内-外向（E 因素）、神经质（或称情绪稳定性，N 因素）、责任性（C 因素）、宜人性（A 因素）与经验开放性（O 因素）。以首写字母命名，构成了"OCEAN"模型。五因素模型以特质概念为基础，是一个综合的人格特质分类系统，它对人格的描述代表的是一个概括和宽泛的层面，每个因素下还包含若干低级特质。

对于五因素特质，心理学家不仅强调对人格结构全貌的勾勒，而且强调对五因素模型特质属性的证实。作为特质的分类系统，五因素模型具有客观的遗传基础。因此，五因素模型不仅描述了个体的表现型特征而且描述了个体的基因型特征，是具有解释意义的因果模型。

（二）五因素模型的发展

经过数十年的努力，人格五因素的研究积累了大量有关人格特质的起源、发展和功能的研究成果（McCrae，1992）。来自人格气质问卷、行为任务以及观察测量的工具数据均证实了人格五因素在一生中的变化。

1. 外倾性

（1）外倾性概念：外倾性一般指具有好交际、友好、积极的、坦率的、支配的、身体活动性强以及精力充沛等方面的特点。外倾性的低级特质包括社交性和活动水平。社交性是外倾性最原始的成分，表现为喜欢与人相处、频繁不断地与他人建立联系的行为、健谈友好、活泼和富有表现。活动水平指能够以旺盛的精力投入令人愉快的任务以及健谈、热情等。

（2）外倾性的表现及发展：积极情绪的体验和表达能够作为外倾性的测量指标。亚伯和伊扎德（Abe，Izard，1999）的研究发现，18个月的儿童在陌生环境下的正面积极情绪能够预测其3.5岁时的外倾性。在成人期积极情绪体验与外倾性之间也有密切的关联，积极情绪体验之间的平均相关为0.37（Lucas，Fujita）。另一些指标也可以预测儿童外倾性的特点。卡斯奇和哈林顿（Casqi，Harrington）等人进行的一项长达23年的纵向研究发现：高自信水平、友善和热情的3岁儿童在成人之后表现出高外倾性；相反，沉默寡言、不善交际、有恐惧感的3岁儿童成人后在外倾特质上得分较低。

罗伯茨（Roberts）等人按照平均特质水平整合了92个不同的研究，发现个体一生外倾性中的社交活力在青少年期和青年期缓慢增长，之后开始缓慢下降。社会支配在40岁之前迅速上升，然后保持平稳。

2. 神经质

（1）神经质概念：神经质指情绪化和情绪不稳定的程度。神经质水平与各种情绪和行为调节困难有关，高神经质的个体情绪上表现出焦虑、紧张、易受惊吓等特点，在压力情况下易崩溃、容易内疚、情绪化、抗挫折力差，在与他人交往时缺乏安全感，对批评和嘲讽敏感。因此，神经质可能是个体以消极角度看待自我和世界的重要影响因素之一。

神经质包含的主要低级特质有恐惧、焦虑、悲伤。恐惧代表了由于置身于真实的或想象的事物或情境中而产生的消极情绪和身体症状。焦虑是在危险还没有来临之前的紧张忧虑、一般的悲伤、担心和躯体紧张。悲伤的孩子常表现出情绪低落、无助感，以及由失落和失望引发的沮丧。

（2）影响神经质形成的因素：生理学研究发现，神经质水平的差异与生物学上的退缩、抑制或者回避系统的变化有关。根据格雷（Gray）的理论，个体的神经生物行为抑制系统（BIS）在其面临潜在惩罚、无奖赏和新异刺激时发挥抑制行为的作用。具有较强 BIS 的个体对危险信号一般很敏感，当觉察到危险信号时，会迅速撤回或者抑制行为的发生。他们比神经质程度更低的个体体验到更多的负性生活事件，并且有更高水平的消极情绪反应（Gable et al）。

在认知方面，神经质水平一般与个体对消极信息的加工偏好有关。高特质焦虑和高抑郁的成人常会假设即将遭遇到消极事件，因此倾向于关注那些让他们感到焦虑或恐惧的相关信息。神经质个体对消极信息的加工偏好可能与执行功能有关。神经质个体存在注意方面的困难，会干扰注意的分配（MacCoon，Wallace，Newman）。

（3）神经质的表现及发展：18 个月的婴儿在陌生情境的实验条件下，其高强度、消极情绪表达程度能预测其 3.5 岁时的神经质水平的高度；相反，温和的、可控性的积极情绪（有趣和高兴）表达，也可以预测个体具有较低的神经质水平。婴儿的高恐惧和低积极情绪可以预测童年期的恐惧和悲伤水平。童年期的愤怒、受挫感可由婴儿期的高受挫感、高活动水平和抓握小件物体时很短的反应时间来预测。尽管恐惧和愤怒在童年期似乎是彼此独立的，但随着时间的推移，愤怒可能会预测焦虑和忧伤水平，愤怒越强烈，焦虑和忧伤水平就越高。例如，在一项纵向研究中，那些易激惹、易分心、不安定、不易控制的学前儿童，在成人后表现出高水平的神经质。这可能是因为，先前容易愤怒和不易控制的儿童受到了自己行为的不良影响，因此他们在成人后表现出更多焦虑。神经质还同成人的消极经历有关。在实验室研究中神经质的成人会对各种负性刺激报告更多的消极情绪反应。神经质的成人对日常问题有较强烈的消极情绪反应，包括人际冲突、工作和家庭压力。神经质个体可能会觉得日常生活比较有压力，是因为他们倾向于使用无效的应对反应和行为模式，譬如逃离和回避高水平的直接的人际冲突、令人反感的行为和顺从行为、较少的令人愉快行为和支配行为。

3. 责任感

（1）责任感概念：责任感是个体积极参与各种不同任务的指标，在这个特质上得分高的个体会投入更多的精力完成工作，并坚守承诺，遵守秩序。因此，责任感反映了个体在有效完成任务中实施自我控制的能力。责任感高的个体被描述为专注的、坚持不懈的、整齐有序的、有计划的、有高标准的、事前思考的；责任感低的个体被描述为不负责任的、不可信的、粗心的、分心的和容易放弃的。责任感包括的低阶成分有自我控制、成就动机、秩序感、责任感、注意-分心。自我控制考察的是计划性、谨慎、深思熟虑以及行为控制等倾向。成就动机考察的是努力达到高标准，努力工作，多出成果，以一种坚定、执著的态度追求目标的倾向。秩序感（或组织性）反映了一种整齐、干净有组织性的倾向。所有的这些行为都包括了个体对任务和环境的主动建构。责任维度涉及可信任、可依赖的倾向，主要涉及在与他人的关系中表现出来的责任心。注意-分心考察儿童集中注意、通过转换心理定势来调节注意，以及在面对干扰时坚持完成任务的能力。这种个体差异在婴儿期已经出现，但在成人的人格模型中，注意的作用并不突出，也许成人在注意和执行控制上的个体差异已被包含在责任感的大多数成分之中了。

（2）责任感的表现及发展：童年期的自我控制直到入学前都是十分稳定的。很多研究都是通过观察儿童的延迟满足能力来评价儿童自我控制的，例如米切尔（Mitchell）进行的最为著名的延迟满足的观察研究。延迟满足不但与自我控制有关，还与注意的趋向有关。另一些研究发现，情绪反应的早期差异可以预测后期的自我控制。儿童 18 个月时在陌生环境中较为温和的、更具控制性的积极情绪，可预测其在 3.5 岁时的责任感（Abe，Izard）。相反，几种早期个体差异也可以预测儿童期低水平的自我控制：过早的愤怒和强烈的喜悦情绪，可以反向预测学龄前儿童的努力控制水平。对于早期情绪能够预测后期的自我控制的原因目前学术界尚无定论。既有可能是具有较强趋近趋势和愤怒情绪的儿童在发展自我控制方面会遇到更多困难，因为他们需要控制过于强烈的情绪，需要努力调控自己急切和愤怒的情绪以实现自我控制；也有可能是儿童早期对于愤怒的表达和高强度的积极情绪部分反映了早期的自我控制困难。

责任感与社会功能有关的原因可能与责任感特质的内在属性有关。霍根和万斯（Hogan，Ones）基于社会分析理论提出，责任感的个体差异反映了个体在采纳和遵守群体规则和期望方面的差异，因此，责任感可能反映的是儿童和成人所采用的控制行为的社会标准。责任感特质通常包括对行为更为自主的控制。儿童逐渐形成的执行控制能力，可能会在一定程度上控制适应行为的趋近和回避系统的自动化控制系统的活动。在整个儿童期，较强的注意控制能力与对消极情绪的较好调控有关。儿童早期主动的努力控制，可以更好地预测儿童后期对愤怒和喜悦的自我控制。

责任感与自我调节具有密切的关系，关于自我调节的研究可能会使人们对责任感的认识更加清晰。考察自我调节的生物学基础的研究者指出，前额皮层对于各种各样的自我调节技能是非常重要的，包括工作记忆、情绪加工、计划、新奇寻求、冲突信息解决、发起行动、抑制不适当反应等，这些能力反映了个体在执行注意方面的差异，它们与前额皮层的发展特别是与头部附近前扣带回皮质（anterior cingulate cortex）的发展密切相关。婴儿在警觉和定向上表现出个体差异，二者均反映了更加活跃的注意系统。然而，到了 9~18 个月的时候，婴儿开始表现出更自主的注意控制。在 13 岁时，其执行注意能力显著增强，而且在整个童年期一直保持增长状态。基于这个模型，儿童在努力控制方面的显著差异很大程度上是由执行注意的差异导致的。一些实证研究已证实执行注意和努力控制有关。

4. 宜人性

（1）宜人性概念：宜人性反映了在与他人维持和谐关系的动机方面的个体差异，宜人性能够区分出因考虑他人而放弃自己利益的自愿程度。高宜人性包括诸如热情、考虑周全、移情、慷慨、文雅、保护他人以及友好、帮助他人达成愿望而不将自己的愿望和意图强加于他人；高宜人性的个体更关注维持和谐的关系，在潜在和真实的人际冲突中会感到悲伤。低宜人的一端包括攻击、粗鲁、恶意、顽固、专横、讽刺、操纵等倾向。

宜人性低阶特质包括亲社会和敌意、任性两方面。亲社会倾向是在关心他人，而不是仅仅关注自己这一特质上表现出来的个体差异，表现为个体对他人亲社会性的关心、尊重。亲社会行为方面包含两组特质，一组是热情和友爱，另一组是利他和慷慨。亲社会行为的个体差异从学龄前期到学龄期是中等稳定的，从学龄期到成人早期可能是比较稳定的。

敌意包括从平和、友爱到攻击、恶意、好争吵、粗鲁的倾向。得分高的儿童会公开表达对他人的敌意，包括身体攻击及关系攻击（例如流言和社会排斥）。任性是指个体通过压抑性的行为将自己的意愿强加于他人的程度。高任性水平的个体表现出专横、操控性强、傲慢无礼、难以通融的特点。虽然在儿童晚期，亲社会性和攻击性呈相反的共变趋势，但是，它们在一些青少年中却共同存在着，并且当它们组合在一起时能使儿童获得社交上的好处。

（2）宜人性表现及发展：在高宜人性个体的生活经历中，他们具有较强的维持和谐、亲密的人际关系的基本动机，并善于将维持积极人际关系动机转化为不同的处理冲突的方法。高宜人性个体在生活中更关注爱与友谊、团结和照顾他人（McAdams et al，2004）。他们人际冲突较少，当产生冲突时，也有很强的解决能力；低宜人性的个体即使知道可以用更好的方法来处理冲突，仍然更可能采纳破坏性的技巧，如操控、强迫和主张暴力等。低宜人性的儿童处于更高水平的冲突和紧张状态，采用更多破坏性的冲突解决方法，如离开、谩骂和回避。

目前研究者认为，宜人性可能来源于对积极情绪和消极情绪自我调节的早期差异和人类在进化中形成的生物学系统的特点。

首先，早期个体对外倾性的良好调节能预测亲社会倾向，而早期无节制的外倾性将预测反社会倾向。宜人性本身和成人期较高的愉快情绪有关，例如高兴、兴奋和热情，这种可以控制的积极情绪和社交能力很有可能是后期亲社会倾向的基础。相反，当自我控制较弱时，较高的趋近倾向尤其可能导致严重的外显的反社会行为。当目标寻求被阻碍时，儿童的外倾性可能导致高水平的挫败和愤怒，而挫折和愤怒将可能导致对攻击性行为较低的自我控制水平。例如，婴儿高强度的积极情绪和抓取小件物品时较短的观察时间可以预测儿童时期的攻击性。

其次，宜人性还与消极情绪的自我调节有关。宜人性及其几个成分能被高水平的易激惹性与挫败感的早期差异负向预测，被早期注意与自我调节正向预测。当儿童愤怒、有挫败感或被激怒的时候，良好的注意力控制有助于个体将注意力从消极情绪转变成积极情绪（Wilson）。早期的害怕情绪促进了高宜人性，害怕预示着个体更大程度的顺从、更强的道德自我、较高的移情能力和更低的攻击性。然而，害怕和焦虑可能与对陌生人的亲社会行为呈负相关，而高激惹性没有受到自我调控限制或受到抑制。害怕能力限制的儿童，他们的宜人性较低。

最后，麦克唐纳（MacDonald）等人通过研究认为，宜人性源于人类进化中发展出的生物联结系统。该系统使保持亲密关系的行为和照顾具有亲密关系的人的行为获得内在奖赏，并使人体验到愉悦的情感，相反失去这种关系则令人痛苦和绝望。这样的系统具有适应性，其目的一是促进亲子之间的依恋关系，使婴儿与照料者之间建立起强烈的情感联系，从而保证后代得到良好的照料；二是促进夫妻之间的联结。根据这个模型，女性在进化中发展出"照料"和"帮助"两种方式应对压力和威胁。研究发现人类的情感联结能够激活能支持积极情绪的脑区域，抑制那些与攻击、伤害和悲伤情绪有关的脑区域，这与宜人性的特征恰好吻合。

5. 经验开放性

（1）经验开放性概念：经验开放性包括对观点、想象力、美学、行为、情感和价值观的开放性。麦克雷和科斯塔（1997）认为开放性包括两种特别重要的过程：作为心理结构的开放性和追求新异复杂经验的动机的开放性。一方面开放的个体会有意识地接触更多的思想、情感和驱动力等内部体验，并能保持它们的共同存在；另一方面，开放性高的个体有探索新奇世界的较高动机，热衷于学习新知识，有相对较少的权威意识和传统观念。

（2）经验开放性的表现及发展：开放性从儿童早期到青少年期经历了显著的发展历程，在个体发展过程中有如下表现：第一，开放性高的儿童在早期表现出具有强烈的好奇心和对新环境的积极探索行为，而这些特点可以预测后期个体的学业成就和智力水平。亚伯和伊扎德研究发现，18个月大的婴儿在陌生环境中的正面的积极情绪可以预测其3.5岁时的开放性。第二，开放性的许多表现在儿童中期表现出明显的个体差异，到高中阶段个体能够表述自己开放性的大部分稳定特征。第三，开放性与外倾性在生命的全程中具有共变性。具有开放性和外倾性的个体都表现出高强度的积极情绪和积极探索的特点（Digman）。第四，成人期开放性与定向敏感性有关。开放性较高的个体，有较高的政治自由、较少的权威意识和传统观念。他们在描述自己的生活时，使用复杂的叙述，例如有着与众不同的办公室和卧室，收集各种书籍等。

第十三章 性别发展与性别差异

第一节 性别的形成与发展

一、性别认同的形成与发展

性别认同（gender identity）是指个体对自身与性别及性别所具有含义的认识与接受程度。在正常情况下，男性会接受自己的男性身份，以男性为自豪；女性会接受自己的女性身份，满意于自己的性别。但在某些情况下，个体可能并不认同自己的性别，并寻求改变自身的性别。

如果问一个两周岁的孩子："你是男孩还是女孩?"很多孩子往往不知道该怎么回答，他们会疑惑不解地看着你。即使有少数孩子能够回答出他是男孩还是女孩，这也并不意味着他已经明确了自己是男孩还是女孩。一个孩子不能准确、顺利地回答出这个问题，说明他的性别认同还未真正发展起来。

关于个体性别认同的发展，最有影响的理论阐述当属科尔伯格的认知发展理论。科尔伯格（Lawrence Kohlberg，1927~1987）认为在六七岁以前，个体并没有形成较为稳固的性别认同。

性别认同的发展往往是随着个体认知能力的不断提升而发展的，科尔伯格认为要形成较为稳固的性别认同，真正理解成为一个男性和一个女性的内涵，个体往往要经历以下三个阶段。

第一阶段：基本性别认同阶段。基本性别认同是指个体对自己及他人性别能予以准确地识别。科尔伯格认为，一般到 3 岁时，个体才能获得基本的性别认同，确定自己是男孩还是女孩。费格特等人的研究发现，在 1 岁末时，婴儿已经能够区分照片上的男人和女人，并且当男性或者女性的声音与相应的男性或者女性的脸匹配的时候，婴儿注视他们的时间要比注视那些不匹配的时间长一些。汤普逊（Thompson）研究发现，当向儿童呈现印有典型的男性形象和女性形象的图片时，24 个月大的幼儿中有 76%可以正确辨别性别图片，30 个月时正确辨认比例上升至 83%，36 个月时上升至为 90%，说明绝大部分幼儿可以准确地识别自己和他人的性别，即获得了基本的性别认同。

第二阶段：性别稳定性阶段。大约 4 岁时，个体对性别的永恒性开始有了一个大概的把握，认识到性别不会随年龄的改变而改变这一事实，即男孩长大后必定是男人，女孩长大后必定为女人。但是，处于该阶段的个体获得的对性别稳定性的认识还不够牢固，他们仍然会认为改变发型、衣服等行为将会导致一个人转换性别。

第三阶段：性别恒常性阶段。在学前阶段后期和学龄阶段早期（5~7岁），个体对性别的认识更趋成熟。他们了解到这样一个事实：外貌可以改变，但性别是恒定的，一个人的性别具有跨情景的一致性。如果问一个男孩："如果你想成为一个女孩的话，你能变成女孩吗?"男孩的回答一般是否定的，他们对于性别的认识不会再停留于表面现象。科尔伯格认为个体对性别恒常性的认识与其认知守恒能力的发展是密不可分的。

二、性别角色的形成与发展

性别角色是指一个特定社会中被看作男性和女性恰当的行为模式。性别角色标准是指为某一社会所认可的、更适宜于某一性别的价值观、动机和行为方式等。在大多数文化中，女性往往扮演生育者和抚育者的性别角色，男性往往扮演赚钱、养家糊口等的性别角色。性别角色的形成，自个体出生后即告开始。当个体获得了一定的性别认同之后，就开始表现出不同的性别行为。研究发现，14~22个月的男孩就更喜欢卡车和小轿车，女孩更喜欢玩布娃娃和其他柔软的玩具（P K Smith，Daglish，1977）。即使在没有玩具可以玩的情况下，许多18~24个月的婴儿通常会拒绝玩一些看起来是异性玩的玩具。

在婴儿时期就已出现性别分离（gender segregation）现象，即出现儿童喜欢与同性伙伴交往，而将异性伙伴看作圈外人的倾向。2岁的女孩喜欢与其他女孩玩耍；3岁时，男孩会稳定地选择男孩而不是女孩作为自己的玩伴；4岁半时，美国儿童与同性别伙伴玩耍的时间是与异性别伙伴玩耍时间的3倍；6岁半时，儿童与同性别伙伴相处的时间超过与异性伙伴相处时间的10倍以上。从小学阶段一直到青春期开始，儿童更喜欢与同性伙伴玩耍，并形成男孩团体和女孩团体。研究发现这种现象具有跨文化的一致性，并随年龄的增长而加深（Leaper）。研究还进一步证实，那些坚守性别界限并回避与"敌人（异性）"接触与交往的个体更受同性伙伴的欢迎，而那些与异性交往的个体更易遭到同性伙伴的拒绝。

这些研究结论与经验是一致的，在上小学的时候，男孩和女孩往往是两个对立的群体，男女同桌往往以一条"三八线"相隔离。男孩会聚在一起形成男孩群体，女孩聚成女孩群体，好似水火不容，男孩看不起那些喜欢与女孩交往的男孩，女孩也看不起那些喜欢与男孩交往的女孩。

在经历了小学阶段的性别分离以后，到了青春期，性别角色的发展发生了很大的逆转，男孩女孩之间由性别分离逐渐转为异性之间的相互吸引，这主要是性驱力的作用使然。在青春期，随着男孩和女孩之间相互接触，互为好感，他们以更符合性别角色预期的方式行事，没有充分表现出男性化特征的男孩和没有充分表现出女性化特征的女孩可能会不太受欢迎，也难以得到他们同性及异性伙伴的认同。

三、性别刻板印象的形成与发展

性别刻板印象是指人们对男性或女性在行为、人格特征等方面的期望、要求和一般看法的固定印象（林崇德等，2003），即个体获得了男孩和女孩、男性和女性应该是什么样，应该如何行为的观念。在众多性别刻板印象之中，有一些是不合时宜的，比如大男子主义就是一种典型的性别刻板印象；有一些则属于性别偏见和歧视，比如用"头发长，见识短"来描述女性，用"四肢发达，头脑简单"来描述男性。

在个体发展的初期，性别刻板印象就在逐渐形成。早在 1.5 岁时，儿童就已经开始选择与性别相适宜的游戏和玩具了。研究人员曾做过这样一个实验，给 2.5~3.5 岁的学前儿童呈现一个男性洋娃娃和一个女性洋娃娃，然后询问这些儿童哪一个洋娃娃会从事下列活动：烹饪、缝补、玩卡车、说很多的话、打架、爬树等典型的性别刻板活动。结果发现，2.5 岁的儿童已具有了一定的性别刻板印象，认为女孩说话比较多、从不打人等，而男孩往往喜欢玩卡车、打架等。一项以英格兰、冰岛和美国的 5 岁和 8 岁儿童为研究对象的跨文化研究发现，在上述 3 个国家中，5 岁和 8 岁的儿童，无论是男孩还是女孩，大多数都认为男性比较强壮、更富攻击性，而女性则比较温柔。

性别刻板印象的发展并非直线式增强的。研究人员用 4 个信念故事测验了 4~9 岁儿童的性别刻板印象的强度。在故事中，主角或者对性别刻板印象活动感兴趣，例如，一个叫汤姆的男孩是另外一个男孩的好朋友，他喜欢玩飞机；或者对相反性别活动感兴趣，例如，一个叫约翰的男孩是一个女孩最好的朋友，并且喜欢玩娃娃。研究人员问被试儿童是否喜欢玩娃娃、踢足球、跳绳、玩枪等。结果发现 4~6 岁的年幼儿童比 6~9 岁的年长儿童的性别刻板印象更强烈，他们更不能接受男孩玩娃娃、跳绳或者女孩踢足球、玩枪等行为。

一些学者认为年幼儿童比年长儿童更刻板，他们往往将性别角色标准看作不容侵犯和不可改变的，对不适宜的性别角色行为的容忍度更低。

到了小学阶段，儿童的性别刻板印象比幼儿阶段稍微缓和一些，不再那么绝对和难以容忍，变得灵活一些了。在 10~11 岁时，儿童的性别刻板印象已经接近成人了。在小学阶段，男孩和女孩经常单独活动，男孩经常聚在一起从事那些属于典型的男孩的活动，女孩们聚在一起从事典型的女孩活动。到了青少年早期，性别刻板印象又一次变得僵化。青少年对偏离性别刻板印象的行为容忍度再次降低，对于那些表现出异性倾向、从事异性活动跨性别行为，青少年会作出更多消极的评价。

青少年期结束以后，个体的性别刻板印象发展进入稳定期。

第二节　性别差异

在不同的文化背景中，存在很多有关性别差异的说法，许多父母和老师往往认为男性的数学能力更强，而女性的语言能力更胜一筹；男性更强壮，而女性则更有忍耐性。诸如此类的说法不胜枚举，那么从心理学角度，从研究证据来讲，哪些是真实存在的性别差异？哪些是主观臆造、似是而非的差异？真实存在的性别差异，一般是指经过研究证实的性别差异。大多数研究者认为在以下几个方面存在着真实的性别差异。

一、言语能力

著名的人类学家玛格丽特·米德（Margaret Mead）的跨文化研究指出，几乎在所有文化背景下，女孩的语言能力都比男孩要强。研究者已经基本达成共识：女孩的语言能力总体优于男孩。女孩获得语言、发展言语技能的年龄较男孩早。在整个学校教育阶段，女孩在阅读和写作测验中获得更高的分数，这种差异具有跨文化的一致性。2003 年，国际学生评价项目对以经济合作与发展组织成员国为主的 42 个国家的学生成绩进行了测查。结果显示，在所有参与测查的国家中，女生的阅读成绩均大幅度领先于男生。同年，国际阅读进展研究对 35 个国家四年级学生进行的阅读测试成绩也显示，女生成绩全面"盖"过男生，为什么会存在这种差异？其中一个可能的原因是女孩生理成熟得更快更早，这种生理成熟促进了大脑左半球皮层的更早发育，最终导致了女孩早期的言语优势。对动物和人类大脑的解剖证实，女性的大脑左半球皮层比男性的稍大一些而且更为成熟。另外一个原因是环境因素起作用，如父母和老师往往认为女孩在语言课程上有优势。

二、空间及数学能力

空间能力是指从不同空间维度知觉某一现象的能力。在把一个平面图形解读为一个立体图形或者在辨别方向时，就需要这种空间能力。大多数研究者认为，男孩的空间能力优于女孩。研究者曾用实验来考察空间能力的性别差异，研究对象为 3~11 岁的儿童。问题是这样的：一杯水由垂直竖立状态倾斜 50°，杯中的水平面看起来是什么样的？当一辆货车爬一个 50° 的斜坡时，用线悬挂在车厢的灯泡会处于什么位置？研究结果表明，男孩的成绩优于女孩的。空间能力的性别差异在个体生命的初期就已经出现而且贯穿于整个生命全程。

与空间能力相一致的是男孩的数学能力要优于女孩。在美国，一项针对上千名 7~8 年级聪明学生的研究中，学习能力倾向测验（SAT）中数学分测验的分数超过 500 分的男孩是女孩的 2 倍，700 分以上的男孩是女孩的 13 倍。从青春期开始，男孩在算术推理测验上表现出了相对于女孩的微小但持续的优势。但是，这种优势并非是全面的优势，女孩在运算技能上比男孩强；在基础数学知识方面，女孩和男孩能力相当；在数学推理、几何等方面，女孩落后于男孩。

男孩空间能力的优势可能源于男孩有一个更为发达的大脑右半球，而数学能力则与男孩的空间能力优势密不可分。

三、攻击性

男孩的攻击性高于女孩，男性的攻击性也高于女性，这已成为许多研究者的共识。从 2 岁起，男孩的身体攻击和言语攻击就多于女孩。在青少年期，男孩参与反社会行为和暴力犯罪的可能性比女孩高出 10 倍。我国学者张文新等人（1996）对学前儿童攻击行为的观察研究也发现，男女儿童的攻击行为发生频率存在显著的性别差异，男孩的攻击性显著高于女孩。

男孩或男性更高的攻击性水平可能有其生物性因素，高水平的雄性激素往往与攻击性紧密相连，如人们在养殖牛马时往往可以通过阉割手段降低其攻击性。

四、情绪敏感性

女孩的情绪敏感性高于男孩。在 2 岁时，女孩就比男孩更多地使用与情绪有关的词语。幼儿时期，当被要求用语言来判断其他人的情绪状态时，女孩的表现就要稍好于男孩。学前儿童中，女孩使用"爱"一词的频率是男孩的 6 倍，使用"伤心"一词的频率是男孩的 2 倍，使用"疯狂"一词的频率与男孩相同。与儿子相比，父母会与女儿更多地谈论情绪以及与情绪有关的事件。

女性的情感敏感性可以从多个方面予以解释：一是进化层面，因为女性承担抚育者的角色，长期的进化可能使女性在基因上发生了改变，以保证她们能为养育后代做好准备；二是父母的教养，从婴幼儿期开始母亲就可能对女孩的情绪情感表现给予更多的回应。

第三节　性别发展与性别差异的影响因素

性别角色的发展以及性别差异的存在是多重因素相互作用的结果，生物因素、社会因素等相互融合、渗透，共同塑造着多姿多彩的性别世界。

一、生物性因素

生物性因素主要指遗传、性激素等。生物性因素尤其是性激素在个体的生命初期独自发挥作用，塑造了个体的性别。在出生以后，生物性因素的影响依然巨大。染色体男女之间最根本的差别在于染色体的差别。人类的第 23 对染色体——性染色体基本上决定了一个人的性别：在正常的男性身上，性染色体组合为 XY；在正常的女性身上，性染色体组合为 XX。一旦性染色体出现异常，个体的性别形成与发展就有可能会偏离正常的发展轨道。特纳综合征患者就是由于第二条染色体整体或部分缺失导致的，患者为女性，其言语智力正常，但是常常在空间能力测试中的表现低于正常水平。克兰费尔特氏合征患者多遗传了一个或两个 X 染色体，其染色体呈现为 XXY 或 XXY，患者为男性，20%~30% 的克兰费尔特氏综合征患者在言语智力上有缺陷，并且遗传的额外 X 染色体的数量越多，缺陷就越明显。

性激素（荷尔蒙）在性别的形成发展过程中发挥着非常重要的作用。在胎儿期，性激素的种类和数量直接决定着胎儿性别及诸多性别特征的形成。

受精卵最初发育成胚胎时，只有一个尚未发育的性腺，在外形上看它是中性的。到第八周时，男性胚胎收到指令，其睾丸开始大量分泌两种性激素：睾酮和缪勒式管抑制物质。睾酮的作用是促进男性内部生殖器官的发育，缪勒式管抑制物质的作用是抑制女性内部生殖器官的发育。正是在这两种性激素的作用之下，中性的性腺最终发育为男性生殖系统。在异常情况下，有一些男性胚胎没有收到分泌以上两种性激素的生物指令，没有分泌这两种性激素，其性腺就发育为女性生殖系统。正常情况下，女性胚胎不会收到这种指令，也不会分泌以上两种性激素，胚胎的性腺将自动发育为女性生殖系统。鉴于此，研究者习惯上把女性看作成"默认的性别"。

男性胎儿发育至 34 个月时，睾丸分泌的睾酮会促进男性阴茎和阴囊的生长发育。如果没有睾酮的分泌，或者男性胎儿的细胞对睾酮不敏感，男性胎儿就会偏离轨道，其男性外生殖器官将发育成女性外生殖器官（阴唇和阴蒂）。

在某些异常情况下，性激素的作用表现得尤为明显和突出。在女性胚胎或胎儿的发育过程中，如果孕妇体内存在高水平的雄性激素，女性胎儿将会偏离正常的轨道。比如，由于某种基因缺陷，女性胚胎或胎儿的肾脏系统产生异常高水平的雄性激素（这种现象被称作先天肾增生），使先天肾增生的女孩的生殖器官发展异常，在出生时其内生殖器官为女性，而外生殖器官却男性化。先天肾增生的女孩长大以后，更喜欢玩汽车、卡车等传统的男性玩具，更喜欢与男孩子一起玩，对传统的女性角色不感兴趣。再如，有些怀孕的母亲，在不知情的情况下，误服了一些含有黄体酮的药物来减缓孕期反应，这些药物在人体内被转化为男性的睾丸激素，如果胎儿是女孩，在这些睾丸激素的作用下，尽管她们的染色体是 X，内生殖器也是女性的，但出生时她们可能具有类似男孩的外生殖器官。对这些女孩的追踪研究显示（Money），这样的女孩长大以后更像男孩，喜欢男孩的玩具和剧烈活动，进入青春期以后，她们开始约会的时间也晚于其他女孩，这些女性报告自己是同性恋或双性恋的比例也非常高。

二、社会性因素

在出生之前，个体的性别发展完全由生物性因素控制，但从新生儿呱呱坠地的那一刻起，社会性因素就开始发挥作用。成人往往以不同的态度对待男孩和女孩，使性别表现形式多样、丰富多彩。在诸多社会性因素中，研究者最为关注的主要是家庭、学校和文化等社会因素。

（一）家庭因素

家庭在影响性别发展及性别差异形成的诸多社会性因素之中，其作用是第一位的。在孩子未出生之前，父母们已经在想象孩子的性别，并根据孩子不同的性别有不同的教养设想。出生以后，父母的性别观念和性别角色榜样行为在无时无刻地影响着孩子。

孩子刚一出生，父母就以性别的眼光去看待他们的行为了。在一项研究中，研究人员对第一个孩子出生后 4 小时的父母亲进行了访问，尽管新出生的男孩和女孩在体长、体重或阿普伽新生儿评价方面没有什么显著差异，但父母们仍然认为儿子更结实、身材更高大、更容易合作、更警觉、强壮并且能吃苦，而女儿则更温柔、容貌姣好、情感更细腻等。

在孩子生命的第二年里，在儿童尚未获得基本的性别认同，也没有表现出明显的性别角色偏好时，父母就会鼓励与儿童的性别相适宜的行为，并阻止那些与儿童的性别不一致的行为。

在日常教养行为方面，父母对男孩女孩也表现出不同的态度。父母往往给男孩更大的自主权，而对女孩则进行更多的直接控制。遇到困难时，父母总是倾向于很快地为女儿提供帮助，而更多地鼓励男孩自己解决问题。

（二）学校因素

学校是社会性因素中的另外一个重要变量，从幼儿园开始，个体将在学校中度过相当长的时间，学校对性别发展及性别差异形成的影响也是不容低估的。在学校里，影响个体性别发展以及性别差异形成的因素主要有教科书及教师等。

1975 年，美国一个名为"语言和图画中的妇女"的研究小组分析了 16 家出版社的 134 本小学教科书中的 2760 个故事，结果发现关于男性的故事比关于女性的故事多出了 4 倍。而且，故事中的女性多出现在家里，她们的行为多表现为被动、害怕和退缩等，男性则往往表现为富有支配性和冒险倾向。我国研究者佐斌对人民教育出版社出版的小学语文课文的研究分析发现：小学语文分配给男女两性扮演主角的数量，男性是女性的 4.3 倍；而在男女能力方面，语文教材中描述的女性多是无知低能的，男性则多是知识渊博、能力高强的；在男女性格方面，描述女性更多的是不良性格特征，如小气、狠毒、不信任、迷信等，而描述男性则多是坚强、勇敢、正直、友爱等优良的性格品质。史静寰等人对人民教育出版社的六年制小学语文教材（共 12 本）的数据统计发现：女性形象出现率仅为 20.4%，而且呈现年级越高，课本中女性出现的比例越低的趋势；小学教材中依然普遍存在"男性强于女性""男性优于女性"的性别观念。

教师是影响个体性别发展以及性别差异形成的重要他人。许多研究指出，男孩似乎得到教师更多的关注，在科学课堂上，男孩被提问的频率比女孩多 80%。但也有研究者认为，在教室里，听话常常受到重视，坚持己见则受到阻碍，这种现象被称作"女性化偏见"，对男孩女孩都不利。

（三）文化因素

人是社会性动物，性别发展以及性别差异的形成也深受文化的影响，被涂上浓厚的时代色彩。

关于文化的影响，人类学家作出了很大的贡献。美国著名的人类学家玛格丽特·米德在 20 世纪 30 年代曾对新几内亚的 3 个原始部落社会（阿拉佩什、蒙杜古马和特哈布利）的性别角色进行了一个经典性的研究。研究发现，在前两个部落社会中，几乎没有什么性别差异。在阿拉佩什部落中，女性化的，男女都被教导形成合作、不侵犯他人、能敏感觉察他人需要的特点。与此相反，在蒙杜古马部落中，男性和女性的行为都表现为男性化的，人们通常互相敌视，富有攻击性行为残忍；男女两性都被期望是坚定的、好斗的、对人际关系漠不关心的，而这正是西方社会中典型的男性化行为模式。在第三个部落——特哈布利中的性别角色模式与西方社会的传统性别角色模式恰恰相反：男性很敏感，有依赖性，懂得关心人，对手工艺感兴趣；而女性则是支配的、独立的和有进取心的，在作出重大决定时发挥关键作用。因此，米德认为性别角色是一种社会文化现象，受到社会文化的影响和制约。

在一个涉及 110 个社会群体（大多数是原始部落）的大型人类学研究中，研究者发现，有 80% 以上的社会群体都清楚地认为：女孩比男孩更多地被鼓励去从事养育、抚养等抚育性的事情，男孩比女孩更多地被训练去依靠自我、要有所成就。许多社会还特别强调女孩责任心和顺从性的培养。

在一项"六种文化的研究"中，研究者直接观察了肯尼亚、日本、印度、菲律宾、墨西哥和美国六种文化背景下的 7~11 岁男女儿童，观察的主题是"支配性""对委屈事件的反应""攻击行为的特征"等。结果发现，在上述大部分文化背景中，女孩表现出更高的抚育性特点，更喜欢身体接触；而男孩表现出更高的攻击性，更喜欢打斗性的游戏。

此外，电视作为一种社会文化的表现形式，对性别发展以及性别差异形成的影响也引起了研究者的关注，电视还被研究者称为是性别刻板印象的源泉。研究发现，儿童节目主要由男主角控制，在电视中，男人往往从事专业性的职业，而女性往往从事家务性、照料性的职业；男性角色往往是主动的，而女性角色往往是被动的。英美两国的研究者通过对电视节目的内容分析，分析电视节目中男性和女性角色的数量和种类，结果发现，男性角色的数量是女性角色的 2～3 倍，男性角色往往被描述为强有力的、支配性的、理智的和聪明的，而女性角色则往往被描述为柔弱的、顺从的。

第四节　性别形成与发展的理论

心理学有关性别的理论解释，类似于盲人摸象，不同的学者站在不同的角度，得出了不同的理论，而且有些理论之间差异巨大，但正是由于这些不同理论的存在，使我们能够更加客观、全面地认识性别，解释性别。

一、弗洛伊德的人格发展理论

弗洛伊德（Freud）的人格发展理论特别强调性本能在个体发展中的作用，认为性本能是推动个体及社会发展的根本性动力。在弗洛伊德的人格发展阶段理论当中，他认为性别角色的发展起始于前生殖器期，最初表现为对异性父母产生兴趣，性别的发展是通过认同同性别的父母的性别角色而逐渐发展的。在前生殖器期，男孩对母亲产生性的欲望，即表现为恋母情结，嫉妒同性别的父亲，但由于害怕父亲发现他们的想法而割掉他们的阴茎（割焦虑），压抑自己对母亲的欲望，进而通过自居作用强烈认同同性别的父亲，转而学习父亲的男性特征。弗洛伊德认为如果父亲的阳刚等男子汉气质不够，经常不在家，那么男孩的男子汉气质的发展将会受到影响，妨碍其性别角色的正常发展。在前生殖器期，女孩对异性的父亲产生性的欲望，即恋父情结，但由于女孩没有阴茎，她感觉不到被阉割，而是感到嫉妒。为了解决这种冲突，女孩被迫认同同性别的母亲来获得父爱，并在父亲的鼓励下获得女性性别角色。弗洛伊德认为，在前生殖器期之后，个体进入到潜伏期，儿童的性本能好像潜伏起来了，男孩和女孩之间处于一种相互排斥的状态；进入青春期以后，性本能迅速增强，在性本能的强烈作用之下，个体变得对异性充满兴趣。

二、班杜拉的社会学习理论

班杜拉（Bandura）的社会学习理论是解释性别发展的另一个重要理论。班杜拉认为，儿童的性别认同及性别角色发展主要是通过两种途径获得的。第一种途径是直接强化。当儿童表现出"性别适宜性"的行为时会受到奖赏，当表现出与其性别不相适宜的行为时就会受到惩罚。第二种途径即观察学习。儿童通过观察榜样的行为及其后果进行学习。这种学习可能更为普遍，因为我们生活中的大多数人是按照一定的性别角色标准进行生活的，父母即是很好的观察对象，影视中的角色也往往成为观察学习的对象。

直接强化从孩子一出生就已经开始发挥作用了，父母主动按照社会的要求把男孩培养成"男孩"，把女孩培养成"女孩"。在儿童青少年时期，父母往往以性别化的视角来看待孩子的行为，鼓励那些与孩子性别相一致或适宜的活动和行为，而反对那些与传统性别要求不一致的行为。研究显示，与女儿相比，当儿子玩汽车和卡车，跑、跳或者试图从别人那里拿到玩具时，父母的反应更为积极；与女儿交流时，父母常常指导她们的游戏活动、提供帮助、鼓励她们参与家务劳动并且讨论情感。通过父母的直接强化，个体将获得：（1）标签自己是男孩还是女孩；（2）对具有性别典型特征的玩具和活动形成明显的偏好；（3）建立对性别模式的理解。除了父母的直接强化以外，教师和同伴也往往扮演了强化的角色，如教师往往会根据性别刻板印象对儿童的成绩和社会行为作出反应。

班杜拉认为，除了直接强化以外，观察学习在性别的形成和发展中起到非常重要的作用。个体通过观察榜样的行为及其后果，模仿学习那些"与性别相适宜"的行为。可供个体观察与模仿的对象有很多，除了父母之外，还有教师、同伴以及影视传媒中的榜样等。教科书中的人物性别行为对个体性别发展的影响也往往是通过观察学习进行的。教科书中的人物就是某种形式的榜样，具有较强的权威性，经由教师的教学，最终通过观察学习影响个体的性别角色形成与发展。影视传媒中的榜样对个体的性别发展也具有一定的影响，如受选秀文化（如超女、快乐男生）盛行的影响中性化的男孩和女孩越来越多。

三、莫尼和艾德哈特的生物社会理论

在性别发展方面，有些学者强调生物性因素的作用，如弗洛伊德强调性本能这种生物性因素对个体性别发展的影响；有些学者特别强调性激素在性别发展中的作用，进化心理学认为性别的发展是人类长期进化的结果。同时，还有另外一些学者强调社会性因素的影响，如班杜拉的社会学习理论。这些理论分歧的存在，使一些研究者注意到理论融合的可能性，把这两种看似对立的理论整合起来，其中，具有较大影响的代表性理论就是莫尼（John Money）和艾德哈特（Anke Ehrhardt）的生物社会理论，该理论既强调早期的生物性因素对性别发展的影响，又认为社会环境因素对个体的性别发展具有重要的作用。

莫尼和艾德哈特首先强调染色体和性激素的影响。在精子和卵子结合的一刹

那，个体的生理性别已基本被确定。个体如果从父亲那里继承的染色体是 Y，那么这个胚胎将会发展为一名男性；如果继承的是 X 染色体，则会发展成一名女性。在胚胎发育的前 6 周时间里，胚胎是没有性别的，只有一个尚未分化的性腺。如果受精卵正常发育，男性胚胎将分泌大量睾酮和缪勒式管抑制物质，该胚胎将发育出男性内部生殖系统。在睾酮的作用之下，男性胚胎的阴茎和阴囊将会生长发育。如果在胚胎发育的过程中，没有大量的睾酮分泌，发育中的胚胎将自然发育成女性。莫尼和艾德合特认为，在出生以前，染色体和性激素的分泌是非常关键的，决定了个体的生理性别。

一旦新生儿出生，社会环境因素迅速发挥作用，与生物性因素一起共同塑造一个人的性别。在极端情况下，如果一个男孩因为生殖器发育不正常而被标定为一个女孩，在幼儿时期，在父母和他人的直接教导下，这个男孩有可能形成一种女性认同感；如果一个女孩被错误地标定为男孩，父母和他人把她当作一个男孩抚养的话，那么她在幼儿时期就有可能形成一种男性认同感。但是，当青春期到来时，随着性激素的大量分泌及迅猛增加，生物性因素将再一次发挥其强大的力量，导致第一性征和第二性征的发育，再次塑造个体的性别。莫尼和艾哈德特曾追踪研究了几个外部生殖器官被人为切除、被当做女婴抚养的个体，发现当进入青春期以后，他们报告自己是同性恋或双性恋的比例高达37%。总的来说，生物性因素与社会性因素交互作用、难以分清，生物社会理论将生理因素与社会环境因素有机融合起来，是一种很有价值的整合。

四、科尔伯格的认知发展理论

在班杜拉的社会学习理论中，性别的形成与发展是被动的，由环境塑造的。而科尔伯格认为个体在性别发展方面具有一定的主动性，个体通过其认知系统主动地把自己变成男孩或女孩，这为我们理解性别发展开辟了一条新的通道。

该理论主要观点为：（1）性别角色的发展取决于认知发展，儿童必须对性别具有一定程度的理解之后，才能接受社会经验的影响；（2）儿童积极参与到自身的性别形成过程之中，而不是被动地接受社会的影响。

科尔伯格认为，儿童必须首先了解自己的性别，确定自己是男孩还是女孩，然后再去主动地寻找性别认同的榜样和选择自己的性别角色标准。儿童对性别角色的理解必须经历三个阶段：（1）基本的性别认同阶段；（2）性别稳定性阶段；（3）性别恒常性阶段。

科尔伯格把性别形成与认知发展结合起来，有其独到之处，得到了一些研究的证实，但也招致了一些批评。一个最大问题是该理论不能解释在成熟的性别认同之前儿童的性别是如何发展的。

五、马丁和霍尔沃森的性别图式理论

性格图式理论是由马丁和霍尔沃森提出的基于信息加工的性别理论。该理论也认为儿童不是被动地接受外在环境的塑造，而是积极地参与到性别发展的过程之中。该理论认为在 2~3 岁时，儿童一旦获得了初步的性别认同就开始了自我的社会化获得性别图式。性别图式是一套关于男性和女性特点的信念和期望。性别图式可以分为两种：第一种叫"组内和组外"图式，指男女两性的典型行为方式、角色、活动及行为的一般知识，如什么样的行为和角色是适合男性的，什么样的行为和角色是适合女性的；第二种是有关自身的性别图式，即什么样的性别行为是适合自己的，什么样的性别行为是不适合自己的，儿童借此表现出与其性别相一致的行为模式。有关自身性别的图式，使个体把注意力集中于那些与自身性别相一致的行为，而忽略那些不相一致的行为。

研究证实，儿童确实会更喜欢那些与自身性别图式相一致的活动，性别图式一旦形成，就会影响到儿童的信息加工过程，进而影响他们的编码和记忆。在一项研究中，研究者给一些 5~6 岁的儿童看了一些图片，图片有两种，一种是儿童进行与自己性别相一致的行为（一个男孩子正在玩汽车），一种是儿童进行与自己性别不相一致的行为（一个女孩在锯木头）。一个星期以后的测查表明，不管男孩还是女孩，他们能较好地回忆起那些与自己性别相一致的行为，而扭曲与自己性别不一致的行为。

六、贝姆的双性化理论

很久以来，人们一直把男性化和女性化看作为单一维度的对立两极，传统的性别角色也把某些特点赋予一定的性别，如男性的勇敢、女性的温柔。但是，在 20 世纪 70 年代，康斯坦丁诺普尔（Constantinople）对这种传统看法提出挑战，呼吁要建立新理论来重新看待性别和性别差异。

不久，贝姆（Sandra Bem）提出了双性化的概念，以"帮助人们从性别刻板印象的禁锢中解脱出来"。贝姆反对把男性化和女性化看作单一维度的对立两极，而认为男性化和女性化是相对独立的特质，可以看作两个相对独立的维度，一个人可以同时在两个维度上得分很高，即同时具备男性特征和女性特征，这样的人被贝姆称为"双性化"个体。贝姆认为适应最好的就是双性化的个体。与双性化个体相对应，那些具有较多男性特征的人属于男性化个体，具有较多女性特征的人属于女性化个体，而既缺乏男性特征又缺乏女性特征的人属于"未分化"个体。双性化理论是一个具有开拓意义的理论。众多研究表明，双性化的个体是存在的，双性化的个体也具有一定的优势，能更好地适应社会。

第十四章 道德的发展

第一节 儿童道德品质的发展

一、道德认知的发展

道德认知是指个体对行为准则中是非、好坏、善恶等的认识。当这种认识达到坚定不移的程度，并能指导自己的行为时，就形成道德信念。儿童的道德认知是通过理性化和社会化两个过程逐步形成和发展起来的。所谓理性化过程也称做"明善"过程，在此过程中儿童学会了正确的判断和推理，并最终学会依善行事。所谓社会化过程，指儿童与社会中的各类人沟通交流，获得观点采择能力的过程。在这个过程中他们逐渐可以理解复杂的人际关系，建立起自己的价值标准。认知发展心理学家认为儿童的道德品质发展在很大程度上依赖于认知的发展，并遵循一定的阶段顺序。

（一）从他律到自律——皮亚杰的理论

1. 研究方法

皮亚杰是儿童道德认知发展理论的主要代表人物之一。他在 1932 年出版的《儿童的道德判断》一书为道德认知发展的研究奠定了重要基础。在皮亚杰看来，道德成熟的标志在于尊重准则和公正观念两个方面。为了研究儿童道德观念的发展，皮亚杰采用了两种截然不同的方法。

（1）自然观察法，也称作临床访谈法。皮亚杰采用自然观察法研究了儿童对游戏规则的理解和使用情况。皮亚杰和他的合作者分别跟大约 20 个 4 岁到十二三岁不同年龄的儿童一起玩弹子游戏，或者观察两个儿童玩弹子游戏，记录他们在游戏中如何创造规则和执行规则。为了了解儿童的规则意识，皮亚杰向儿童提出一些事先设计好的问题，诸如"每个孩子都必须遵守规则吗？""这些规则是否可以改变？"。通过分析儿童的回答，皮亚杰概括了儿童对游戏规则认识和使用的发展特点：4 岁左右的幼儿并不懂得规则，因此规则被他们看作可以随意更改的东西；五六岁时儿童才意识到规则，但他们认为这种规则是成人规定的、外加的。11 岁左右的儿童才开始发觉规则不是成人规定的，是同伴之间互相约定的，这时他们才意识到一种遵守规则的义务感。皮亚杰认为这就是儿童品德发展开端的一个重要标志。

（2）对偶故事法。这是皮亚杰自己独创的研究方法。他和同事们设计了许多包含道德两难内容的对偶故事，用以研究儿童的是非观念。以下是一对故事举例：

故事1：一个叫约翰的小男孩待在自己的屋里。听到妈妈喊他吃饭，他向餐厅走去。餐厅的门后有一张椅子，椅子上放着一个装有15个杯子的盘子，约翰对此一无所知。他推开门走进餐厅，门撞倒了盘子，同时也把15个杯子全撞碎了。

故事2：有一个小男孩名叫亨利。一天，妈妈外出了，他想要拿橱柜里的果酱吃。亨利爬到椅子上，伸长手臂，但果酱放得太高了，他够不到，当亨利努力够果酱的时候，他弄翻了一个杯子。杯子掉到地上，打碎了。

讲完故事后，要求儿童回答"哪个小孩更淘气些？为什么？"以及"这个淘气的小孩应该受到什么样的惩罚？"。这类对偶故事的结构基本上是：A. 有意，造成较小的财物损失；B. 无意，造成较大的财物损失。皮亚杰的研究涉及的主要课题是客观责任和惩罚问题。前者从儿童对过失行为和说谎行为故事情节的判断中去考察，后者则从儿童对某种行为赏罚故事情境的判断中去分析。

2. 理论观点

通过上述的研究方法和一系列的研究，皮亚杰建立了道德认知发展阶段理论。

（1）前道德（premoral）阶段（2~4岁）。这个阶段的儿童没有真正的道德概念和规则意识。在玩弹子游戏时，儿童并不是为了赢而玩游戏；相反，他们似乎是按照他们自己的规则来玩，并且认为游戏的关键是为了轮流玩耍。这一阶段的儿童虽能接受游戏规则，但规则对他而言尚不是一种具有约束性的东西。

（2）道德实在论（moral realism）或他律道德（heteronomous）阶段（5~7岁）。这个阶段的儿童将规则的权威性看作神圣的不可改变的。他们强烈地尊重权威，并相信规则是由权威制定的，他们眼中的权威包括上帝、警察、父母等。按照皮亚杰的说法，即使是因为医疗急救而超速行驶，6岁的儿童也会认为这是不对的行为。因为这种行为破坏了交通规则，就应该受到惩罚。他们处在道德实在论阶段，认为道德规则是绝对的，任何道德事件都是"非对即错"，而遵守规则就是对的行为。他律道德阶段的儿童喜欢根据客观结果而不是行为意图来判断行为的对错。因此，他们会认为打破15个杯子的约翰比打破1个杯子的亨利更淘气。他律道德阶段的儿童喜欢强制性（抵罪性）惩罚，并没有考虑到惩罚与违禁行为的关系。此外，他律道德阶段的儿童相信内在公正，认为违反社会规则就一定会受到惩罚。

（3）道德相对论（moral relativism）或自律道德（autonomous）阶段（8~11岁）。8~11岁的儿童已经到达了皮亚杰所说的道德相对论自律道德阶段。道德相对论是指，儿童认为社会规则是由人们共同制定的协议，必要的时候这些规则是可以被挑战的，甚至可以加以改变。因此，他们不会认为医疗急救过程中司机的超速行驶行为是不道德的。此阶段的儿童判断行为的对错更多是基于行为者的行为意图，而不是行为本身所带来的客观结果。大多数 10 岁儿童会说，虽然约翰在去吃饭的途中打碎了 15 个杯子（好的或是中性的行为意图），但是，为了偷吃果酱（坏的行为意图）而打破 1 个杯子的亨利比约翰更淘气。在决定如何惩罚越轨行为时，处于自律道德阶段的儿童更喜欢回敬性（报应性）惩罚（reciprocal punishment）。这一阶段的儿童可能认为，故意破坏窗户的男孩应该从自己的零花钱中拿出一部分进行补偿，而不是简单地被打屁股。

3. 从他律道德向自律道德发展

根据皮亚杰的理论，儿童从他律道德向自律道德的发展，需要具备两个条件：观点采择能力（认知能力的发展）和在与同伴交往中获得的平等地位。同伴交往的过程培养了儿童的观点采择能力，使他们学会认识和适应不同的同伴观点。在儿童从他律道德向自律道德发展的过程中，家长们扮演了什么样的角色呢？皮亚杰认为，除非家长们放弃一些权力，否则他们会通过强化使儿童对规则与权威产生夸张的尊重，从而导致儿童的道德发展进程变慢。例如，如果家长通过威胁或是"快去做，我告诉过你了！"这样的命令强制儿童执行一个规则，很容易发现儿童可能将这些规则归结为"绝对的"。

总之，皮亚杰认为儿童的道德认知发展是一个从他律到自律的过程。早期儿童的道德判断是根据客观法则，即行为的外在结果来进行的，他们不关心主观的意向和动机。这是他律的道德判断，具有客观的性质，受"道德实在论"支配。后期儿童的道德判断已为自己主观的价值标准所支配，他们不再把规则看作不变的绝对物，而看作为了保证人们的共同利益相互约定和接受的准则。因而后期儿童的道德判断是自律的，具有主观性，受"道德相对论"的支配。

皮亚杰有关儿童道德认知发展阶段的理论得到了在许多其他文化背景下研究结果的证实，具有文化普适性。但是一些相关研究也表明在年龄阶段的划分上不同文化之间还是存在差异的。例如，中国心理学家李伯（1982）的研究结果显示，我国少年儿童在强制性和回敬性两种惩罚之间的选择判断上，其发展曲线同早期研究者所揭示的发展模式相符合；只是在这种判断出现重大变化的时间上，我国少年儿童不是出现在 12 岁，而是出现在 8~9 岁之间。如果让儿童自由地给出惩罚建议，除强制性和回敬性两种惩罚形式外，很多儿童还提出了一种批评性惩罚的建议。如对中国 15 个地区进行三择一实验的大样本测查结果显示，中国少年儿童在对强制性、回敬性和批评性三种惩罚形式进行选择判断时，未遵循早期研究者所揭示的发展模式；各年龄儿童的判断中，批评性惩罚占有绝对优势，相应地，选择回敬性和强制性惩罚的人数就大大减少。这一研究结果证实了少年儿童在自由建议下的惩罚观发展进程的事实，弥补了皮亚杰的儿童惩罚观研究中的一些不足。

（二）道德判断阶段水平科尔伯格的理论

1. 理论模式

从 1955 年开始，科尔伯格对儿童道德发展进行了一系列的研究。他在 1958 年完成的博士论文中用新的研究方法检验了皮亚杰理论，并在此基础上提出自己的道德认知发展模型。科尔伯格最初研究了 72 个 10 岁、13 岁和 16 岁的儿童，对每个儿童进行了长达 2 小时的询问。他采用的 9 个道德故事中，有的是自己设计编撰的，有的是引用别人的（包括皮亚杰的），每个故事都包含左右两难的道德问题。下面就是其中一个典型的道德两难故事。

海因茨偷药

在欧洲，有个妇女身患一种特殊的癌症，正面临死亡的威胁。医生认为，当地的药剂师刚发明的一种新药也许能拯救她。药剂师开价很高，小剂量的药（可能挽救生命）要价 2000 美元，尽管其成本价只有 200 美元。病人的丈夫海因茨尽其所能，只筹借到一半的钱——1000 美元。他告诉药剂师，他的妻子生命垂危，希望他能便宜点将药卖给他或者是迟点再还钱。药剂师拒绝他："不行！我发明了这种药，就是要靠它来赚钱。"海因茨绝望了，为了挽救生命垂危的妻子，于是在夜里破门而入将药偷去。

海因茨应该这么做吗，为什么？

当儿童对充满矛盾冲突的道德情境作出判断后，主试问他一系列的问题：海因茨应该这样做吗？为什么？法官该不该判他的刑？为什么？主试以这种方式查证儿童选择这种判断的思维基础。通过对儿童回答的原因进行分析，科尔伯格最终形成了三水平六阶段的道德认知发展阶段模型。

2. 阶段模型的内涵

科尔伯格的阶段模型具有三方面的含义：（1）不同认知发展阶段的个体会显示出不同质的道德决策思维。前习俗水平个体道德推理的依据是遵从自己的需要，习俗水平个体道德推理的依据是他人期望和社会规则体系，而后习俗水平个体推理的依据则为个人的价值、尊严和权利。此外，科尔伯格也承认只有少数哲学家和神学家才能达到第六阶段的水平。（2）儿童道德发展阶段是分阶层逐级发展的，各个阶段又标志着儿童道德成熟的水平。由于道德两难故事所要探查的是儿童从道德矛盾情境中去选择某种行为的理由，因此，标志一个阶段发展水平的道德观念在许多儿童的道德行为中会反映出一致性。道德判断上的成熟预示着道德行为上的成熟。（3）科尔伯格强调角色扮演和认知冲突在促进儿童道德发展中发挥着重要作用，它们可以促进儿童的社会交往，为他们提供道德两难情境，是儿童道德品质自觉发展的有效途径。

3. 对科尔伯格研究的发展

科尔伯格将研究对象延伸到青少年，采用了包含更多道德规范要素的道德两难故事，运用了能更多挖掘儿童青少年思想的个别谈话法。因此，科尔伯格所概括的道德认知发展的阶段理论年龄适应面更广，是对皮亚杰的方法和理论的系统扩展。最初他使用的记分方法相对烦琐和主观，针对这一问题，科尔伯格又发展出一套精致复杂的评价道德认知发展阶段的方法，即道德判断交谈法（MI，即使用道德两难故事，与青少年进行开放性的个别交谈，从他们的道德陈述中分析出道德发展的规律）。在科尔伯格的基础上，一些道德心理学家经过努力又发展出更多更为简便快捷的道德判断能力测验。例如，美国雷斯特（Rest）的"确定问题测验"（DIT），德国林德和威根赫特（Lind，Wakenhut）的"道德判断能力测验"（MUT），以及我国李伯黍等提出的"上海地区青少年道德判断能力测验"等。

当然，科尔伯格的研究也受到来自不同方面的质疑。这些质疑主要集中于以下几个方面：

（1）根据科尔伯格的观点，儿童的道德发展阶段是依不变的顺序展开的，这种顺序是不可逆的。但在他研究的个别数据和后人的研究中发现了跨阶段的发展或倒退到较低阶段的现象。

（2）科尔伯格认为儿童道德判断的成熟能预示其道德行为的成熟。哈桑（Hartshorne）、梅（May）等人的研究却显示，儿童的诚实与欺骗多半有赖于情境，而不依赖其普遍的、一贯的道德特征。

（3）科尔伯格的理论强调公正推理水平是道德发展的最好指标，他的早期研究也发现女性的道德推理水平一般低于男性。吉列根（Gilligan）指出科尔伯格的理论建立在男性常模之上，这对擅长从人际关系、关怀的角度解释道德两难情境的女性是不公平的。

二、道德行为的发展

（一）道德行为的含义

作为一个道德成熟的个体，其成熟表现在能够履行道德行为。那么道德行为的确切含义究竟是什么呢？

伦理学角度的道德行为是指人们依据一定的道德价值观对他人或外界的反应。社会学角度的道德行为即人们在一定的道德认识支配下调节个人与他人、个人与社会利益关系时表现出来的善行或恶行。

从心理学的角度解释，道德行为是指采取符合从人类利益和公正角度出发的道德规范和标准的行动，或者是个体面临道德问题情境时所表现出来的一系列自觉的复杂的意志行动过程。

（二）道德行为的产生过程

道德行为的产生是一个极其复杂的过程，既包括外显的行为，也包括行为形成的内部心理过程。内部心理过程又包含道德认识的引领和道德情感体验。20世纪80年代，雷斯特提出了道德行为过程的"四成分模型"，用以分析道德行为产生过程的构成因素。

1. 道德敏感性

道德敏感性是对情境道德含义的领悟和解释能力，是对情境道德内容的觉察和对行为如何影响别人的意识，它与个体对情境的自动化加工及其伴随的直觉情绪有着密切的关系。道德敏感性会使一个人重视或者漠视某种道德的意义，对行为动机的形成起到一定的作用。研究表明，一个人对道德情境的了解能力越差，对情境的道德敏感性越低，产生道德行为的可能性就越小。

2. 道德判断

个体在对当前的情境有所觉察和意识后，会进一步对行为过程中各种需要考虑的因素进行衡量比较，确定在当前的情境中应该采取怎样的行为才是道德的。

3. 道德抉择

个体在对当前的情境觉察并作出道德判断后，就要作出是否实施道德行为的道德抉择。此时，个体自身内部的动机斗争将会非常激烈。如果个体非道德的价值观念占了上风，将可能影响最终的道德抉择与道德行为。

4. 履行道德行动计划

在道德抉择的基础上，个体就要把道德意向付诸行动，执行道德行动计划。在此过程中，个体要明确行动的具体步骤，确认执行行动所需要的技巧和手段，设想在行动过程中的各种障碍，明确在道德行动中涉及的心理特质，包括勇气、坚韧毅力、自我控制力等。如此种种，最终才能达成道德行动计划。

例如：在一辆公共汽车上，潜在行为者看到一位抱着孩子的妇女上车，他首先会环顾四周，看看此时车上有没有空座位；如果没有的话，他会关注周围是否有人有让座趋势；若发觉没人有让座的意向，该行为者就会考虑自己是否应该让座；最终，经过思虑再三，让出了自己的座位。这一简单的让座行为，充分体现了道德敏感性、道德判断、道德抉择以及履行道德计划这四个成分的相互作用。

（三）道德行为的形成机制——班杜拉的社会学习理论

班杜拉（Bandura）在传统研究和深入探讨的基础上，建立了现代社会学习理论体系，开辟了一条从行为方面探讨道德发展的广阔途径。这一社会学习理论体系可以从新行为的来源、榜样学习的过程及对道德行为的影响三方面来加以理解。

1. 新行为的来源

该理论认为，儿童的学习大多源于对他所见所闻的其他人的语言和行为的模仿。新行为并非仅来源于对偶然习得的行为的强化，更多来自儿童对所观察到的行为的复演。儿童将观察到的他人各种行为的不同部分混合而产生了新行为，这种观察学习既包括直接观察，也包括借助间接可靠的榜样形式进行学习，例如阅读或听到的观点和行为。

2. 观察学习的过程

观察学习是指一个人通过观察他人的行为及其受到强化的结果而习得某些新的反应，或使他已有的某些行为反应得到矫正的过程。班杜拉认为儿童可以借助视觉或听觉进行观察学习，这些通过观察获得的信息可以帮助他们确定哪些行为可能帮助或妨碍他在未来环境中的需要或满足。这些信息以符号的形式存储于记忆之中，作为未来的参照。观察学习过程包含 5 个子过程：注意、编码、保持、复现以及动机过程。现以班杜拉的经典实验"充气娃娃"来说明儿童的观察学习过程。

随着儿童的道德认知从他律发展到自律，他们开始依内化的道德准则行事，这就形成了真正意义的道德行为。一项针对 1~15 岁儿童道德技能发展状况的研究表明，与 10~12 岁的儿童相比，13~15 岁的儿童有更高的敏感性，在道德发展上更加成熟。10~15 岁的儿童在试图不假装和不欺骗上作出的努力没有显著的年龄差异。13~15 岁的儿童比年幼儿童更加宽容、有更多的责任感，也能够更努力地做到不羞辱他人、信守诺言、对自己的行为负责。

第二节　亲社会行为的发展

一、亲社会行为的含义

（一）亲社会行为的界定

现实生活中的真实事件有很多是给予他人帮助和关心的事件。这里既有对陌生人的人道主义援助和捐助，也有对身边亲人的抚慰。还有有关援助、捐助、抚慰等亲社会行为，即倾向于对他人有利的自愿行为。

亲社会行为在不同的学科领域所蕴涵的意义略有不同。在比较心理学领域，亲社会行为指的是有机体为同类中其他成员的生存而减少其自身或后裔生存机会；而在社会心理学领域，亲社会行为是指关心他人利益和福祉的行为，包括给予和获得，目的在于减轻他人的痛苦、提高生命的价值，从而形成相互依存、互惠互利的社会氛围。

（二）亲社会行为的动机

亲社会行为是有益于他人和社会的行为，其目的在于帮助其他个体或群体减轻或解除痛苦，使他们从无助的状态中解脱出来，是一种值得赞赏的行为。人们实施亲社会行为的动机各不相同。也就是说，有人会因为有能力让别人幸福而获得自我奖赏，自觉自愿地帮助他人；有人是因为害怕不帮助而受到惩罚，迫不得已地帮助别人；有人则可能因为无法容忍受害者痛苦的表情，情不自禁地伸出援手。

卡利罗斯基（Karylowski）认为亲社会行为的动机源有两种：第一种与个体积极自我形象的维持和提升有关；第二种与改善受困者的处境条件或防止那些条件进一步恶化有关。前一种动机源指向个体的内心世界（内倾动机源），促使个体帮助别人的原因不仅仅在于外界环境的某些变化，更重要的是这些变化是由于施助者自身的行为引起的。施助者往往考虑诸如此类的问题，"我是怎样的人？""我有能力帮助别人吗？"一旦成功地帮助到别人，他们就体验到道德满意感，否则将体验到内疚感。后一种动机源指向外部世界（也就是受助者，外倾动机源），施助者内心的满足是由受助者状况的改善诱发的。施助者通常有意识地将注意力集中于受助者目前所处的情境、受助者的需要和情感，并预期受助者将发生怎样的变化。

卡利罗斯基认为，个体利他行为的内倾动机源和外倾动机源也是一个发展的过程，可以通过来自家庭或学校的不同训练和干预手段发展。有些干预手段在促进儿童内倾动机源发展的同时，可能会抑制外倾动机源的发展。例如，"标签法"是根据儿童在特定情境中的行为表现，给予积极或消极的标签，如"你是一个坏孩子""好孩子是这样做的"，这是促进内倾动机源发展的一种手段，却可能抑制外倾动机源的发展。"他人取向的教导"侧重指明儿童的行为会给对方带来什么样的结果，例如，"那里有个孩子跌倒了，好像跌得很严重，血流出来了，快点去扶他起来，再帮他止血，这样他应该会好受些"。这样的教导方式有助于促进儿童外倾动机源的发展。卡利罗斯基认为由内外倾向两种动机源所激发的亲社会行为虽然均对他人的利益和幸福起到积极的作用，但在后续的持久影响上，似乎外倾动机源激发的亲社会行为更有效些。因为施助者关注的是受助者状况的改善，施助者与受助者之间具有某种积极的社会关系。内倾动机源激发的亲社会行为强调的是"帮助别人让我对自己很满意""我是强有力的"等，过分夸大自己的感受可能削弱施助者的观点采择能力，可能提供不适当帮助，引起受助者反感。

雷库斯基（Reykowski）将亲社会行为的动机分为四类：（1）功利性动机。

具有功利性动机的个体往往预期在特定情境中实施某种亲社会行为将获得某些社会奖赏（如表扬、物质报酬、名声等）或避免受到某些社会惩罚。（2）规范性动机。具有规范性动机的个体熟知社会规范、准则的特点，可能因为对规范的内化而心甘情愿施助，也可能出于尊重社会要求而勉强施助。（3）内在的动机。内在的动机强调对他人需要的觉察，愿意维持与受助者的关系，施助者因为自己的助人能力而产生自我价值感。（4）个人标准泛化的动机。持有个人标准泛化的动机的施助者认为对象的需要与自己关系密切，受助者之所以有价值，是因为施助者对他的幸福美满感兴趣。

二、亲社会行为的发展

（一）亲社会行为发展的研究

在早期发展中，分享与合作能力、同伴交往能力既是儿童重要的社会技能，又与亲密关系的发展息息相关。与其他孩子的分享与合作、与成人的合作是儿童早期亲社会行为发展的重要方面。有关研究显示，12 个月的婴儿会与别人"分享"他感兴趣的活动，偶尔还会把玩具给同伴玩。在家庭开展的研究表明，2 岁以下的儿童也能帮妈妈做家务，在游戏中合作，对他人所表现的情感焦虑作出反应。学步儿童的分享行为具有人际功能，旨在发起或维持与成人或同伴的社会交往。在因玩具数量不足而引起冲突时，分享也是婴儿之间解决冲突的一种途径。

霍夫曼（Hoffman）认为，2 岁以前的幼儿开始能够区分自我和他人，可以体验对别人的移情关心。他们有时也可能试图安慰他人，但不能很好地区分自己和另一个人的内部状态，亲社会行为可能是幼儿自身想要寻求的安慰。2 岁以后，随着移情能力的发展，出现个人标准泛化的动机，儿童开始提供适宜的亲社会行为。当幼儿的母亲处于痛苦中时，16～22 个月幼儿的亲社会行为反应增多（Van der Mark，et al）。3～5 岁幼儿的亲社会行为还处在萌芽状态，在实验员提示下幼儿作出帮助行为的比例占绝大多数，这种帮助行为更多是对成人权威的一种顺从。

在一般物品的分享上，中国儿童自 5 岁起已能表现出一定程度的"慷慨"，9 岁儿童同情和重视他人"需要"已占支配地位；在荣誉物品的分享上，5～7 岁组幼儿多数认为作出较多成绩的人应该分得荣誉物品，从 9 岁开始，多数认为应该让这方面需要更迫切的人分享荣誉物品。不同年龄儿童愿意采取的助人方式很不一样，年幼儿童比较单纯倾向于采用亲力亲为的方式，如捐物、捐款等；而年长儿童考虑的是怎样才能帮助受困孩子解决问题。有人对 149 个家庭的儿童在母亲怀孕、随后的幼年、4 岁和 11 岁时进行追踪研究。结果发现，儿童在 4 岁时的合作和在 11 岁时一般的亲社会趋势与外部的问题呈负相关，而与内在的问题没有关联。那些亲社会的孩子比一般的孩子表达了更多对家庭成员的担忧，儿童早期的合作行为可以防止他们以后出现外部的问题。

　　艾森伯格和费伯斯（Eisenberg，Fabes）的元分析显示，从童年到青少年，个体的亲社会行为呈增长趋势。青少年在分享或捐献中的亲社会行为水平高于7~12 岁的儿童，无论 13~15 岁的青少年还是 16~18 岁的青少年，他们的亲社会行为水平均倾向高于小学生（Fabes，Carlo，Kupanoff，Laible，1999）。少年比年幼儿童更多参与志愿者服务的亲社会行为。大约一半青少年参与某种类型的社区服务或志愿者活动。

（二）亲社会行为发展的理论

1. 亲社会推理的发展阶段

　　艾森伯格指出，科尔伯格的道德两难故事只是研究道德判断的一个方面——禁令取向的推理，而亲社会行为强调的是对他人利益和福祉的关心，与禁令取向的行为存在一定差别。因此，她设计了亲社会两难情境（例如，为了帮助一个受伤的孩子而无法出席一个社会活动），呈现给学前、学龄儿童道德两难情境故事，以引发他们对这一冲突的推理，从而提出了儿童亲社会推理的阶段模式。艾森伯格等人让儿童听一些故事，故事中的主人公必须作出决定：如果亲社会行为会使他付出一些代价，那么他是否还会去安抚或帮助别人。

　　艾森伯格等人的研究表明，对他人移情的能力可促使儿童达到较高的亲社会道德推理水平，成熟的亲社会推理者可能对他人的忧伤有特别强的移情反应，这种情绪反应会引发相应的亲社会行为。艾森伯格并没有把亲社会道德推理的这 5 个阶段看作是普遍的，也并没有认为它们之间的顺序是固定不变的。根据研究，即使幼儿也会出现对他人需求取向、移情取向的判断。总体而言随着儿童的年龄增长，自我中心取向减少，他人取向增加。但年长儿童也可能作出低水平的判断，在亲社会道德推理和实际行为之间还可能有其他因素介入影响。

2. 亲社会行为的发展阶段

　　巴塔尔等人提出真正意义上的利他行为至少要符合以下三个条件：（1）行为的目的是为了使他人受益；（2）行为必须是自愿的、自发的；（3）不期望任何外界的回报。

　　根据上述条件，引发利他行为的原因是道义、责任，而非对物质回报的期望。

　　巴塔尔等人在分析了亲社会行为与认知、社会观点及道德发展之间的密切关系后，提出了亲社会行为的三方面认知因素：第一，亲社会行为由不同的行为动机引发，这些行为动机的认知特点是按阶段发展的；第二，观点采择能力是亲社会行为发展的认知基础；第三，延迟满足的认知能力是随着年龄的增长而发展的。从第一方面的认知因素出发，他们进行了众多的实验研究，最终归纳出儿童亲社会助人行为的 6 个发展阶段，其着眼点在于从动机出发的儿童亲社会行为的发展。在这 6 个阶段的发展过程中，亲社会行为最终满足了利他行为的所有条件。

阶段一：顺从及具体的强化物。个体此时的帮助行为受痛苦或快乐的经验驱使，并没有责任、义务或尊重权威的意思。这时的儿童尚处于自我中心阶段，意识不到他人的感觉和想法与自己不同。儿童之所以愿意帮助妈妈收拾撒落在地上的玩具，是因为妈妈的要求，而且妈妈答应收好玩具后给他们吃糖果。

阶段二：顺从。这个阶段的个体提供帮助是为了顺从权威。这时的儿童意识到人们的感觉和想法可能与自己不同。此时的助人动机是为了获得肯定，避免惩罚，并不需要具体的强化物。儿童之所以帮助妈妈摆放碗筷，是应妈妈要求的结果。

阶段三：自发和具体回报。此阶段个体可以自愿、自发地表现帮助行为，但是这种自发性与接受具体回报相伴随。儿童明白他人的需要，其帮助行为却依然是自我中心的动机起作用。也就是说，在此阶段只有当个人有机会得到一个即时的回报时，帮助行为才能产生。儿童可能把自己的玩具让给别人玩，但他会要求对方以冰激凌作为回报。

阶段四：规范的行为。在这个阶段，个体的帮助行为是为了遵从社会规范。儿童明白与规范相一致的行为将会得到赞许，帮助他人的动机是为了获得赞许并使他人快乐，他们所期望的回报不是具体的奖赏。儿童会说我提供帮助，妈妈就会喜欢我。

阶段五：普遍的互惠互利。在此阶段，个体的帮助行为是由普遍的交换原则引发的。人们之所以帮助他人，是因为他们相信某一天自己需要帮助时也会得到别人的相助。这就是建立在抽象契约上的互惠互利的社会共识。帮助的回报不是具体的，没有给定。对此，特利弗使用"救助模型"进行解释：从长远利益看，个体若去助人则会比不助人得到更多的益处，有更大的生存机会。

阶段六：利他行为。在此阶段，个体的助人行为满足了利他的三个条件，即自发、自愿，对他人有益且不期望外界回报。尽管个体不期望任何利益回报，但他已能自我奖励，能从对他人的帮助中获得自我满足感，获得自尊。

需要指出的是，并非每个人的亲社会助人行为都能达到最高阶段，其发展阶段也没有很严格的年龄界线。有些人在很小的时候就有发自内心自愿帮助他人的经历，他们乐于助人、勇于助人、善于助人，因为能帮助他人会使自己处于自我满足感的心境，这一种境界正是我们的教育所追求的目标之一。

第三节　攻击行为的发展

一、攻击行为及其理论

（一）攻击行为的含义

有关攻击行为本质的认识至今仍存在分歧。有人将攻击行为界定为伤害他人的任何行为。该定义只强调行为的结果，却忽略了行为意图。有人认为攻击行为是指有意识地将伤害施加于他人的行为，特别强调了攻击的意图。帕克和斯拉比认为攻击是"以伤害或侮辱其他人或人群为目的的行为"，这一界定中的"伤害或侮辱"兼顾了行为的意图和结果。

现实生活中，无伤害意图的攻击行为可能导致伤害（如运动中的身体碰撞）；有明显伤害意图的攻击行为却可能不会导致伤害（如凶手慌乱中未命中目标）。因此，理清攻击行为的本质特点对相关研究工作的开展尤为重要。布雷在整合多种定义的基础上提出攻击行为必须符合 4 个条件：（1）潜在的伤害性；（2）行为的有意性；（3）身心的唤醒性；（4）受害者的厌恶性（Bain，1994）。该定义兼顾了行为的动机与结果，并考虑到攻击者和受害者在攻击当时的身心状态。

（二）攻击行为的理论

各学科领域的专家、学者站在不同的角度，对攻击产生的原因进行了不同的解读。有人认为攻击是人之本能，有人认为攻击属生存的需要，也有人强调争夺有限资源是攻击的直接原因。对攻击产生原因的探寻，形成了有关攻击行为的各种理论学说。

1. 攻击的本能论

攻击是人的本能，因为人类社会从来就没有停止过战争和各种宣泄本能的竞技体育运动。精神分析学家弗洛伊德认为人的心理与行为均由其本能的力量所决定。人既有生之本能，亦有死之本能，当这种死之本能指向他人时便会表现为攻击、侵犯和杀戮。持类似观点的还有著名的动物学家、诺贝尔生物学奖获得者洛伦兹（Lorenz）。他认为人和动物均有针对同种属成员的基本攻击本能。这种本能有助于确保只有最强壮和精力旺盛的个体才能将基因遗传给下一代，帮助雄性动物夺得心仪的配偶，帮助雌性动物保护它们的幼崽。

2. 挫折-攻击假设说

每个人在社会生活中均可能遭受挫折，尽管挫折的大小不一，但最终都干扰或阻碍目标的达成。人们对于自己所遭受挫折的反应是各不相同的。有些人或自我疏解或寻求帮助，也有些人可能通过攻击或破坏的方式来消解挫折带来的不良情绪。美国心理学家道拉（Dollard）认为挫折是产生攻击的重要原因，并由此提出了挫折-攻击假设说。他认为个体的受挫感引发了攻击驱力的觉醒，这种驱力指向引起挫折的原因，从而引起攻击或破坏的行为。巴克等人的经典实验将儿童分成两组，一组儿童在门外看到一间屋里放满了非常诱人的玩具，研究者却不允许他们入内玩耍，这些儿童需等待一段时间后才有机会进入房间玩；另一组儿童则从一开始就能玩这些玩具。结果发现，那些一开始受到挫折的儿童一旦拿到玩具就会使劲把玩具摔在地上或扔到墙上，他们的行为非常具有破坏性；而那些未曾受到挫折的儿童玩起来就安静得多，其破坏性行为也比较少。

　　事实上，与攻击联系的是愤怒，愤怒或生气的儿童通常会以比较激烈的方式宣泄自己。有些人受挫后产生的是痛苦悲伤的情绪，若当事人将悲伤压抑到内心，那么挫折导致的就可能是内在的心理问题。因此，贝科维兹（Beikowitz）修正了挫折-攻击假设说，认为由挫折产生的消极情绪能引起最初的攻击倾向性，但是否产生外在的攻击行为最终取决于对攻击线索的认知。采用直接的行为攻击和言语攻击，还是采取间接的攻击方式，则视攻击者习得的攻击习惯而定，也取决于挫折来源的一些具体情况。

　　3. 社会信息加工理论

　　这一理论认为攻击行为的产生是社会信息加工的结果，对于同一种社会信息，每个人的理解方式可能不同，对信息的结果判断可能也不一致，这就会导致最终的行为差别。美国心理学家道奇（Dodge）的社会信息加工模型是指个体在面临特定社会情境时所进行的特定社会信息加工过程，这一过程由编码、解释、反应搜索、反应评估和抉择以及反应执行等五个步骤组成。根据道奇的观点，一个被激怒的个体要经过五个阶段的信息加工：

　　（1）线索编码：寻找线索、感知信息、对情境中的线索进行编码。

　　（2）线索解释：解释情境，赋予信息意义，推测他人的行为动机。

　　（3）反应搜索：思考可能的反应，形成可能的反应。

　　（4）反应评估与抉择：衡量可选择的反应的利弊，选择最佳的反应。

　　（5）反应执行：搜寻行为技能，作出行为反应。

　　举例说明：某学生面带笑容地朝其同班同学跑去，却狠狠地被同学打了一拳，此时这名受害者就需要在很短的时间内进行一系列的社会信息加工，然后再决定应该怎样做。如果该学生具有高攻击性，他就可能根据以往的经验认为这是一种挑衅行为，并把这种行为解释为是对自己之前行为的报复之举。随后，他要考虑几种可能的对策："打回去？找同学帮忙？报告老师？"通过对反应效果的评估，最终决定选择给予还击，还以对方重重的两拳头。如果该学生的攻击性水平较低，可能会根据对方的笑容，判断对方是在跟自己开玩笑，那么最终的结果可能是笑嘻嘻地拍对方一下；也可能该学生识别出对方的笑很无奈，判断同学的这一拳是发泄心中的郁闷，那么下一步的举动就该是陪伴他，帮助他分析郁闷的来源。

总之，在这一社会信息加工过程中，个体的原有经验组成的潜在知识系统将会影响上述的每一个信息加工阶段，使个体在选择线索、解释线索、考虑对策、预期行为结果以及作出行为反应等方面都倾向于选择与原有知识系统一致的信息，而每一次的社会信息加工过程又会反过来丰富其原有的知识系统。

4. 社会学习理论

班杜拉提出的社会学习理论，也可用于阐明个体在社会环境中的攻击行为习得。班杜拉将人的学习行为分为由行为后果引起的直接学习和通过示范过程引起的观察学习两种形式，并特别强调观察学习对个体行为形成的重要性。他认为，在社会情境中，人的大多数行为都是通过对示范过程的观察后模仿学会的，人们从观察别人中形成了有关新行为如何操作的观念，无须作出直接的反应，也不必直接获得强化，只需通过观察他人接受一定的强化来进行学习。这种建立在替代性经验基础上的学习模式是人类学习的重要形式。通过观看电视、电影等媒体上的攻击行为，儿童轻易就能习得攻击行为；但是否表现出攻击行为则与儿童的个性特点、所受到的教育以及所处的环境有关。

二、攻击行为的发展及影响因素

（一）儿童早期的愤怒与攻击表达

许多研究证明，婴儿先天具有某些情绪机制，初生的婴儿就会对痛、异味、声光刺激产生痛苦、厌恶和微笑反应。2 个月左右的婴儿在接受打针刺激时，就会产生愤怒的情绪。斯滕伯格等人采用限制前臂的方法来引发 1 个月、4 个月和 7 个月的婴儿反应。结果显示，1 个月的婴儿也表现出消极面部表情，而且所有这个年龄的孩子表现模式都一样。但在 4 个月和 7 个月组中有部分婴儿表现了不同的模式。说明 1 个月的婴儿已经具备表达消极情绪的能力，4 个月后，婴儿出现了不同的愤怒反应。

那么婴儿的愤怒表达何时以攻击的方式出现呢？有研究显示，通过训练母亲在自然状况下观察她们的婴儿，发现婴儿出现愤怒的比例为 7%。儿童的同伴社会冲突开始于出生后的第二年，但大多数冲突并非攻击行为。这个年龄段的儿童在与同伴抢夺玩具时往往只注意玩具本身，极少关注参与争夺的另一方，他们争夺的目标是想拥有玩具，而不是伤害或威胁同伴。约有 87% 的 21 个月的儿童在 15min 实验室同伴情境中至少出现 1 次冲突，但冲突的时间很短，平均时间为 23s。其中，72% 的冲突行为是围绕争夺玩具展开的，多数时候冲突的终止并非由于成人干预，而是儿童自行调节的结果。

（二）攻击行为的年龄发展趋势

古德伊纳夫通过父母日志发现 2 岁前儿童的踩、撞行为上升，随后这类行为迅速减少，取而代之的是言语攻击；3 岁左右儿童较容易出现发脾气、同伴打架等问题；4~5 岁时的儿童间出现较多的问题是与物品占有相关的同伴冲突；到 4 岁半时，由具有社会意义的事件如游戏规则、行为方式、社会比较等引起的攻击，与由物品和空间等问题引起的相应行为首次达到平衡。总体而言，3~4 岁儿童最普遍的攻击行为是身体攻击、言语攻击和间接攻击，且发生率都较低。儿童的攻击性在 3~4 岁之间无显著变化，但敌意性攻击呈现随年龄增长而增加的趋势。

进入小学阶段的儿童攻击行为频率降低，而攻击的功能和形式却在发生变化。学前期幼儿的攻击主要由物品和空间争夺引起，学龄期则开始转向对人攻击和含有敌意的攻击；敌意的攻击行为与控制冲动的能力有关，也与自我和自尊受到威胁和诋毁有关。促成这一变化的原因在于，随着儿童观点采择能力的提高，他们一旦领悟了他人对自己挑衅行为背后的险恶动机时，就会开始进行以牙还牙的报复性攻击。有研究发现，儿童对他人意图理解的准确性是随着年龄的增长而增加的，只有 42% 的幼儿能理解他人的真实意图，到了小学二年级这一比例增加到 57%，四年级时高达 72%。

在小学儿童各种类型攻击行为中，言语攻击的比率最高，其次是直接身体攻击，间接攻击（关系攻击）的发生率最低。这个年龄段也有不少儿童已经能够作出熟练的关系攻击。关系攻击能够预测儿童一年以后的社会心理调适问题，关系攻击和身体攻击相结合能预测从小学三年级到四年级儿童社会心理适应问题，关系攻击与被同伴拒绝、外化行为问题、内在心理问题等均有显著的相关。总的来看，关系攻击在小学阶段的发生率虽然不如身体攻击高，但一旦发生对儿童的影响非常大。关系攻击可能是童年中期社会心理调适的一个重要指标。

青少年时期是各种规范和信念重新变换思考的时期。敌意性攻击在青春期迅速上升，在 13~15 岁时处于高峰时期，之后又有所下降，这与青春叛逆期之后的回归传统和主流社会有关。言语攻击在青少年时期越来越凸显，青少年花更多时间谈论别人；言语攻击的内容不仅仅是有关沟通过程中立场的确定，还有自我概念，其实质是通过言语羞辱他人以建立自我统治地位。某些越轨青少年甚至因为他们的"勇敢"行为受到同伴的钦佩，在同伴中获得积极的地位。在中学阶段，身体攻击与同伴不喜欢之间存在的正相关不显著。攻击行为在青少年时期可能成为力量和主宰的象征，有攻击倾向的青少年在一定程度上确实会博得某些同伴的拥戴。

三、影响攻击行为的因素

(一) 生物学因素

首先，个体的攻击行为倾向可能与性激素水平有关。随着青春期的到来，男性的攻击行为要远远高于女性，这种差异或许可以用男女之间存在的雄性激素和雌性激素的差异来加以解释。有关动物的研究也发现，雄性动物在受到威胁或被激惹时，比雌性动物更容易发生攻击性行为。性激素对身体攻击行为和冲动行为有显著影响，而冲突中的优势或胜利通常又可以提高性激素水平。也有研究提出，有越轨同伴的男孩，其性激素水平与非攻击性的品行问题相关；而无越轨同伴的男孩，其性激素水平与社交优势而非品行问题相关。

其次，遗传基因以及基因与环境的交互作用可能是导致攻击行为的重要因素。莫费特（Moffitt）认为持续终身的反社会行为可能比局限于青春期的反社会行为更具遗传性。他还指出，许多研究表明，以儿童行为量表（CBCL）及攻击分量表测得的遗传力系数（约 60%）要高于过失犯罪分量表（30%~40%），这是由于攻击量表测量了反社会人格和身体暴力，其得分在发展过程中相对比较稳定。卡斯皮等人提供了特定基因与环境交互作用预测反社会行为的证据。在儿童期遭受虐待且 MAOA 基因（单胺氧化酶 A 基因，又称暴力基因）活性较低的男性，具有更多的反社会行为，并可能发展为行为障碍；而具有 MAOA 活性较高基因表现型的受虐儿童则极少表现出反社会问题。

尽管生物学领域的这些研究可能因年龄、性别、身体状况的不同而得出不同的结果，但这些基础研究促使学者在临床试验中找到了许多有效的手段来控制攻击行为或反社会行为。

(二) 个性因素

许多研究发现，个体的气质和性格等个性特点与反社会和攻击行为有关。气质反映了个体先天的心理动力特点，包括个体的活动量、规律性、反应强度、坚持度、敏感性等。不同的气质特点决定了个体适应环境的难易程度以及与环境的匹配程度。气质与其他因素相结合可以有效地预测儿童认知、情绪控制和调节以及社会行为等方面的问题。活动量大、反应强度高、比较敏感的儿童在受到激惹的情况下，比较容易产生攻击行为。巴特斯曾对婴儿进行追踪研究，结果显示，儿童早期的气质特征在一定程度上预测了儿童可能发生的攻击性行为，这种气质与攻击性之间的相关性一直延伸到了青少年期。难以管理的学前儿童在 9 岁时产生外化问题的可能性比较大。

反社会行为与精神质和神经质的个性特征呈显著正相关。具有反社会行为的青少年多数情绪较不稳定，有较差的自我概念和较低的自尊。未成年人罪犯的内控程度要低于常人的内控程度，一旦受挫容易怪罪他人，从而采取相应的攻击行为。攻击性犯罪行为的原因之一是他们的归因存在偏差。有研究者根据大五人格测验分数，将个体分成弹性者、过分控制者和控制不足者三类。其中，弹性者在外向性、开放性、宜人性和责任感四个维度上的分数处于平均水平，而在神经质这一维度上分数很低；过分控制者神经质分数高，外向性水平低；控制不足者的宜人性和责任感分数均在平均水平之下。有研究者沿用了这种分类方式，通过儿童自评和父母评价的方式，对小学 3～6 年级和初中 1～2 年级的学生进行测评，并在 3 年后进行追踪测量。结果显示，过分控制的儿童有内在的行为问题，神经质水平高；控制不足的儿童有外化的诸如攻击、反社会等行为问题；而弹性儿童行为问题分数总是很低，在社会所需要的特质维度上分数总是较高。

（三）性别差异

男孩和女孩在很小的时候就已经显示出各自在攻击性上的差异，具体表现为男孩普遍比女孩表现出更多的攻击性。男孩比女孩更常使用身体攻击，女孩比男孩更常使用言语攻击和关系攻击；男孩的攻击大多指向男性同伴，展示较多的是身体攻击，而女孩倾向于对其他女孩实施关系攻击。男孩、女孩对关系攻击和外显攻击行为（言语攻击、身体攻击）所造成的伤害看法不同。女孩认为关系攻击行为比外显攻击行为会带来更多的伤害，男孩则认为外显攻击行为伤害更大。

儿童的性别可能是攻击行为与社会地位关系的中介因素。攻击性的女孩更不容易为同伴所接受，这可能与性别刻板印象有关系，即攻击不适合女性，所以同伴会因女性的攻击行为而拒绝她们，直接的言语和身体攻击与女孩的社会拒绝关系最为明显；而男孩的社会拒绝与言语攻击有关，与身体攻击的关系却不大。在受欢迎男孩中既有亲社会受欢迎型，也有攻击受欢迎型。因亲社会而受欢迎的男孩通常是活泼、热心的，具有领导能力且善于合作；因攻击而受欢迎的男孩通常是活泼、强壮的，具有运动能力和攻击性。

（四）社会文化因素

个体的攻击性倾向与性激素、气质特点、个性特征、性别等个人自身因素有关，同时也与其所处文化的家庭环境、传播媒介等密不可分。

1. 家庭环境

家庭对于儿童的功能主要体现在给予儿童爱的满足，保护儿童免受伤害，教育儿童，促进儿童成长；而现实的家庭环境提供给孩子的并不总是快乐和积极的行为模式。不良的教养方式、不利的家庭条件、家庭暴力和虐待行为，均可能使处于其中的孩子受到伤害，并有可能因为反抗、报复和模仿而形成各种反社会攻击行为。

父母的教养方式与孩子的攻击性密切相关。研究显示，儿童的攻击行为与自身的攻击观念、受欺负状况、玩玩具状况及父母的攻击观念相关。父母的攻击观念和男孩自身玩玩具的状况影响了他们的攻击观念，这种攻击观念又和受欺负的状况一起导致了攻击行为。初中生攻击行为的主要危险因素是父母对孩子的期望过高、与邻居关系不融洽、家庭矛盾冲突多。在视频游戏中使用较多暴力元素的青少年得到来自父母的温暖较少，在日常生活中出现较多问题行为；父母教养方式中的温暖、拒绝和惩罚因子可用于预测孩子的问题行为。显然，从父母那里难以得到温暖、常常遭到冷落与拒绝的儿童，更有可能朝着充满敌意和攻击性的方向发展。

家庭冲突与家庭暴力也是导致儿童攻击行为的重要因素。在家庭中居于弱势地位的儿童最有可能成为家庭暴力的受害者，家庭暴力与儿童的反社会行为存在明显的关联。家庭成员之间经常公开表露愤怒、攻击和矛盾会对儿童产生不良影响，容易导致儿童的攻击性行为和抑郁症状，其他与儿童的攻击性行为相关联的家庭因素还包括贫穷、压力生活事件，如父母离异等。

2. 传播媒体

来自电影、电视、录像、网络游戏等媒体的暴力视频至少在短期内对儿童的情绪唤起、思想以及行为具有显著的影响，会增加年幼儿童的攻击性行为。对学前儿童两年的追踪研究显示，当儿童暴露于媒体之中，可以预测其不同类型的攻击和亲社会行为。父母对儿童的监控与教师报告的儿童身体攻击呈负相关。特别对女孩来说，父母监控与教师报告的各种攻击行为及后来观察到的言语攻击行为呈负相关。这说明父母在家中的监控对年幼儿童在学校与同伴一起的社会行为既有即时效果也有后续作用。

年幼儿童接触电视的机会相对较多，如果不对电视节目在暴力程度上加以甄别，孩子就可能因为观看暴力电视节目而增加攻击行为。其中的原因很多，包括学会了新的攻击方法，记住了攻击的策略，潜移默化中逐渐形成错误的攻击信念，过多沉浸于暴力电视节目从而导致攻击性脱敏等。暴力电视节目在短时间内能导致攻击性的唤起，提高攻击性认知、攻击性情绪，还会导致恐惧等反应。与非暴力故事片观影者相比，连续数日均观看暴力故事片，观影者随后的行为可能更具敌意。此外，电视暴力对男性的影响大于女性。在观看了暴力电视后，男性比女性显示出更高的攻击性。

随着电子计算机的普及，视频游戏逐渐成为儿童和青少年的新宠，暴力在游戏中所占的比例日益增多。与电视节目相比，儿童喜欢游戏胜过电视，因为他们可以对游戏有更多的控制。暴力游戏提供了重复攻击的经验，这种经验又因为更多的杀戮而得到强化。自20世纪80年代以来，国外不少心理学家开始了有关视频暴力游戏的实验研究，不少研究都发现暴力游戏与自我报告的攻击行为关系密切。诸如，大学生暴力游戏与实验室条件下的攻击性行为相互关联。短时间暴露于暴力视频游戏中也能导致女性的攻击行为增加。有研究者征募 13 名年龄在 18~26 岁，每天玩视频游戏平均 2 小时以上的男性，要求他们在玩暴力视频游戏的同时，使用磁共振成像技术（MRI）对其大脑进行扫描。结果显示，这些被试在熟练操作暴力游戏时的大脑活动就好像在实施真正的暴力时一样。对截至 2000 年的暴力视频游戏和攻击性关系的研究进行元分析显示，玩暴力视频游戏增加了儿童青少年的攻击行为，降低了个体的亲社会行为，暴露于暴力视频游戏也增加了个体的生理唤起以及与攻击有关的思想和情感。媒体暴力与攻击性行为的相关系数从 1975 年的 0.13 上升到 2000 年的 0.20，呈上升趋势。

　　总之，在影响儿童攻击性行为的因素中，媒体的作用不可忽视，其中又以视频暴力游戏对青少年的影响最大。因此，面对儿童青少年可能形成攻击性行为的潜在威胁，如何应对和预防显得尤为重要。

第十五章　环境与心理发展

第一节　家庭环境与心理发展

一、家庭结构与心理发展

（一）家庭结构类型

家庭结构是指家庭中成员的构成及其相互作用、相互影响的状态，以及由于家庭成员不同配合和组织关系而形成的联系模式。家庭结构是在婚姻关系和血缘关系的基础上形成的共同生活关系的统一体，既包括代际结构，也包括人口结构。

根据不同的标准，家庭结构可划分成多种类型。最近，中国社会科学院人口与劳动经济研究所研究员王跃生根据 2000 年第五次全国人口普查数据对我国当代的家庭结构进行了较细致的划分与统计，具体可分为如下六类。

1. 核心家庭

核心家庭指夫妇及其子女组成的家庭。核心家庭可进一步分为：（1）夫妇核心家庭，指只有夫妻二人组成的家庭。（2）一般核心家庭，或称标准核心家庭，指一对夫妇和其子女组成的家庭。因为它是核心家庭的完整形式，亦为最普遍的核心家庭。（3）缺损核心家庭，或称单亲家庭，指夫妇一方和子女组成的家庭。（4）扩大核心家庭，指夫妇及其子女之外加上未婚兄弟姐妹组成的家庭。

2. 直系家庭

直系家庭可细分为：（1）二代直系家庭，指夫妇同一个已婚儿子及儿媳组成的家庭。（2）三代直系家庭，指夫妇同一个已婚子女及孙子女组成的家庭。（3）四代直系家庭，可有多种表达。从普查数据上看一对夫妇与父母、儿子儿媳及孙子女组成的家庭是四代直系家庭；一对夫妇与父母、祖父母、曾祖父母组成的家庭也是四代直系家庭。（4）隔代直系家庭。从形式上看，三代以上直系家庭缺中间一代可称为隔代直系家庭。如，夫妇或夫妇一方同孙子女组成的家庭或同祖父母或祖父母一方组成的家庭。

3. 复合家庭

复合家庭是指父母和两个及以上已婚儿子及其孙子女组成的家庭，具体又可分为两类：（1）三代复合家庭，主要是父母、儿子儿媳和孙子女组成的家庭；（2）二代复合家庭，是指父母和儿子儿媳或两个以上已婚兄弟和其子侄组成的家庭。

4. 单人家庭

单人家庭只有户主一人独立生活所形成的家庭。

5. 残缺家庭

残缺家庭可分为两类：（1）没有父母只有两个以上兄弟姐妹组成的家庭；（2）兄弟姐妹之外再加上其他有血缘、无血缘关系成员组成的家庭。

6. 其他

其他指户主与其他关系不明确成员组成的家庭。这其中有的彼此之间关系可能很密切，如叔侄关系等。

心理学界按家庭成员结构更多地将家庭分为"单亲家庭"（由父亲或母亲一方和孩子组成的家庭）、"核心家庭"（由父母和孩子两代人组成的家庭）和"杂居家庭"（或称"主干家庭""扩展家庭"等，由孩子，孩子的祖父母、外祖父母或者还包括曾祖父母组成的家庭）。

需要指出的是，不同的家庭类型具有不同的典型特征，而且同一家庭在不同发展阶段上也可能表现出不同类型的典型特征。如头生子的降生、夫妻一方工作变动、家庭搬迁、父母离异以及家庭成员进入青春期等事件，都可能使家庭从一种类型转化为另一种类型。

（二）家庭结构在个体心理发展中的作用

不同的家庭结构类型对个体心理发展的影响是不同的，例如，何思忠和刘苓调查了芜湖地区 6573 例 3～16 岁儿童的家庭和个性特征。结果发现，主干家庭（孩子+父母亲+祖辈）和核心家庭（子+父母亲）的精神环境、父母及儿童的个性特征均优于单亲家庭，主干家庭的精神环境优于核心家庭。与生活在完整家庭中的儿童相比，生活在缺损家庭中的儿童发展可能面临更高的心理发展障碍风险。家庭结构的变化也常使儿童需要作出很多心理调整才能逐渐适应。例如，由于弟弟妹妹的出生往往对儿童的心理发展造成一定影响，所以出生顺序和独生子女身份与心理发展的关系得到较多关注。近年来，随着大量农民外出打工，他们的家庭结构也相应发生变化，从而引发了大量有关留守儿童的研究。

1. 离异家庭/单亲家庭

单亲家庭概念的提出，源于欧美国家对当代婚姻现实状况的考察：欧美国家20 世纪六七十年代的离婚高峰导致了大量单亲家庭的出现。我国从改革开放至今，由于快速增长的离婚率，离婚式单亲家庭比重逐渐上升。据国家统计局和民政部的统计，1985 年我国离婚对数为 45.8 万对，1995 年为 105.6 万对，2000 年为 121.3 万对，2006 年为 191.3 万对，2010 年为 196.1 万对，2011 年第三季度数据显示我国离婚对数已达 146.6 万对。应该说解除已经没有爱情的婚姻关系是对婚姻双方的一种解放，但这种婚变对孩子来说，却往往成为一种严重的、恶性心理刺激。美国耶鲁大学儿童研究中心主任索尔尼特（Albert Solnit）认为，离婚是威胁儿童的最严重的、最复杂的精神健康危机之一。相当多的心理学家认为对孩子来说，除了亲人去世，父母离婚是最痛苦、最伤害身心的。美国的一些婚姻心理学家对父母离婚给子女造成的心理影响作了较为长久的研究，他们发现，在被调查的离婚家庭子女中，有 37% 的儿童在父母离婚 5 年后，心理创伤仍未消除，并表现出情绪消沉、低落、性格古怪孤僻等特点，他们最强烈的愿望往往是希望父母复婚。因为父母离异后，孩子生活在缺损家庭或者是再婚家庭中，通常不能得到正常的父爱和母爱，即使父亲或者母亲非常疼爱他们，这种爱仍然是不完整的，是一种残缺的爱，很容易造成孩子的心理发展偏离正常轨道。

（1）离异家庭儿童表现出更多的心理健康和社会适应问题。他们的内化问题和外部行为问题显著多于完整家庭儿童。瑞福曼等人发表了一项关于 35 个研究的元分析，比较了离异家庭儿童与完整家庭儿童的幸福感，发现离异家庭儿童在学习成绩行为、心理调节、自我概念和社会适应、亲子关系等方面的得分都显著低于完整家庭儿童，并且这种差距与 20 世纪 80 年代相比稍有加剧。有研究对家庭结构与儿童成功之间的关系进行了考察，主要涉及教育水平、职业地位、心理幸福感三个指标，经过 23 年的追踪研究发现，离异家庭儿童完成高中课程、读大学的概率显著低于完整家庭儿童，他们的职业地位很低而且心理健康水平比较低，或者说很少有心理幸福感，从而揭示了父母离异对儿童的消极影响。

国内研究者盖笑松、赵晓杰和张向葵采用计票式文献分析技术对国内 1994～2005 年间关于离异家庭子女心理特点的 35 篇研究文献进行了系统回顾，发现所有研究都报告了父母离异对子女心理发展存在消极影响，他们存在更多躯体化、强迫、焦虑、敌对、孤独、冲动等心理健康问题；行为问题发生率高于完整家庭子女，主要表现为孤僻、退缩、抑郁、社交不良等行为问题；在人格方面更具神经质特征，表现出更强的掩饰性，人格倾向性容易出现过分内向或过分外向的两极化趋势；在自我意识方面更消极；在学业方面表现较差；知觉到更强的压力而且采用更消极的应对方式，有着更高的犯罪率和自杀意念。

生活中一些触目惊心的案例也说明离异家庭中儿童心理发展的高风险性。最新统计显示，离异家庭子女犯罪率是完整家庭子女的 4.2 倍。中央社会管理综合治理委员会对全国 18 个少管所和监狱的调查发现，有 26.6% 的青少年罪犯来自破碎家庭。此外，由于父母的分离，使儿童对父母的信任产生了怀疑，甚至到成年之后仍然表现出对父母的不信任。如研究发现（Valarie，2002）即使充分考虑了亲子关系的质量之后，儿童成年后对其父亲仍有强烈的不信任感。父母离异不仅影响了儿童与父母的关系亲密性，而且对儿童成年后建立自己的亲密关系也会产生不良影响。

（2）单亲家庭还会影响儿童的性别角色发展。研究显示，单亲家庭中的母亲往往表现出更多的雌雄同体性（既当母亲，又当父亲），比双亲家庭中的母亲显示出较少的传统性别角色行为，拥有更少的传统观点。而父亲在子女的性别角色行为发展上与母亲扮演着不同的角色。这些不同的强化模式和角色示范可能导致单亲家庭的儿童，尤其是缺失父亲的儿童，拥有更少的性别角色行为。

比勒（Biller）将性别角色分为三部分：性别角色定位，即对自身性别的认知和评价；性别角色偏爱，即个体对社会价值认可的典型性别行为的偏爱；性别角色采择，即怎样使自己的行为类似于同性别的其他人。通过对比父亲缺失家庭和完整家庭发现，完整家庭的男孩比父亲缺失的男孩在性别角色定位上表现出较多男子气。如果父亲缺失发生在儿童4岁以前，将对儿童性别定位的发展产生更严重的延缓作用，但在性别角色偏爱和性别角色采择上要取决于父亲离开的时间长度和时机。因为在学前阶段，当一个男孩缺少父亲，他与男性交流和模仿男性行为的能力通常会严重受限。

（3）父母离异还会影响儿童的认知发展，随着年龄的增长，这种累积的影响越来越大。例如，傅安球和史莉芳采用美国肯特州立大学哥德堡所设计的《儿童认知发展评价量表》，对全国27个省、直辖市、自治区的1733名小学一年级、三年级、五年级年级的儿童进行了测试，其中离异家庭儿童929名，完整家庭儿童804名（完成各测验的有效被试不同）。结果发现：（1）离异家庭儿童和完整家庭儿童认知的总体水平有差异，具体表现在无论是非文字测验还是文字测验的认知成绩，离异家庭儿童都明显地落后于完整家庭儿童。（2）7~13岁的离异家庭儿童比同龄的完整家庭儿童认知水平低，各年龄组的差异都很显著。而在推理成绩上，8岁、11岁、13岁两组家庭儿童的差异十分显著。

2. 出生顺序与独生子女身份

（1）有关儿童出生顺序的心理研究。由出生顺序造成的差异通常被认为是由于父母与不同孩子的亲子互动不同造成的，这种差异与儿童在家庭中所处地位带来的独特生活经验密切相关。头胎儿童担当的角色尤其特别。头胎儿童在弟妹出生前能独享父母的爱和注意。弟弟妹妹的出生常常减少父母亲与头胎孩子之间的相互作用。尽管新出生的孩子比头胎孩子要求父母更多的注意和关照，但父母与头胎孩子之间特有的紧密和关注会持续影响孩子一生。

父母对头胎孩子比对更小的孩子抱有更高的期望，对其成就和责任心有更多的考虑，更多地干涉他们的活动。在任何年龄，父母对头胎孩子的体罚都比以后出生的孩子多。相反，父母对于较小的孩子纪律要求更为放松，这可能是由于他们在育儿实践中取得了自信。

此外，一般情况下父母都期望最大的孩子对年幼的弟妹担负一定的责任和自我控制。因此，年长儿童一方面对年幼的弟妹既表现出了更多的敌对行为，如打、踢、推等；另一方面也表现出了更多的关心和亲社会行为，比弟妹表现出较少的攻击性、更多成人定向、更多援助性、自我控制、顺从和焦虑。父母的更高要求也导致头胎儿童更为勤奋、认真、严肃，他们在学业和职业成就上表现出优势。例如，有研究者在 20 世纪 80 年代采用国家优点学术质量测验（NMSQT）对 80 万人进行施测，结果发现了以下 5 个明显的特点：1）NMSQT 的分数一般随家庭中子女数的增加呈下降趋势；2）在一个家庭中，位于连续出生的顺序较晚的子女所得分数较低；3）在每一个家庭中，子女的得分随出生顺序而下降；4）独生子女的测验得分低于多子女的家庭中的第一个子女；5）双生子的得分比较低。可见，多子女家庭的头胎儿童学业成就和智力发展高于其他儿童。

（2）有关独生子女心理发展水平的研究。关于独生子女的心理发展特点和教育的研究也引起了学界广泛的关注。但是，长期以来国内外关于独生子女的研究结果存在很多不一致。一种观点认为独生子女就是有问题的儿童，尤其在个性和社会性发展方面更容易产生任性、依赖性强、自我中心、情绪不稳定等问题，比如著名心理学家霍尔就说："独生子女本身就是弊病"。另一种观点认为独生子女与非独生子女没有什么差异，甚至独生子女还比非独生子女优秀。目前第二种观点得到的研究支持较多。

3. 农村留守儿童家庭

农村留守儿童指由于父母双方或一方外出打工而被留在农村的家乡，并且需要其他亲人或委托人照顾的处于义务教育阶段的儿童（6～16 岁）。他们一般与自己的父亲或母亲中的一人，或者与祖辈亲人，甚至父母亲的其他亲戚、朋友一起生活。根据 2005 年我国 1% 人口抽样调查的抽样数据推断，2005 年我国农村留守儿童约有 5800 万人，其中 14 周岁以下的农村留守儿童 4000 多万人。与 2000 年相比，2005 年的农村留守儿童规模增长十分迅速。在全部农村儿童中，留守儿童的比例达 28.29%，平均每 4 个农村儿童中就有 1 个留守儿童。留守儿童作为一个处于不利家庭环境的特殊群体，其心理发展引起了研究者的高度关注。

长期的单亲监护或隔代监护，甚至是他人监护、无人监护，使留守儿童无法像其他孩子那样得到父母的关爱，父母也不能随时了解、把握孩子的心理、思想变化。这种亲情的缺失可能使孩子变得孤僻、抑郁，甚至有一种被遗弃的感觉，从而影响孩子心理的健康发展。

例如，吴霓负责的"中国农村留守儿童问题研究"课题组通过调查分析农村留守儿童的生活和学习情况，发现农村留守儿童存在由于监护人对留守儿童学习介入过少导致的学习问题，由于缺乏亲情导致的生活问题，由于缺乏完整的家庭教育导致的心理问题。段成荣和周福林的研究发现在进入初中阶段后，留守儿童在校率急剧下降，留守儿童在完成初中教育方面存在比较明显的问题。在心理成长上，留守儿童往往容易形成极度的自卑心理或极度的自我中心主义。在道德与情感发展上，留守儿童容易出现行为偏差、道德意志薄弱、价值观念扭曲、传统美德缺失等问题。崔丽娟探讨了留守儿童在自尊、心理控制和社会适应等方面独特的心理发展特征及可能的影响因素。被试来自湖南、安徽、上海、山东、河南、山西和浙江七地的 10 所中小学。结果发现，留守儿童和非留守儿童相比，在自尊、心理控制以及社会适应性上都处于明显的劣势。范兴华和方晓义的研究也揭示了留守现象对儿童行为适应存在不利影响，而祖辈监护儿童、上代监护儿童在这一问题上表现尤其明显。

　　不过，也有一些研究发现，留守儿童与非留守儿童相比在心理发展上并没有出现显著问题。赵景欣等人在河南农村选取了 22 名双亲外出、单亲外出的留守儿童和非留守儿童作为被试，对儿童的社会能力和问题行为进行了研究。结果表明，留守儿童群体在抑郁水平上并没有显著高于非留守儿童。不仅如此，经检验，在自尊、交往的主动性和反社会行为上，三类儿童的得分也不存在显著差异。而胡心怡等人用量表法对 245 名湖南农村儿童（其中留守儿童 14 名）的生活事件和心理健康状况进行测量。结果发现，留守儿童与非留守儿童虽然在生活事件总分上存在显著性差异，但在焦虑、抑郁、偏执、适应不良、情绪失衡、心理失衡及自尊等心理健康指标上均无显著差异。这似乎说明，虽然留守儿童在生活压力事件水平上显著高于非留守儿童，但留守儿童的心理健康状况与非留守儿童却并无明显不同，但留守时间在 5 年以上的儿童的心理失衡得分显著高于留守时间为 1~2 年、3~4 年的儿童，而后两者之间无显著性差异。

　　这些研究结果的差异或许说明环境和人的发展并非是简单的一一对应的关系，二者之间的关系是非常复杂的。事实上，不仅关于留守儿童的研究如此，关于单亲家庭、贫困家庭等家庭环境对儿童心理发展影响的研究也都出现过相互矛盾的结论。这进一步说明个体与环境是交互作用的，个体并非被动接受环境的影响，而是主动选择、适应和创造环境。个体的心理弹性是调节不利环境影响的一个重要的个人变量。所谓心理弹性，是指在显著不利的背景中积极适应的动态过程。它有两个条件：一是当事者经历过或正在经历严重的压力事件或逆境；二是尽管如此，当事者发展状况结果良好。关于心理弹性研究的一个重要观点是：不利环境并不必然导致儿童的不良发展，儿童仍有可能正常发展，甚至有可能超出正常儿童的发展水平。良好的心理弹性是个体心理发展的一种保护因素。

二、家庭功能与心理发展

　　家庭功能是对家庭系统运行状况、家庭成员关系以及家庭的环境适应能力等方面的综合评定，它是影响家庭成员心理发展的深层变量。自从 20 世纪 70 年代家庭功能这一概念提出之后，越来越多的研究者逐渐抛弃过去单独探讨某个或者某些家庭因素（如父母教养方式、父母经济地位等）的研究范式，转向将家庭看作一个系统来研究。

（一）家庭功能的理论

目前关于家庭功能的理论主要存在两种取向：一种是结果取向理论，以奥尔森的环状模式理论和比沃斯的系统模型为代表；另一种是过程取向理论，以爱泼斯坦（Epstein）等人提出的麦克马斯特家庭功能模式和斯金纳（Skinner）等人的家庭功能过程模型为代表。

1. 结果取向的家庭功能理论

结果取向的家庭功能理论认为，可以根据家庭功能发挥的结果来评估家庭功能发挥的状况，并依此将家庭划分为不同的类型，有些类型是健康的，有些类型则是不健康的或是需要治疗和干预的。例如，奥尔森的环状模式理论假设：家庭实现其基本功能的结果与其亲密度和适应性之间是一种曲线关系，亲密度和适应性过高或过低均不利于家庭功能的发挥。家庭的亲密度是指家庭成员相互间的情感关系。家庭适应性是指家庭系统为了应付外在环境压力或家庭的发展需要而改变其权势结构、角色分配或联系方式的能力。当家庭亲密度和适应性两方面表现都处于极端水平，即最高或最低水平时，这样的家庭属于极端型家庭；当两方面表现都处于中间水平时，这样的家庭属于平衡型家庭；除此之外的家庭组合属于中间型家庭。平衡型家庭比不平衡型家庭的功能发挥要好，其中，家庭沟通是一个促进性因素，平衡型家庭比不平衡型家庭有更好的沟通。

比沃斯和海姆珀顿（Beavers，Hampton）1977 年提出的系统模型（systems model）认为，家庭系统的应变能力与家庭功能的发挥之间是一种线性关系，即家庭系统的能力越强，家庭功能的发挥越好。它认为应从两个维度考察家庭功能：一是家庭内在关系结构、信息沟通、反应灵活性等方面的特征，与家庭功能发挥的效果之间呈线性关系，即家庭越灵活、适应性越强，则家庭有效处理压力的能力也越强；二是家庭成员的互动风格，与家庭功能发挥的效果之间呈非线性关系，处于两个极端的向心型交往和离心型交往均不利于家庭功能的发挥，家庭成员常会出现适应障碍。

根据系统模型的第一个维度，可以将家庭分为五种类型：严重障碍型、边缘型、中间型、适当型和最佳型。其中，适当型和最佳型家庭为健康家庭。

2. 过程取向的家庭功能理论

过程取向的家庭功能理论认为，对家庭进行类型上的划分在临床实践中并没有用处，对个体身心健康状况和情绪问题产生直接影响的不是家庭系统结果方面的特征，而是家庭系统实现各项功能的过程。家庭实现其功能的过程越顺畅，家庭成员的身心健康状况就越好；反之，则容易导致家庭成员出现各种心理问题以及家庭出现危机。

爱泼斯坦等人在1978年提出的麦克马斯特家庭功能模式理论基于系统论的假设：（1）家庭的各个方面是相互关联的；（2）不能脱离家庭系统的其他方面来单独理解其中一个方面；（3）如果抛开家庭其他成员或亚系统，单纯通过单一家庭成员，就不能全面地理解家庭功能；（4）家庭结构和家庭组织是影响和决定家庭成员行为的重要因素；（5）家庭系统的交互方式强烈地影响着家庭成员的行为。他们认为，家庭的基本功能是为家庭成员生理、心理、社会性等方面的健康发展提供一定的环境条件，为实现这些基本功能，家庭系统必须完成一系列任务以适应并促进家庭及其成员的发展。家庭在运作过程中如果没能实现其各项基本功能，就很容易导致家庭成员出现各种问题。麦克马斯特模型理论并没有将家庭功能的各个方面全部纳入进来，而只探讨在临床实践中非常有实用价值的六个方面：（1）问题解决能力（problem solving），指为了维持有效的家庭功能水平，家庭解决威胁家庭完整和功能的问题时所具有的能力；（2）成员间的沟通能力（communication），指家庭成员之间的信息交流能力；（3）家庭角色分工（roles division），指家庭是否建立和完成一系列家庭功能的行为模式以及任务分工和任务完成情况；（4）情感反应能力（affective responsiveness），指家庭成员对刺激产生适宜的情感反应的能力；（5）情感介入能力（affective involvement），指家庭成员对其他成员活动和事情重视关心的程度；（6）行为控制能力（behavior control），指一个家庭在三种不同情况下采取不同行为控制模式的能力：1）家庭要监控其成员的行为以远离物理上的危险；2）家庭要为其成员生理和心理上的需要、欲求的表达，如吃、喝、睡、性等提供条件和行为上的监控；3）家庭要为其成员在家庭内部和家庭外部进行人际交往行为提供指导和监控。根据家庭在上述6个方面的表现，可以明显看出家庭功能发挥良好与否。

斯金纳等人于1980年提出的家庭过程模式理论认为，家庭的首要目标是完成各种日常任务，这些任务包括满足成员的持续发展、为家庭成员提供安全保护、保证家庭成员之间足够的亲密度以维持家庭的凝聚力，并发挥好家庭作为社会单位的功能。评价一个家庭的功能是否良好，应该从7个维度来考查，包括任务的完成、角色表现沟通、情感表达、介入、控制以及价值观。其中，任务的完成是核心维度，其他6个维度围绕在任务完成的周围。要想很好地完成各项家庭任务需要家庭成员分配并各自承担不同的角色；角色的分配就需要沟通；沟通过程必然存在情感的表达，情感表达可以阻碍或促进任务完成和角色的承担；家庭成员介入程度也对家庭任务完成有影响；控制是家庭成员相互影响的过程，家庭应该能够维持自己的家庭功能，同时能在任务发生变化时适应变化的需要；最后，家庭任务的确定以及家庭如何完成任务受到家庭成员的价值观和家庭规则，特别是家庭背景的影响，价值观和规则是家庭任务完成的背景。

（二）家庭功能对个体心理发展的影响

1. 家庭功能对心理健康和社会适应的影响

研究发现，家庭功能的发挥与儿童青少年的心理健康和社会适应有着密切的关系。不管是结果取向还是过程取向的家庭功能理论都表明：家庭功能发挥越好，儿童心理健康水平就越高，问题行为就越少社会适应也就越好。

张智等人以幼儿为被试考察了家庭功能与行为问题之间的关系，结果发现：当家庭功能不良时，幼儿的行为问题发生具有普遍性。徐洁等人（2008）探讨了家庭功能发挥过程和发挥结果之间的关系，并检验了二者对青少年情绪问题的作用大小和机制，结果发现：家庭功能发挥过程和发挥结果各变量之间呈显著相关，但家庭功能发挥过程比家庭功能发挥结果对青少年情绪问题（抑郁和焦虑）预测作用更大，而家庭功能发挥结果是家庭功能发挥过程与青少年情绪问题的部分中介变量。余克用自编中文家庭功能量表对1000多名香港中学生的研究发现，当家庭功能不良尤其是青少年感知到家庭功能不良时，他们对生活的满意度降低，心理幸福感、自尊更低，而且容易出现精神健康问题。如果家庭成员的亲密度与适应性较差，家庭的问题解决、沟通以及情感反应、行为控制出现问题时，极有可能会使青少年自我封闭，疏离感增加。还有研究发现家庭功能总体水平对高中生的孤独倾向、身体症状和冲动倾向有比较大的影响，家庭功能中的沟通和角色与家庭成员心理健康的各个维度呈显著相关。

其他研究发现，过度使用网络的青少年的家庭亲密度和适应性低于正常家庭，家庭沟通和亲密度对青少年吸烟行为也有显著影响。青少年的家庭功能和问题行为存在一定的稳定性，危害健康行为随着年龄的增长呈显著下降趋势。邹泓等人对近年来国内外有关家庭功能与青少年犯罪的关系研究进行了综述，诸多研究得到了非常一致的结论，即以家庭情感关系为主要内容的家庭功能系统与青少年犯罪有着非常密切的关系，家庭功能对青少年犯罪有非常显著的预测作用；以改善家庭功能为基础的干预项目对预防青少年犯罪有重要作用。

因此，建立并发挥完整的家庭功能有利于子女发展长期稳定的性格和健康心理，家庭角色错乱、功能丧失易导致子女产生不良心理和犯错行为。

2. 家庭功能对认知发展和社会性发展的影响

研究表明，家庭功能不仅与儿童的认知发展和学业成绩有关，而且直接影响着儿童社会性的发展，对其将来的学业和社会成就有很强的预测作用。

家庭功能作为除学校外影响学生学习最突出的环境因素，对学校教育的效果起加强或抵消的作用。一些研究表明，学习不良儿童更多来自于极端型家庭。辛自强等人运用访谈法研究了小学学习不良儿童的家庭功能，结果发现，学习不良儿童家庭与一般儿童家庭相比，在问题解决、沟通、情感反应、行为控制 4 个维度以及家庭功能总分上显著低下。宁雪华的研究发现，家庭功能与个体的学业挫折容忍力和人际挫折容忍力之间存在显著负相关，其中问题解决、行为控制、沟通能够预测学业挫折容忍力，而问题解决、沟通、角色能够预测人际挫折容忍力。王英春和邹泓的研究表明，家庭沟通可以显著预测中学生的交往动力，相互关系可以显著预测交往认知，家庭沟通、相互关系和家庭冲突可以显著预测交往技能。此外，亲子沟通对中晚期青少年成就领域的规划具有较大影响，而且影响大于朋友沟通对青少年成就领域的影响。良好的亲子沟通与青少年的自尊、同一性发展以及道德推理能力的发展等也都密切相关。在良好的亲子沟通中，父母与子女交流的信息更易为子女所重视，这些信息会使他们形成正确的看问题角度，能够促进青少年的同一性发展。

因此，良好的家庭功能不仅可以减少个体心理健康问题和行为问题的发生，而且可以预测个体的认知发展和社会性发展。

需要指出的是，由于不同的家庭完成各种任务的能力和方式不同，同一个家庭在每个阶段面临的任务也不同，因此，家庭的基本功能也在经历着不断的变化。例如，对处于幼儿期和童年期的孩子来讲家庭的主要功能为教养、保护、社会化。而当孩子进入青少年期后，尽管家庭的这些功能仍然十分重要，但是，对于青少年来说，家庭教养功能的地位很大程度上被支持功能代替；而相对于保护功能，家庭的引导功能显得更为重要；此外，家庭对青少年的指导功能更强，社会化功能相应地退居其次。这种转变会打破家庭系统在儿童期所建立起的平衡，从而进一步影响个体的心理发展。家庭功能除了在时间上会发生纵向变化外，也会在横向上发生变化，例如，家庭结构的变化、家庭经济收入的变化等都会引起家庭功能的相应变化。

第二节　学校环境与心理发展

一、学校组织特征对个体心理发展的影响

尽管有关学校与心理发展的大多数研究都集中于教师和同伴等方面，但毋庸置疑的是，学校组织特征，如班级规模与学校规模的大小、座位安排、课堂组织形式、学制、教室大小及其墙壁颜色等在一定程度上也会影响儿童的心理发展。

（一）班级规模和学校规模

和学新对班级规模和学校规模对儿童心理发展的影响有较系统的阐述。所谓

班级规模是指在一位特定教师指导下一个特定班级或一个教学团体的学生人数。就教学而言，班级规模会影响课堂教学管理，也会影响教学效果；就学生发展而言，班级规模会影响学生的学习成绩、认知发展和个性、社会性的发展。这主要体现在：第一，在人际关系和情感交流方面，班级规模越大，情感纽带的力量越弱，学生交往的频率越低，合作越不易进行；班级规模越大，内部越容易形成各种小群体，而这些小群体又常违背班集体的目标等，这些都影响着学生的发展。第二，研究发现，在人数少的班级，学生的学习兴趣更浓，学习态度更好，学生有较强的归属感。研究还发现，学生的平均学习成绩随着班级规模的缩小而提高，而且当班级规模缩小到 15 人以下时，效果会迅速提高。不过研究也发现，班级规模在 20~40 人对学业成绩几乎不产生影响。此外，班级规模还会影响学生的健康和用脑卫生。据卫生部门测试，小班教室内二氧化碳的含量明显低于普通班教室。

　　学校规模是指一所学校的班级个数和学生人数。学校规模同样是影响学校教育质量和学生心理发展的重要因素之一。研究表明，小学的效益规模为 300~400 名学生，而对中学来说，400~800 名学生是适宜的。有研究考察了不同规模的学校，比较了学生课外活动的参与程度，结果发现尽管两校学生人数相差 20 倍，但大学校的课外活动只比小学校略多一点。相比之下，小学校参加艺术新闻和学生自治活动的学生比例是大学校的 3~20 倍；小学校里活动的变化也更多；小学校里的学生更容易取得重要的地位和责任心，从学校环境中所获得的奖赏和满足也更多。研究者认为这些差别大部分是由于小学校中有更多的学生处于担负责任的地位。

（二）座位排列

　　不同的座位排列形式对教学效果和师生关系有不同的影响。比如，圆形座位排列的课堂适合各种课堂讨论，可以大大增加学生之间、师生之间的言语和非言语交流，最大程度地促进学生间的社会交往活动，从空间特性上消除座位上的主次之分，有利于平等师生关系的形成。小组式排列法能最大程度地促进学生之间的相互交往和相互影响，加强学生之间的关系，促进小组活动。当把教师的座位设在圆圈中心时，学生会表现得更为积极主动，会提出更多的观点和想法。但课堂上的座位排列显然受班级规模的影响。比如，四五十个学生的大班教学只能是秧田式座位排列，它更适合于教师讲、学生听的传统课堂教学，适合于知识授受，而对于学生情感、交往乃至创造性素质的培养则有很大局限。研究表明，在这种秧田式座位排列的课堂上，坐在前排及教室中间的学生参与课堂活动的程度最高，教育教学效果更好。而当班额度较小时，如 20 个左右时，座位排列成马蹄形、圆形、V 形、T 形等，更有利于教育教学效果的发挥。

（三）课堂组织方式

课堂组织方式一般可分为开放式和传统式两种。总体而言，开放式课堂组织方式在社会性发展方面有明显的好处：儿童有更多的亲社会行为和更多的发挥想象的游戏，但是他们也比高度组织化的传统课堂中的儿童有更多的攻击性，这一结论得到了多数研究者的认同；但开放式课堂对学生学业上的好处却没有这么明显。有些研究者发现在开放式和传统式课堂的学生测验分数之间没有什么差别，这种安排并不是促进他们学习的最有效途径。

二、教师对个体心理发展的影响

学校里最重要的角色之一就是教师。教师对学生的期望、态度、教师的人格以及教师与学生的关系等都是影响儿童心理发展的重要因素。

（一）教师的期望

1968 年，美国著名的心理学家罗森塔尔等人做了一个实验：从 1～6 年级中各选 3 个班级，对 18 个班的学生"煞有介事"地作发展预测，然后以赞赏的口吻将"有优异发展可能"的学生名单通知有关教师。事实上，他们提供的名单纯粹是随机的。罗森塔尔这样解释："请注意，我讲的是他们的发展，而不是现在的基础。"并叮嘱这些教师不要把名单外传。8 个月后，罗森塔尔又来对这 18 个班进行复试。结果是，他们提供的名单里的学生分数和成绩增长比其他同学快，并且在性格上显得活泼、开朗、求知欲旺盛，与老师的感情也特别深厚。通过这个实验，罗森塔尔用自己"权威性的谎言"暗示教师，坚定了教师对名单上学生的信心，调动了教师独特的深情，而这些学生在教师的积极期望下也得到了积极的发展。这种教师期望效应因此被称为"罗森塔尔效应"。

罗森塔尔效应是指由于教师对学生抱有的主观期望而导致的学生在学业和行为方面发生改变的现象。一般而言，这种效应主要是因为教师对高成就者和低成就者分别期望着不同的行为，并以不同的方式对待他们，高成就者不仅得到更多的指导，而且有更多的机会参加班级活动和回答问题，他们的正确回答会受到更多的赞扬，而错误回答则会受到较少的批评。相反，教师并不期待低成就者知道答案和参与活动，因而对他们提供了较少的机会和鼓励。根据布罗菲和古德（Brophy，Good）的研究结果，教师对自己抱有不同期待的学生表现出的行为有很大差异。

蔡建东和范丽恒以 31 名初中教师及其所教的 1438 名初中生为被试，采用多层线性模型（HLM）从个体和班级两个层面对教师期望对学生知觉的教师差别行为的影响进行了探讨。结果表明，在个体层面上，高教师期望的学生知觉到更多的机会和情感支持，而低教师期望的学生知觉到了更多的负性反馈和更多的指导控制行为；而且，教师对学生的期望影响该生的学校满意度、同伴接纳和学业成绩。在班级层面，教师对班级的平均期望也影响班级对学校满意度。研究还发现，教师期望积极效应与初中生的自我价值感、自我效能及目标取向的各维度呈显著正相关，相反教师期望消极效应与学生的自我价值感、自我效能及目标取向各维度呈显著负相关。

（二）教师的人格

所谓教师人格，是指教师作为教育职业活动的主体，在其职业劳动过程中形成的优良的情感意志、合理的智能结构、稳定的道德意识和个体内在的行为倾向性。俄国哲学家车尔尼雪夫斯基说："教师把学生造成一种什么人，自己就应当是什么人。"换句话说，教师的人格特征会直接或间接地影响学生的心理发展。曾慧论述了教师人格的三种育人效应：崇拜模仿、群体趋同和感召激励效应。林红也提出教师人格对学生的自我管理和心理健康发展具有示范、激励和熏陶作用。刘丽红从更具体的角度论述了教师人格对学生的影响。比如，教师的乐观性人格特质能够营造一种积极轻松的学习气氛，有助于学生乐于接受教师所讲授的知识，从而激发学习欲望，使其领略学习知识的乐趣；反之，教师如果持消极、冷漠或过于严厉的态度，会使学生由于对教师的排斥而对其所教的知识产生抗拒的态度，降低学习积极性，从而影响学业成就的提高。

再如，教师的高接纳性会使学生的独立性和创造性由于受到鼓励而提高，而如果学生的一些创造性想法由于与教师的价值观不一致而受到质疑、否认甚至指责，则会极大地扼杀学生思考的积极性和创造性。一些实证研究支持了上述观点。例如，陈益、李伟的研究表明，小学教师的某些人格特征与学生成绩有着较高相关性，而且此相关性要高于教师年龄、学历与学生学业成绩的相关。他们还指出，教师人格特征中的兴奋性与学生的语文成绩呈显著相关，聪慧性、稳定性、实验性与学生数学成绩呈显著相关。韩向明的调查研究发现，大、中、小学生对班主任人格特质的评断得分与他们对班级态度的自我评断得分呈正相关，其中小学生相关系数最高（＝0.49），说明班主任的人格特质对于学生对班级的态度有着深刻影响，而小学班主任对学生的影响尤其大。

那么，什么样的教师人格才是理想的人格？万云英等人通过调查发现学生心目中理想教师的前五位品质是：（1）平易近人；（2）没有偏见；（3）关心同学；（4）态度认真；（5）要求严格。吴光勇、黄希庭的研究（2003）发现，现代中学生喜爱的教师理想人格是：符合教师角色的，体现时代精神的，具有自觉意识、原创能力、执著精神和奉献精神的，独立的、稳定的、整体完善的人格。

（三）师生关系

师生关系是师生间建立的一种多层次的立体结构模式。从心理学角度来看，师生关系专指师生在互动交往中形成的认识、情感、行为等方面的关系，是一种心理关系。尽管师生关系是一种双向关系，但从整体来看，师生关系的发展状况在某种程度上更多地取决于教师。研究发现，师生关系对儿童的学校适应、自我意识、学习成绩等均有显著的影响。哈沃斯等人认为，早期安全型的师生关系会为儿童提供一种对同伴关系的乐观定位，从而有助于塑造儿童良好的同伴行为以及对同伴间冲突作出积极反应。而且，支持性的师生关系可以减少儿童之间的疏远，提高同伴接纳。早期形成的支持性的师生关系还会通过影响学生的学习行为以及学生对学校活动的参与，对学生的学习成绩产生积极影响。幼儿园中亲密和依赖的师生关系甚至还有利于儿童视觉能力和语言能力的发展。最近一项从幼儿园一直追踪到八年级的研究发现，对男生以及那些在幼儿园时有较多问题行为的儿童来说，幼儿园中消极的师生关系与儿童八年级的学业表现有显著的相关，即使在控制了性别、种族、认知能力和行为评价后，这种相关仍然存在。此外，很多研究都揭示，儿童早期在幼儿园中与教师形成亲密、信赖和低冲突的师生关系的能力是他适应社会环境的一个重要标志。同样，师生关系也是影响中小学生自我概念和学校适应的重要因素。

值得注意的是，有研究表明中小学师生关系的亲密性、主动性和合作性总体上均呈随年级升高而下降的趋势，说明师生关系在儿童早期更为紧密。因此，如何随年级的提高，构建良好的师生关系是广大教师应该认真思考的问题之一。

综上所述，学校作为儿童青少年社会化的主要场所，无论其硬件环境还是软件环境都会对个体的心理发展构成重要影响。除了上述的三个方面外，学校和班级风气也是影响心理发展的重要因素。

第三节　社会环境与心理发展

在家庭与学校之外，个体还生活在更广阔的社会环境里。个体的社会生活是极其丰富多彩的，他们在范围广阔的社会环境中，接受社会影响和社会教化，学会生活，并走向成熟。

一、社会文化与心理发展

（一）何谓文化

所谓文化，是指凝聚在一个民族的世世代代和全部财富中的生活方式的总和。概括地说，文化包括三个方面：（1）物质文化，指一个群体赖以生存和发展的物质条件的总和，主要包括群体的衣、食、住、行等方面的内容；（2）社会生活文化，指群体在长期的实践生活中建立起来的各种社会制度与社会结构，主要包括经济形态、语言状况、信息传播水平和交流方式等方面的内容；（3）精神文化，指群体的意识形态及价值观，主要包括教育状况、生活习惯、宗教信仰和道德价值观等方面的内容。由于传统的作用，也由于人类社会关系的多样性与复杂性，即使是一些简单的事物，哪怕是和动物一样的需要也都会蒙上一层文化的色彩。比如吃饭，人和动物都具有的基本需要，但动物纯粹出于本能，饿了就吃，且毫无顾忌。但人饿了不一定就吃，吃的时候也要讲究一些起码的习俗或礼仪，这就是文化在起作用。

文化常常以一种不自觉的方式存在并影响着个体的心理发展，且这种存在和影响具有连续性。因为有关的文化要求和文化标准已经浸润到他们的思想、观念和行为中，所以尽管所有的具体文化，每一代的承担者完全不同，但它都会作为独一无二的文化实体而存在下去。而且每一代文化也都会代代相传，这个过程也就是宏观角度上的社会化。

（二）文化与心理发展的跨文化比较

文化在个体的心理发展早期就已经打上深深的烙印，并影响其今后的一生。而且文化的影响是全方位的。大量跨文化研究可以很好地证实这种影响。

1. 关于智力发展的跨文化比较

最近的一项研究比较了中德小学儿童数学能力的发展水平。该研究采用多阶段分层整群抽样，抽取普通小学一年级末至四年级末的学生为研究样本。在中国大陆 31 个省、自治区、直辖市取样，共抽取样本 7827 例，其中男生 3985 人，女生 3842 人；德国样本 3354 人，来自不同的州，其中男生 1731 人，女生 1623人。结果发现，在数学运算领域的分测试，即加法、减法、乘法、除法、比较大小 5 个分测试中中国儿童的得分显著高于德国儿童；但在逻辑思维与空间-视觉功能领域的分测试，如续写数字、目测长度、方块计数、数字连接等分测试中，中国儿童无明显优势，有些分测试甚至低于德国儿童。这反映了我国的数学基础教育在数学运算能力方面的培养优于德国，但在逻辑思维、空间概念等思维的培养方面不如德国。

2. 关于人格发展的跨文化比较

杨丽珠等人使用幼儿人格发展教师评定问卷，以集体主义/个人主义理论范式对中澳 4~5 岁幼儿人格特征的形成进行跨文化研究。结果表明，中国幼儿具有集体主义人格倾向，澳大利亚幼儿具有个人主义人格倾向，幼儿人格形成受到文化特质的影响。另一项研究则采用"童话故事测验"对北京 138 名和希腊 491名 7~10 岁儿童的人格特点进行了测查。结果发现，中国儿童在故事内容一致性上的得分显著低于希腊儿童，而在重复回答和怪异回答上的得分与希腊儿童并无显著差异；不论男孩女孩，中国儿童在矛盾心理、物质需求、追求卓越、嫉妒攻击、报复性攻击、口腔需求、助人欲望、归属需求、情感需求、焦虑、抑郁、性关注上的得分都要显著高于希腊儿童，但在 A 类攻击（指儿童表现于人际关系中的敌意性攻击）、口头攻击上的得分要显著低于希腊儿童等。

3. 关于社会性发展的跨文化比较

方富熹等人采用以友谊许诺为主题的两难故事分别对冰岛（雷克雅未克市）和中国（北京市）7~15 岁的儿童做个别访谈，比较东西方文化背景下儿童在友谊矛盾冲突情境中是如何作出行动决定选择和道德评价的。研究结果揭示了不同文化及与年龄相联系的社会认知能力对有关发展的影响：冰岛各组绝大多数儿童都很重视友谊承诺，没有显示出年龄发展上的趋势；而中国儿童对这种许诺的重视是随年龄增长而增长的。这种道德决定发展模式的不同可能表明冰岛儿童比中国儿童更重视许诺的义务。

此外，刘旺等人比较分析了 827 名中美两国中学生生活满意度的差异结果发现，中国中学生的朋友、学校和一般生活满意度高于美国。中学生中国七年级、八年级、九年级三个年级学生的学校和一般生活满意度均高于美国同年级学生；美国男生生活环境的满意度高于中国男生，中国男生的自我满意度高于美国男生，美国女生的自我满意度高于中国女生等。

以上跨文化研究表明，生活于不同文化中的个体其心理发展状况是不同的，文化从宏观上影响个体的心理发展。

（三）文化影响心理发展的过程

王膺指出，文化对儿童特别是少年儿童心理发展的影响过程主要表现在三个方面。

1. 暗示过程

暗示是指人在无对抗条件下，对接受的某种信息迅速无批判地加以接受，并依次作出行为反应的过程。儿童在其心理发展过程中，从心理不成熟向成熟发展，从心理的低水平向高水平发展，都是以接受社会文化的暗示为背景的。通过接受社会文化中各方面的信息，儿童获得各种不同意义的暗示，并进而形成稳定和深刻的认识与思维活动。儿童所特有的心理水平决定了他们受暗示的范围、受暗示的主动性以及受暗示之后行为反应的迅速性都比成年人更为显著。少年儿童在对社会文化各种信息的感受、认识、学习、理解的过程中，既会受到直接暗示的影响，也会受到间接暗示的影响。这是因为，直接暗示和间接暗示与儿童的学习过程始终相依相伴。在这一过程中，少年儿童对家长、老师、社区人文环境方面具有直接暗示与间接暗示特点的语言教化，往往是不加选择毫不犹豫地全面接受，这一特征表明，少年儿童具有接受暗示影响较强的内应力，如果社会文化各方面的信息有利于少年儿童的心理发展，就会获得良好的暗示效果。

2. 感染过程

感染是指个体对某种心理状态的无意识的、不由自主的屈服。感染效应在儿童时期也是十分显著的，儿童的心理特点决定了他们在社会环境中对与自我相关的社会联系和社会交往范围内的个体或群体的心理状态有着易受普遍感染的可能性。他们对社会文化环境中心理信息的认识、评价、理解以及内化过程往往是从受感染的心理反应开始的。这就是说，儿童周围人群中，个体和群体的态度、情绪以及语言与行为方式，都能给予他们以强烈感染。与其他年龄段的人不同的是，少年儿童对文艺作品中人物的情绪表现、情感反应以及人格力量形成的感染效应更为鲜明。凡是好的高尚的语言方式、行为方式和情绪情感表现方式，都能引起少年儿童心理上的共鸣，并能达到预期的感染效果。从这个意义上看，健康生动活泼的少儿文艺作品包括影视作品、读物以及具有少儿特色的活动，都非常有助于少年儿童心理的健康发展。

3. 模仿过程

模仿是指个体有意或无意对某种刺激作出类似反应的行为方式。模仿内容包括行为方式、思维方式、情绪情感表现方式等。在少年儿童的心理发展中，模仿是一种重要的社会化方式，少年儿童通过对正确的行为方式、社会态度、思维方式以及情绪情感表现方式的模仿，形成了正常健康的社会人格，掌握了合格的社会技能，完善了健全的道德规范。少年儿童的模仿行为大多以自发的模仿为主，其中包括少年儿童本能型的模仿（如对父母言行举止的模仿）和后天习得经验型的模仿（如对榜样的模仿）。充分运用良好的社会文化信息，树立适宜的少年儿童的榜样人物，建立有益的群体气氛，有益于少年儿童心理发展。

二、大众传媒与心理发展

大众传媒是指在现代社会中，承载、传递社会信息，交流思想感情并引起公众对信息反馈的载体和工具。它分为印刷媒介和电子媒介，包括报纸、杂志、广播、电视和网络等。

当代儿童比以往任何一代都更充分地享受了媒介资源，其成长也更多地受到了电视广播节目、报纸刊物和新兴电子媒介等大众传媒的影响。中国儿童中心2001年对中国少年儿童素质状况的抽样调查显示，城市少年儿童周一到周五每天平均接触4种媒介，大约花86.7分钟。其中，看电视、听广播平均为57.8分钟，阅读课外书为22.7分钟，电脑游戏为6.2分钟；周末则时间更长，大约花149.3分钟。农村少年儿童周一到周五每天平均接触4种媒介，大约花73.8分钟。其中，看电视、听广播平均为57.1分钟，阅读课外书为15.1分钟，电脑游戏为 1.6 分钟；周末大约花 122.8 分钟。

大众传媒为儿童青少年提供了社会学习的课堂，同时也意味着一种风险：良莠不齐的传播内容和媒介使用不当可能给儿童青少年带来危害。

（一）电视与心理发展

据统计，我国目前少年儿童约为 3.67 亿人，按电视收视率数据统计来看，4~18 岁的电视观众总数约为 2.76 亿人，在电视观众总体中占 23.61%。其中 7~15 岁观众数量最大，接近观众总体的 1/6，当前电视已经成为儿童生活中不可缺少的部分。在所有媒介中，儿童与电视的接触是最多的。据国内央视索福瑞媒介研究公司 2005 年初的统计数据显示，中国 4~14 岁儿童平均每天接触电视的时间为 2 小时 22 分，从幼儿园到初中毕业的 12 年时间里，儿童接触电视的时间长达 1 万多小时，远远超过他们学过的任何一门课程的时间。在某种意义上，现在的一代可以说是"电视中长大的一代"，电视造就了一代儿童。

1. 电视对儿童心理发展的积极影响

第一，电视可以促进儿童的社会化。电视是儿童观察学习社会的课堂，儿童与成人相比普遍认同媒介，所以儿童极易将电视上目睹的一切以直接或间接的方式转化为他们的日常言行。过去，儿童的社会学习和教育主要依靠家庭和学校，而在当今社会，电视传媒帮助儿童构筑起了学习社会规范和行为准则的广阔平台，对儿童的社会化产生了潜移默化的积极影响。

第二，电视可以提高儿童的认知能力。电视节目提供了一个学习的机会，可以看作一种"会说话的图书"。大量的信息使儿童的知识层面和知识结构都得到了很大的扩展，而且也使他们掌握了不断获得新知识的方法。不同的信息从不同的方面锻炼着他们的思考和鉴别能力，使他们的想象力、思维能力都得到很大的提高，有助于他们从小培养创新意识，打破"陈旧保守"的思维定势。

第三，电视有助于完善儿童的个性。人的社会化过程也是个性化的过程。积极上进的具有教育意义的影片和电视节目对儿童的影响非常深，比家长、教师口头说教的效果更明显。影视节目中的合作、助人等亲社会信息可以帮助儿童形成这些观念并使之强化，塑造良好行为。

2. 电视对儿童心理发展的消极影响

第一，看电视时间过长会影响儿童的生理健康和社会性发展。德国的神经科学家和小儿精神科医生斯皮特泽认为，儿童观看电视对脑的发育有害，因为儿童的脑还在发育之中，因此他建议 10 岁或 12 岁前的儿童不要看电视，这之后每天看电视的时间也不要超过 1 小时。此外，看电视让儿童养成不健康的生活习惯，导致肥胖、近视等疾病的概率较大。长时间地看电视还会削弱家庭中的互动关系，增加儿童自我封闭的趋势，影响他们融入社会生活。

第二，电视中的一些不良信息会对儿童心理发展产生负面影响。例如，暴力信息可能使儿童认为这是一个充满了危险和恐惧的世界，到处充斥着暴力，而以暴制暴则是解决问题的一种可取的手段。电视中与性有关的信息的出现，可能激起儿童对成人世界的好奇，促进儿童生理和心理上的早熟，而诸如婚前性行为、婚外恋等不良信息对儿童的性观念和行为也会产生一定的负面影响。此外，其他类型的一些不恰当信息也可能对儿童产生负面影响，例如反社会行为、不文明行为、危险行为等。

第三，看电视时间过长会影响儿童的思维方式。电视节目都是以收视率为最终目标，因而强调趣味性和吸引力。坐在电视机前的儿童不需要努力集中自己的注意力，所以难以发展有意注意的品质。同时，相对于现实生活情境而言，电视呈现给儿童的是一些过于完整的信息，会在很大程度上削弱儿童对信息进行初步处理的智力过程。

有研究发现，大量观看电视的儿童（一天超过 6 小时），其阅读成绩落后于同龄人。

（二）互联网与心理发展

互联网是连接世界各国计算机网络的大众化全球信息网，是继广播、报纸、电视三大媒体之后的第四媒体，它正以惊人的速度深刻地影响着社会进程和人类未来。中国互联网络信息中心 CNNIC 发布的数据表明，截至 2011 年 6 月底，中国网民规模达到 4.85 亿人，较 2010 年底增加 2770 万人，其中 19 岁以下的网民占比从 28.4%下降到 27.3%。尽管近年来未成年人网民的占比有所下降，但从总体来看，上互联网的儿童青少年数量仍然惊人。

英国著名历史学家汤因比（Toynbee）说："技术每提高一步，力量就增大一分，这种力量可以用于善恶两个方面。"与电视一样，互联网也是一柄锋利的双刃剑，对个体的心理发展既有积极作用也有消极作用。

1. 互联网对认知过程的影响

首先，互联网丰富了儿童思维的内容，拓宽了信息来源的渠道，缩短了信息收集的时间；其次，互联网促进儿童感官功能发展，丰富儿童的感性经验，网络可以通过文字、图片、动画、声音等多种方式生动、形象、直观地展示各种信息，可以从视觉、听觉多方位刺激和唤醒儿童的感官，使他们更好地积累和掌握丰富的、生动的感性素材，促进认知的发展。此外，互联网还可以增强儿童学习自主性，促进创造性思维的发展。

但互联网的形象性可能会制约儿童思维深刻性及思维模式多样化的发展；其自主性容易形成"兴趣导向"，造成思维逻辑性缺失；还容易导致"搜索""链接"依赖，形成思维惰性等。

2. 互联网对行为过程的影响

对大多数人来说，他们会从互联网的使用中受益；但对一部分人而言，当使用变成滥用的时候，他们的生活就可能会出现病理性的行为问题，如互联网成瘾、互联网依赖等。

互联网对人的社会交往方式和社会交往技能可能产生影响。杨（Young）发现，互联网成瘾者主要使用互联网进行社会交往，而不存在互联网相关问题的人则使用互联网来保持已有的人际关系。

在我国也有不少上网成瘾的报道，尤其中学生由上网引起的自杀、出走、猝死事件值得关注。

3. 互联网对情绪情感和自我意识的影响

首先，互联网可能会给使用者带来积极的心理体验。例如，斯布鲁尔和法拉认为，互联网这种社会性技术可以给用户以归属感和人性支持。但是，互联网的使用也会给使用者的情绪情感带来消极影响。特克尔（Turkle）发现一些被试因为上网交友而导致社会孤立和社会焦虑的产生。克拉特（Kraut）等人研究发现，互联网的过多使用，即使是因为交流而使用互联网，也会导致使用者社会交流的减少与幸福感降低。

其次，互联网使用者存在一个重要特征，即大多数的互联网使用者独自使用互联网，"电子化的个体"正在逐步增加。因此，互联网较可能对自我意识的发展与人格倾向性产生影响。

最后，某些网上活动可能会带给具有较好计算机技巧的人尊重与地位，可能对一个人的自我评价产生影响。

随着网络的发展，加强网络对个体，尤其是儿童青少年的积极影响，预防互联网的消极影响尤为重要。

参 考 文 献

[1] 关金艳．幼儿心理学［M］．南京：河海大学出版社，2013.
[2] 韩洁，段传国．学前心理学［M］．北京：航空工业出版社，2014.
[3] 陈帽眉．学前心理学［M］．北京：人民教育出版社，2003.
[4] 程素云，王贵平．幼儿心理学［M］．北京：中国传媒大学出版社，2014.
[5] 刘玉娟，岳毅力．学前儿童发展心理学［M］．北京：北京出版社，2014.
[6] 许颖，张丽霞．学前儿童发展心理学［M］．大连：大连理工大学出版社，2016.
[7] 汪乃铭，钱峰．学前心理学［M］．上海：复旦大学出版社，2005.
[8] 陈帼眉．幼儿心理学［M］．北京：北京师范大学出版社，1998.
[9] 李国祥．幼儿心理学［M］．北京：人民邮电出版社，2015.
[10] 刘颖．幼儿心理学实用教材［M］．北京：电子工业出版社，2013.
[11] 潘一．心理学［M］．北京：北京出版社，2010.
[12] 孟昭兰．普通心理学［M］．北京：北京大学出版社，1994.
[13] 王振宇．学前儿童发展心理学［M］．北京：人民教育出版社，2004.
[14] 马云鹏．教育科学研究方法导论［M］．长春：东北师范大学出版社，2003.
[15] 边玉芳．儿童心理学［M］．杭州：浙江教育出版社，2009.
[16] 黄人颂．学前教育学参考资料（下）［M］．北京：人民教育出版社，1993.
[17] 朱智贤．心理学大词典［M］．北京：北京师范大学出版社，1988.
[18] 周念丽．学前儿童发展心理学［M］．上海：华东师范大学出版社，2011.
[19] 周兢．汉语儿童的前语言现象［J］．南京：南京师大学报，1994（1）：45-50.
[20] 朱家雄，张萍萍，杨玲．皮亚杰理论在早期教育中的运用［M］．北京：世界图书出版公司，1998.
[21] 刘维良．幼儿心理健康教育［M］．北京：华文出版社，2004.
[22] 孟昭兰．人类情绪［M］．上海：上海人民出版社，1989.
[23] 莫雷．教育心理学［M］．北京：教育科学出版社，2007.
[24] 章志光．社会心理学［M］．北京：人民教育出版社，1998.
[25] 于涌．幼儿语言发展与教育［M］．长春东北师范大学出版社，1999.
[26] 周念丽．学前儿童心理健康的社会生态学研究［J］．幼儿教育，2000（10）：6-7.
[27] 王坚红．学前儿童发展与教育科学研究方法［M］．北京：人民教育出版社，1991.
[28] 陈向明．质的研究方法与社会科学研究［M］．北京：教育科学出版社，2000.
[29] 陈向明．在行动中学做质的研究［M］．北京：教育科学出版社，2003.
[30] 叶卖乾，何存道，梁宁建．普通心理学［M］．上海：华东师范大学出版社，2004.
[31] 周欣．儿童数概念的早期发展［M］，上海：华东师范大学出版社，2004.
[32] 刘晶．波师幼互助行为研究［M］南京：南京师范大学出版社，2003.
[33] 大宫勇雄．提高幼儿教育质量［M］．李季湄，译．上海：华东师范大学出版社，2009.
[34] 路海东．教育心理学［M］．长春：东北师范大学出版社，2002.
[35] 秦金亮．儿童发展概论［M］．北京：高等教育出版社，2008.
[36] 常青．学前心理学［M］．南昌：江西高校出版社，2009.

［37］李彩云，魏勇刚．学前心理学［M］．海南：南海出版社，2009.

［38］王振宇．幼儿心理学［M］．北京：人民教育出版社，2012.

［39］周念丽．学前幼儿发展心理学［M］．上海：华东师范大学出版社，2006.

［40］张文军．学前儿童心理发展与评价［M］．长春：东北师范大学出版社，2014.

［41］刘金花．儿童发展心理学［M］．上海：华东师范大学出版社，2006.

［42］周念丽．学前儿童发展心理学［M］．上海：华东师范大学出版社，2006.

［43］王振宇．学前儿童心理学［M］．北京：中央广播电视大学出版社，2007.

［44］朱家雄．学前儿童卫生学［M］．上海：华东师范大学出版社，2006.

［45］高月梅，张泓．幼儿心理学［M］．杭州：浙江教育出版社，1993.

［46］陈眉，冯晓霞，庞丽娟．学前儿童心理学［M］．北京：北京师范大学出版社，1995.

［47］陈帼眉．学前心理学［M］．北京：人民教育出版社，1989.

［48］张永红．学前儿童发展心理学［M］．北京：高等教育出版社，2010.

［49］王振．幼儿心理学［M］．北京：人民教育出版社，2009.

［50］桂诗春．新编心理语言学［M］．上海：上海外语教育出版社，2001.

［51］李宇明，陈前瑞．语言的理解与发生［M］．武汉：华中师范大学出版社，1998.

［52］何克抗，语觉论．儿童语言发展新论［M］．北京：人民教育出版社，2004.

［53］朱曼殊．心理语言学［M］．上海：华东师范大学出版社，1990.

［54］王德春．神经语言学［M］．上海：上海外语教育出版社，1997.

［55］李宇明．儿童语言的发展［M］．武汉：华中师范大学出版社，1995.

［56］刘金花．儿童发展心理学［M］．上海：华东师范大学出版社，2013.

［57］陈强，徐云．智力测评技术［M］．北京：科学出版社，2011.

［58］林传鼎．开发智力的心理学问题［M］．北京：知识出版社，1985.

［59］蔡笑岳．智力心理学［M］．广州：暨南大学出版社，2012.

［60］罗家英．学前儿童发展心理学［M］．北京：科学出版社，2011.

［61］鲁道夫·谢弗．儿童心理学［M］.2版．王莉，译．北京：电子工业出版社，2005.

［62］黄人颂．学前教育学［M］．北京：人民教育出版社，2009.

［63］刘焱．儿童游戏通论［M］．北京：北京师范大学出版社，2014.

［64］李红．幼儿心理学［M］．北京：人民教育出版社，2009.

［65］蔡蓓瑛．恋上布母猴儿童心理学的故事［M］上海：上海科学技术出版社，2005.

［66］王书．学校心理健康教育概论［M］．北京：华夏出版社，2005.

［67］俞国良，现代心理健康教育：心理卫生问题对社会的影响及解决对策［M］．北京：人民教育出版社，2007.

［68］林仲贤，武连江儿童心理健康与咨询［M］．北京：中国林业出版社，2000.

［69］俞国良．心理健康教育：教师用书［M］．北京：高等教育出版社，2005.

后　记

不知不觉间，本书的撰写工作已经接近尾声，颇有不舍之情。因为本书是作者在研究发展心理学基础理论和发展以及诸多案例后的一部作品，投入了大量精力，倾注了作者的很多心血。想到本书的出版能够为发展心理学的发展以及理论研究方面提供一定的帮助，为心理学的研究作出贡献，作者颇感欣慰。

本书在撰写过程中，作者一是通过科学的研究，确定了该选题的基本概况，并设计出研究的框架，从整体上确定了选题的走向，随之展开层层论述；二是对发展心理学方面的论述有理有据，先提出问题，多角度进行解读，进而给出合理化的建议；三是深度解析当前发展心理学以及理论实践方面遇到的问题，试图构建关于该方面的系统的研究体系。通过理论与案例分析，找到最具特色的发展心理学方面的问题，使读者能够更为深刻地理解发展心理学方面的基础理论以及发展创新。

感谢在本书写作过程中给予帮助的多位同僚，因为有了他们的鼓励，才使得本书呈现在读者面前。书中难免存在不足之处，希望得到各位同行及专家的批评指正。

著　者

2020 年 10 月